한중일 역사인식, 무엇이 문제인가

'Rekishi Ninshiki' towa Nanika © 2015 ONUMA Yasuaki, Shoko EGAWA Original Japanese edition published by CHUOKRON SHINSHA, INC.
Korean translation rights arranged with the authors.

한중일 역사인식 무엇이 문제인가

―갈등과 대립의 구도를 넘어서길 희망하며

- 도쿄재판은 공정했는가
- 일본은 아시아를 '해방'했던 것인가
- 위안부 문제의 본질은 강제성인가

오누마 야스아키·에가와 쇼코 지음

조진구·박홍규 옮김

한국어판 서문

대립의 구도를 넘어서는 '역사인식'을 희망하며

2015년 일본의 중앙공론신사^{中央公論新社}에서 출판한 《'歷史認識'とは何か―對立の構圖を超えて》의 한국어판이 조진구·박홍규 두 교수의 수고 덕분에 섬앤섬 출판사에서 나오게 되었다.

이로써 《サハリン棄民》(《사할린에 버려진 사람들》 이종원 역, 청계연구소, 1993년)과 《'慰安婦'問題とは何だったのか》(《일본은 사죄하고 싶다―일본군 '위안부' 문제와 아시아여성기금》 정현숙 옮김, 전략과문화, 2008년)와 함께 중앙공론신서로 출간된 현대 한일관계에 대한 나의 역사서가 모두 한국의 독자들에게 한국어로 읽힐 수 있게 되었다. 이 세 책은 제2차 세계대전 후 사할린에 남겨진 잔류 한국인, '위안부', '역사인식' 문제를 다룬 것으로 1970년대 이후 한일양국('역사인식' 문제는 중국도 포함)의 미디어와 국민의 주목을 끌면서 격렬한 논쟁의 대상이 되었던 주제들이다.

이들 문제는 마치 밖으로 드러나지 않고 지면 아래 숨겨져 있는 지뢰처럼 앞으로도 한일의 우호관계를 뒤흔들 수 있는 심각한 문제로 계속 존재할 것이다. 이 책의 간행으로 '역사인식' 문제에 관한 한일 양국 국민의 상호이해가 깊어지고, 문제의 정치화와 불필요한 대립을 막는 작은 노력의 일환이 될 것을 진심으로 바란다. 그것은 1970년부터 한일관계에 관여를 해온 내 개인의 간절한 희망임과 동시에 '역사인식' 문제를 둘러싼 소모적인 논쟁이나 충돌에 남몰래 마음의 상처를 입었던 많은 일본 시민(아마도 한국에도 그런 분들이 많을 것이다)의 바람이기도 하다.

내가 처음으로 한국문제에 관여를 했던 것은 한국에서 도쿄대학에 유학을 했다가 나중에 북한의 간첩혐의로 사형 판결을 받았던 박노수와 김규남에 대한 구명운동이 계기였다. 당시 도쿄대학의 총장과 교수 그리고 두 사람의 동창생 등이 한국 정부에 탄원서를 제출했지만, 이 운동은 유감스럽게도 두 사람에 대한 사형 판결이 집행되는 최악의 결과로 끝났다. 그 뒤 나는 재일 한국인·조선인의 법적·사회적 지위 개선과 사할린 잔류 한국인의 한국 귀환을 위해 노력했으며, 이 두 문제에 관한 나의 저서가 모두 한국에서 출판되었다. 재일한국인·조선인의 법적 지위를 다룬 것이 《單一民族 社會의 神話를 넘어서: 재일 한국·조선인과 출입국 관리 체제》(박춘호 감수, 김현구·노재화 공역)로 1993년 고려대학교 출판부에서 출판되었다. 사할린 잔류 한국인 문제에 관한 《사할린에 버려진 사람들》(이종원 역)은 1993년 청계연구소에서 출판되었다.

1970년대부터 시작한 재일한국·조선인의 법적·사회적 지위의 개선과 사할린 잔류 한국인의 한국 귀환운동은 오랜 시간이 걸렸고 남겨진 문제도 많지만, 일정한 성과를 거뒀다고 할 수 있을 것이다. 1970년대에는 외국인 등록이나 출입국관리 면에서만이 아니라, 공영주택 입주자격, 사회보장제도의 수급자격, 취직, 융자 등 많은 분야에서 재일 한국·조선인을 비롯한 정주 외국인에 대한 법적 차별이 존재했으며, 이것은 이후 단계적으로 완화·철폐되었다. 재일 한국·조선인의 사회적 지위도 내가 처음 이 문제에 관여했던 1970년대 초반과는 비교할 수 없을 정도로 개선되었다(아이러니하게도 그 결과 일본에서는 일부 배외주의적인 집단이 "재일 한국·조선인은 일본인이 갖지 못한 특권을 누리고 있어 절대로 용인할 수 없다"는 황당무계한 주장을 하기에까지 이르렀다).

사할린 잔류 한국인의 한국 귀환운동도 내가 처음 운동을 시작했던 1975년부터 4반세기라는 긴 시간이 걸렸지만, 1999년과 2000년 사할린에서 한국으로 귀환하는 비용을 일본 정부가 부담하고 한국 정부가 한국 내에 토지를 확보하여 약 1500명의 영주 귀국희망자가 한국으로 귀환하는 형태로 일정한 성과를 거둘 수 있었다. 이 과정에서는 하라 분베^{原文米衛} 전 참의원 의장과 이가라시 고조^{五十嵐広三} 무라야마 내각의 관방장관을 비롯한 일본의 초당파 의원간담회가 결정적인 역할을 했다. 또한 동시에 사할린에서 예외적으로 1950년대에 일본으로 귀환했던 소수의 한국인, 한일 양국의 학자, 저널리스트, 시민운동가 등 많은 사람들이 귀환운동에 관여했다.

운동에 참여하는 형태는 다채로웠지만, 현실적으로 사할린을 지배하는 소련 정부, 사할린 잔류 한국인의 한국 귀환에 대해 전후책임을 져야 하는 일본 정부, 귀환자를 맞이하는 한국 정부와 대한적십자사, 한국 귀환에 반대해왔던 북한 정부 등을 상대로 ―가장 오래 활동한 사람은 1950년대부터― 인내심을 가지고 노력을 했다. 1999년과 2000년, 나아가 그 뒤에도 계속된 사할린으로부터의 영구 귀국은 그런 한일 시민사회의 지속적인 운동이 한일 양국 정부를 움직이게 한 결과였다.

이 두 문제에 비해 '위안부' 문제는 많은 독자들이 알고 있듯이 한일 양국에서는 물론 미국을 포함한 제3국이나 유엔에서도 심각한 논쟁을 일으켜왔다. '위안부' 문제는 특히 한일 간에 아직도 일촉즉발의 민감한 문제로 남아 있다.

여기에는 다양한 원인과 배경이 존재한다. 나 자신 1995년부터 지금까지 학자·시민운동가로서 나아가 무라야마내각과 협력하여 위안부 피해자분들에게 일본 정부와 국민을 대신하여 보상을 실시했던 아시아여성기금의 발기인 및 이사로서 이 문제에 깊이 관여했다. 이런 경험을 바탕으로 문제의 복잡성, 다면성, 다양한 원인과 배경을 분명하게 하고자 세 권의 책을 집필하고 편집했다.

그 첫번째가 공편저인 《'慰安婦'問題とアジア女性基金》(東信堂, 1999년)으로 2001년 한국어로 번역이 되었다(이원웅 옮김, 《군대위안부 문제와 일본의 시민운동》, 오름). 두 번째가 모두에서 언급한 중앙공론 신서로 한국에서 2008년에 출판된 《일본은 사죄하고 싶다 ―일본군 '위안부' 문제와 아시아여성기금》이다.

세 번째는 아직 한국어로 번역·출판되지 않았는데, 도쿄대학 법학부의 세미나 수업에서 '위안부' 문제를 다룬 것이다. 이 책은 무라야마 도미이치^{村山富市} 전 총리, 우에노 지즈코^{上野千鶴子} 도쿄대학 교수, 요시미 요시아키^{吉見義明} 주오대학 교수, 하타 이쿠히코^{秦郁彦} 니혼대학 강사 등 '오른쪽'에서 '왼쪽'까지의 논객과 관계자를 강사로 초빙하여 강의를 듣고 질의응답 했던 것을 모아 출간한 것이다(공동편저, 《慰安婦問題という問い》, 勁草書房, 2007년).

또한 나는 최초의 저서인 《戰爭責任論序說》(東京大學出版部, 1975년) 이후 《東京裁判から戰爭責任の思想へ》(1985년 有信堂에서 초판이 나온 이후 1997년 東信堂에서 제4판까지 간행), 《東京裁判, 戰爭責任, 戰後責任》(東信堂, 2007년) 등을 통해 일관해서 일본의 전쟁책임, 식민지 지배 책임, 전후책임 문제를 탐구해왔다.

이번에 한국어로 출간되는 《'歷史認識'とは何か》는 도쿄재판, 전쟁책임, 전후책임, 사할린 잔류 한국인, '위안부' 문제 등에 관한 나의 지금까지의 연구를 바탕으로 한일 및 중일 간에 격렬하게 논의되고 각 나라에서도 논쟁의 대상이 되고 있는 '역사인식'이란 테마에 대해서 대화체로 이야기한 것이다. 인터뷰어는 일본을 대표하는 프리저널리스트의 한 사람인 에가와 쇼코 씨다. 대상으로 했던 독자는 일본에서 '신서(문고판)' 독자층인 아주 일반적인 시민(고등학교 이상의 학생, 샐러리맨, 교원, 저널리스트, 기업인, 노동자, NGO·시민운동가, 관료, 지방공무원, 농업·수산업·임업 종사자 등 광범위한 사람들)이다. 실제로 이 책은 2015년 7월 초판 발매 이

후 5쇄가 거듭될 정도로 많은 독자들에게 사랑을 받고 있다.

나는 이 책 집필 때부터 한국어판이 나오길 기대하고 있었다. 물론 이 책은 일본의 일반시민을 대상으로 쓴 것이지만, 많은 부분들은 한국 분들도 알아주었으면 한다. 저자인 나로서는 한 사람이라도 많은 한국 분들이 이 책에서 제시하는 나의 인식과 이해를 바탕으로 '위안부' 문제 등 '역사인식'에 관한 구체적인 문제를 다시 한 번 들여다보고 생각해주길 바랄 뿐이다.

이 책에는 한국의 일반시민들이 '당연'하다고 생각하는 것과는 다른 사실, 인식, 해석도 상당히 포함되어 있을 것이다. 독자는 이 책에서 그런 나의 '역사인식'에 직면하여 반발하거나 나의 의도에 의문을 가지게 될지도 모른다.

한국의 독자 여러분들이 그런 반발, 의문을 갖게 되는 것은 왜일까? 그것은 이 책의 저자가 '일본인'이며, '일본인'이기 때문에 생기는 편견이나 선입견이 있기 때문일까. 그렇지 않으면 한국인 독자들이 한국의 미디어나 일부 시민단체 등이 제시해온 '역사인식'에 편중되어 일면적으로밖에 인식·이해하지 못해서일까. 아니면, 양자의 원인과 이유가 겹쳐 있기 때문일까. 이 책을 읽으면서 한국의 독자들께서 이런 물음에 대해 스스로 자문해보셨으면 좋겠다.

물론 내가 '일본인'이기 때문만은 아니며, 학자, 시민운동가로서의 신념 등에 입각해 잘못된 일면적인 이해, 인식, 해석을 하고 있을 가능성도 있을 것이다. 이런 모든 가능성을 포함하여 독자가 이 책을 읽고 느낀 의문점, 불만, 반발 등을 나에게, 또한 나를 통해 일본 사회에 전하고 싶다면 주저 없이 그런 의문이나 불만을 출판사나 번역자에게 보내주시기 바란다. 번역자는 그러한 독자들의 의견을 기쁜 마음으로 나에게 전해줄 것이다.

한편, 독자가 이 책을 읽고 자신이 지금까지 '위안부' 문제 등에 대해 당연하게 생각해왔던 것, 당연하다고 생각했던 것의 일면성, 오류, 편견을 발견한다면, 그것을 주위 사람들—친구, 지인, 학생, 가족 등—에게 전해주길 바란다. 그렇게 함으로써 한국의 보통 사람들이 가진 '역사인식'을 냉정하게 다시 생각해볼 기회를 만들어주시면 좋겠다. 그런 시도를 출판사나 번역자에게 전해주신다면 번역자는 이 또한 기쁜 마음으로 독자들의 그런 노력을 나에게 전하고 또한 다양한 형태로 일본사회에 전해 줄 것이다.

한국이든 일본이든 미국이든 중국이든, 어떤 나라도 한결같지는 않다. 오로지 '반일'만 두드러져 보이는 한국도 '혐한'이 미디어를 떠들썩하게 하는 일본도 결코 그런 논조에 완전히 물들어 있는 것은 아니다. 또한 사람들의 의견이나 감정도 바뀔 수 있다. 그런 변화는 올바른 학문적 이해에 의거할 때에 강력해지며 또한 지속된다.

1970년부터 한일관계에 관여하면서 때로는 절망을 느낄 때도 있었던 나는 72세라는 인생의 황혼기를 맞이하여 '어떤 나라, 어떤 사회도 한결같지는 않다'는 사실과 '사람은 바뀔 수 있으며, 그런 변화는 학문적 진실에 의거할 때 강하다'는 사실, 이 두 가지 사실에 기대하고 싶고, 그런 생각을 강하게 갖고 있다. 한국의 독자 여러분들이 '모든 것은 의심할 수 있다'는 마음가짐으로 자신들의 상식까지 의심해보는, 지적 용기를 보여주실 것을 진심으로 바라고 또 바란다.

2018년 7월

오누마 야스아키

일본어판 서문

책을 펴내며

'역사인식'이란 말은 생각해보면 사뭇 이상한 말이다.

역사는 무수한 사실로 구성되어 있다. 우리는 거기에서 몇 가지 사실을 선택해서 인식하고 해석한다. 무라사키 시키부^{紫式部}가 어떠한 시대 배경에서 《겐지모노가타리^{源氏物語}》를 썼는가를 생각하는 것도 역사인식이며, 연전연승을 거뒀던 나폴레옹이 왜 러시아를 침공하여 스스로 무덤을 팠는가를 생각하는 것도 역사인식이다. 역사인식이란 어느 시대와도 관련이 있는 보통명사, 혹은 일반 개념이다.

그런데 일본에서 '역사인식'은 1990년대 이후 특정 역사와 관련이 있는 말로 사용되고 있다. 신문이나 텔레비전, 혹은 인터넷에서 '역사인식'이 문제가 될 경우 그것은 1931~45년에 일본이 일으켰던 전쟁과 1910~45년의 한국 식민지 지배와 관련된 문제일 경우가 많다. '위안부' 문제, '난징 사건', '야스쿠니 참배' 등등.

이런 문제에 대해서는 일본 국내는 물론 한일, 중일 사이에 격렬한 대립이 존재한다. 미국이나 유럽에서도 일본에 대한 비판이 들려온다. 이 책은 2015년에 출판되었다. 2015년은 전쟁과 식민지 지배가 종결되고 70년이 지난 해인데도 대립은 수습될 조짐을 보이지 않는다. 오히려 21세기가 되어 논쟁은 새로이 격해지고 있는 것처럼 보인다.

'역사인식'(나아가 '역사문제')이라는 말은 1990년대 한국에서 자주 사용했으며, 이보다 약간 늦게 일본에서도 빈번하게 사용하게 되었다.《아사히신문》이나《조선일보》같은 양국의 주요 신문을 보면 1980년대까지는 두 신문 모두 이 두 단어를 표제로 한 기사가 아주 제한적이었는데,《조선일보》는 1990년대 전반부터《아사히신문》은 1990년대 후반부터 급증하게 된다. '위안부', '강제연행', '야스쿠니' 같은 말을 포함한 기사도 거의 같은 경향을 보여준다(木村,《日韓歷史認識問題とは何か》).

그렇다고 해도 1990년대부터 이런 문제가 매년 격렬하게 논의되었던 것은 아니다. 나는 2004년 도쿄대학에서 '위안부 문제를 통해 인간과 역사와 사회를 생각한다'는 취지의 세미나 수업을 1년간 했는데, 당초 수강 신청자는 단 1명이었다. 이미 무라야마 도미이치^{村山富市} 전 총리, 우에노 지즈코^{上野千鶴子}, 요시미 요시아키^{吉見義明}, 하타 이쿠히코^{秦郁彦} 등 쟁쟁한 분들에게 강의를 부탁했던 나는 초조해져 2차 모집을 했다. 우에노 선생의 협력을 얻어 간신히 9명의 세미나 수강생을 확보할 수 있었다. 세미나 수업은 강사의 이야기를 모아《위안부 문제라는 물음^{慰安婦問題という問い}》이란 책의 간행으로 이어져 매우 유익했지만, 2004년 '위안부' 문제에 대한 사회의 관심은 당초 세미나

수강 신청자 1명 같은 정도였다(《아사히신문》의 '위안부' 기사 빈도를 봐도 2000-2009년은 1990년대에 비해 급감했다).

'역사인식'에 관한 문제의 부침(정치쟁점화와 소강기, 나아가 사람과 언론의 관심이 변하기 쉽다고 해도 좋을 것이다)은 이미 1970년대부터 이런 문제를 연구하고, 또 실천 활동에 관여해왔던 내가 피부로 실감한 것이기도 하다.

국제법 연구자로서 내가 처음 본격적인 연구 대상으로 삼았던 것은 '평화에 대한 (범)죄'란 개념이었으며, 1975년 《전쟁책임론서설》이란 저서를 출간했다. '평화에 대한 (범)죄'란 것은 독일과 일본의 전쟁지도자가 수행했던 침략전쟁의 책임을 추궁하기 위해 뉘른베르크재판과 도쿄재판에서 채용되었던 법 개념이다. 그 이후 현재에 이르기까지 전쟁책임과 전후책임, 사할린 잔류 조선인, 재일한국·조선인, '위안부' 등의 문제를 국제법학과 역사학의 관점에서 연구해왔다. 동시에 그런 문제의 해결을 위해 주로 시민활동이라는 형태로, 또한 언론을 통해 사회로 발신하고 때로는 정부와 협력해서 실제로 관여하기도 했다.

그러는 동안 일본 이외에 미국, 중국, 한국, 유럽 그 밖의 아시아 국가에서도 이런 문제에 대해 강연하고 보고를 해왔으며, 대학 수업이나 세미나에서도 다뤄왔다. '위안부', '야스쿠니', '역사 교과서' 등의 문제는 종종 정치적 쟁점이 되기도 했다. 그러나 어느 시대든 일반 사람들이 문제의 기본적인 사실관계를 잘 알지 못하는 경우를 보고, 특히 정부와 시민사회를 통해 1970년대 이후 축적해온 일본의 노력이 제대로 알려지지 않은 것을 보며 아쉽다는 생각이 들었다. 그것은 '역사인식', '위안부'에 관한 문제가 주요 신문의 1면을 장식하고, 텔레비전에서 다뤄지고, 인터넷상에서 격렬하게 논의되었던 2010년대에도 변화가 없었다.

　이러한 현실을 불러온 책임은 일본의 교육을 담당하는 문부과학성에도 있으며, 텔레비전이나 신문을 통해 일반 사람들에게 일상적으로 정보나 지식을 제공하고 있는 언론에도 있을 것이다. 동시에 이런 문제를 연구하고 그것을 공표해야 할 연구자의 책임이기도 할 것이다.

　이 책에서 내가 하고 싶은 것은 독자 여러분들에게 '역사인식'에 관한 '조감도'를 보여주는 것이다. 그리고 이 책의 독자가 지금까지 자신이 가지고 있던 역사 조감도를 조금이라도 다시 생각하고 자신과 다른 생각을 가지고 있는 사람들과 조감도를 대조해보는 것을 돕는 것이다.

　그러기 위해서는 몇 가지 작업이 필요하다.

　첫째, 문제에 관한 기본적인 역사 사실을 알아야 한다.

　둘째, 그런 사실의 인식과 해석에 ―일본 국내에서도 일본과 외국 사이에, 외국 국내에서도― 커다란 차이가 있다는 것, 그리고 그 차이를 만들어내는 다양한 이유, 근거와 원인이 있다는 것을 알아야 한다. 한 나라 국민이 상식이라고 생각하는 것이 다른 나라 국민에게는 비상식인 경우가 국제사회에서는 흔히 있는 일이다. 일본 국내에서조차 의견의 극단적인 차이는 흔하며, 반일 일색으로 물들어 있는 것처럼 보이는 한국 내에서도 그런 '반일'을 비판하고 극복하고자 하는 목소리는 있다. 그런 것을 알았으면 좋겠다.

　셋째, 차이가 나는 배경이나 사상의 틀을 분명하게 함으로써 '역사인식'을 둘러싸고 사람들이 왜 이렇게 서로 다른 인식을 가지고 있는가를 생각하고, 동의는 할 수 없다 해도 이해는 할 수 있는 자료를 제공하고자 한다. 이것이 이 책을 쓴 목적이다.

내 생각에는 '역사인식'에 관한 여러 문제가 21세기에도 격렬하게 논의되고 있고 각 나라 간에 대립을 초래하고 있는 근본 원인은 ①전쟁과 식민지 지배, 그리고 인권에 대한 국제사회 전체의 생각이 20세기를 거쳐 크게 변화했다, ②이에 수반하여 1970년대까지 제2차 세계대전과 한국의 식민지 지배 문제는 샌프란시스코 평화조약과 한일 및 중일 국교정상화 등으로 법적으로 해결되었다고 생각했던 문제가 1980년대 이후 수정을 요구받게 되었다, ③일본 국민들 사이에 전쟁과 식민지 지배 문제에 대해 반성을 하면서도 '도쿄재판=승자의 단죄'라는 견해로 대표되는 외국의 '불공평함'에 대한 석연찮은 생각이 일관되게 존재하고 있었다, ④중국과 한국 사람들이 근현대사를 보는 데 깊은 피해의식을 갖고 있고, 그 화살이 '가해자' 일본을 향하기 쉽다는 점에 있다.

일본 사회는 때마침 1990년대 이후 오래 지속된 경제부진으로 '경제대국'으로서의 자신감을 상실하고, 대내적으로는 저출산 고령화, 대외적으로는 중국의 경제·군사 대국화와 한국의 경제적·문화적 존재감 증대로 인해 상처받기 쉬운 상황이 됐다. 그런 가운데 이러한 기저 요인이 현재화함으로써 '역사인식' 문제가 극도로 부정적인 감정·반응을 수반하여 논의되고 다양한 대립이 격화되어온 것으로 보인다.

물론 이렇게 추상적으로 말하는 것만으로는 독자 여러분이 쉽게 이해할 수 없을 것이며, 나 자신 쓸데없는 반발과 대립의 씨앗을

뿌리는 것일지도 모른다. 그러나 그 부분은 에가와 씨가 인터뷰어가 되어 내 생각을 끄집어내주는 제1장부터 제5장까지의 일문일답을 읽고 "아, 그렇구나!"라고 생각하거나 역으로 납득할 수 없을 때에는 뒤에 첨부한 참고문헌을 읽고 한 번 더 생각해주시길 바란다.

나로서는 지금까지의 내 자신의 연구만이 아니라 실천 활동의 경험도 살려 '역사인식'이라는 논쟁적인 주제에 대해 이론만이 아니라 인간의 감정, 정서적인 면도 중요하게 생각하면서 가능한 한 '공정하게'를 모토로 해서 논의하고자 했다. 다루는 테마는 도쿄재판(제1장), 강화와 국교정상화(제2장), 전쟁책임과 전후책임(제3장), '위안부' 문제(제4장), '역사인식' 문제의 역사와 국제비교(제5장)이다.

인터뷰어 에가와 씨는 "제5장부터 읽으면 어떨까요?"라고 추천하는데, 나는 독자의 흥미에 따라 어느 곳부터 읽어도 좋다고 생각한다. 야스쿠니 신사에 대한 총리의 참배, 역사교과서, 사할린 잔류 한국인, 영토문제 등 '역사인식'과 관련한 구체적인 문제는 이밖에도 많지만, 지면의 제한도 있고 내 능력의 한계도 있어 거의 다루지 않았다. 다만, 이 문제를 생각하는 데 활용할 수 있는 '사물을 보는 시각(=인식의 틀)'은 이 책에서도 제시하고자 한다.

'위안부', '만주사변' 등 따옴표를 사용해야 할 ―나의 많은 저작에서는 그렇게 해왔다― 용어에 대해 이 책에서는 붙이지 않았다. 또한 인용 등도 학술서의 표기법을 따르지 않았다. 뭔가 부족하다고 생각하는 독자는 권말에 첨부한 참고문헌 목록을 참고해주기를 바란다.

오누마 야스아키

차례

한국어판 서문 · 004

책을 펴내며(오누마 야스아키) · 012

제1장 도쿄재판
— 국제사회의 '단죄'와 일본의 수용 태도

뉘른베르크재판과 도쿄재판 · 025

'승자의 단죄'와 '아시아의 부재' · 028

침략전쟁 수행의 공동모의 · 031

'평화에 대한 죄'와 '인도에 대한 죄' · 032

재판은 공정했는가 · 035

왜 난징사건의 사실관계는 확정하지 못하는가 · 037

'도쿄재판사관'이란 무엇인가 · 038

판결은 가혹했는가 · 042

펄 판사의 '일본 무죄론'은 오류 · 044

도쿄재판은 하지 않는 게 좋았을까? · 047

전쟁책임은 다했는가 · 051

제2장 샌프란시스코 평화조약과 한일·중일 '국교 정상화'
— 전쟁과 식민지 지배의 '청산'

샌프란시스코 평화조약이란 무엇인가 · 055

연합국의 관대한 강화 · 058

배상과 동남아시아 경제 진출 · 063

일본은 동남아시아를 '해방'했었나 · 065

한일 국교정상화 · 068

한국에게 일본의 식민 지배는 '플러스'였는가 · 071

국가의 배상포기와 개인 보상 · 076

중일 국교정상화와 중국의 배상 포기 · 078

대중국 ODA는 배상의 대체? · 082

일본인에 대한 중국과 한국의 이미지 · 083

제3장 전쟁책임과 전후책임

'패전책임'에서 '전쟁책임'으로 · 089

피해자 의식과 가해자 의식 · 093

교과서 문제와 나카소네 총리의 야스쿠니 공식 참배 · 097

호소카와 총리의 '침략전쟁' 발언 · 102

일본의 '역사인식'을 보여준 '무라야마 담화' · 104

고이즈미 정권 이후의 흐름 · 106

'전후책임'이란 무엇인가 · 108

사할린 잔류 한국인의 귀국 · 111

재일한국·조선인과 '일본인'의 범위 · 116

'재일특권'은 특권인가 · 122

정주 외국인의 지문날인 제도 철폐 운동 · 126

'보통 사람의 시선'의 중요성 · 129

제4장 위안부 문제와 새로운 상황
— 1990년대에서 21세기까지

왜 위안부 문제만이 주목 받는가 · 135

위안부 문제는 한일문제? · 137

강제연행이 문제의 핵심? · 141

책임져야 할 것은 무엇인가 · 144

한국 헌법재판소 판결의 의미 · 146

아시아여성기금의 활동과 의의 · 149

'국가보상'에 매달리는 지원단체의 잘못 · 152

'새로운 공공'의 시점에서 생각한다 · 158

위안부 문제와 '역사인식' · 160

'해결'이란 무엇을 말하는가 · 166

제5장 21세기 세계와 역사인식

19세기까지의 전쟁관과 식민지관 · 171

제1차 세계대전과 전쟁의 위법화 · 174

시대를 읽지 못한 '탈아입구脫亞入歐'의 일본 · 178

만주사변과 국제연맹 탈퇴 · 181

국제법 위반이 빈번했던 제2차 세계대전 · 186

집단안전보장체제의 확립과 한계 · 188

국제형사재판소란 무엇인가 · 191

서구의 '역사인식'에는 문제가 없는가 · 193

독일의 대응은 왜 평가 받는가 · 195

영국과 프랑스에게는 왜 식민지 책임을 묻지 않는가 · 199

'법적으로 해결 완료'로 끝나는 것인가 · 204
언론과 저널리즘의 책임 · 205
'역사인식' 문제는 극복할 수 있는가 · 210

인터뷰를 마치고(에가와 쇼코) · 223
대담자 후기(오누마 야스아키) · 231

옮긴이의 말 · 239

참고문헌·자료 · 244

제1장

도쿄재판

— 국제사회의 '단죄'와 일본의 수용 태도

◀ **앞면 사진** 도쿄재판 선고일 당시 피고석의 A급 전범들. 앞줄 왼쪽 첫번째가 도조 히데키

뉘른베르크재판과 도쿄재판

에가와 제2차 세계대전 후 일본에 대해서는 1946년부터 1948년까지 도쿄에서, 독일에 대해서는 1945년부터 1946년까지 뉘른베르크에서 국제군사재판이 열려 전쟁 지도자가 단죄되었습니다. 도쿄재판에서는 태평양전쟁 개전 시(1941년 12월) 총리였던 도조 히데키東条英機 등 7명의 군인과 정치가가 사형 판결을 받았습니다. 이러한 재판이 열린 것은 당시가 처음이었나요? 왜 이러한 재판을 하게 된 것이지요?

오누마 세계사를 보든 일본사를 보든 오랜 역사 속에서 전쟁에서 진 측의 책임자를 재판 없이 처형하거나 자결하게 하는 일은 흔했습니다. 패자에게 이용가치가 있으면 물론 살려두기도 했습니다. 어쨌든 승자의 정치적 재량에 맡겨졌던 것입니다. 이런 역사 속에서 최초로 국제재판이 시도된 것은 제1차 세계대전 뒤, 전승국 측이 독일의 전쟁 책임자였던 카이저(황제) 빌헬름 2세를 재판에 회부하려고 했을 때였습니다. 그렇지만 그는 패전 후 네덜란드로 망명을 해 버렸습니다. 전승국 측은 인도를 요청했지만, 네덜란드는 '정치적 망명자'라면서 인도하지 않았습니다. 그래서 카이저를 단죄할 수 없었습니다. 다른 일부 사람들이 재판에 회부되었지만, 아주 제한적이고 형식적이어서 유명무실했다고 말해도 좋을 것입니다.

그렇기 때문에 국가의 최고지도자를 포함한 전쟁 책임자를 국제법으로 단죄한 대규모 재판은 뉘른베르크재판과 도쿄재판이 역사상 처음이었던 것입니다.

실은 연합국이 전시 중에 독일의 전후 처리에 대해 논의했을 때

즉결처형을 주장하는 의견도 상당히 강했습니다. 영국의 처칠도 즉결처형을 주장했었습니다만, 의외로 소련의 스탈린이 "재판 절차를 거치지 않고 처형해서는 안 된다"고 반대했습니다(그렇기는 한데 스탈린은 전쟁 초기 단계에서는 나치의 대량 즉결처형을 주장하기도 했습니다).

독일의 경우 소련과 전투를 벌이던 동부전선과 노르망디 상륙작전으로 상징되는 미영 등의 서부전선으로 나뉘어 있었습니다. 연합국의 대독 승리에서 소련의 역할은 결정적이었으며, 동부전선에서 독일의 침략을 받고 반격해서 최종적인 승리를 거뒀습니다. 그렇기 때문에 독일의 전후처리에 관해서 소련의 발언권은 상당히 강했습니다.

미국 정부 내에서도 즉결처형 주장이 있기는 했지만, 미국의 참전 과정을 정당화함과 동시에 독일과 일본의 전쟁이 침략전쟁이었다는 것을 명백하게 보여주기 위해 최종적으로는 재판방식을 취하기로 했습니다. 이렇게 해서 1945년 당시 일본·독일과 싸우고 있던 '연합국' —소수의 독일과 일본 측 '추축국'과 일부 중립국을 제외한 국제사회의 압도적인 다수 국가— 을 대표하는 미영소프 4개국 사이에 재판의 근거법이 된 런던협정이 체결되었습니다.

한편 일본의 경우, 주 전장은 중국이었지만, 대일전 승리에 결정적인 역할을 한 것은 미국이어서 미국의 발언권이 압도적이었으며, 소련이 참견할 여지는 거의 없었습니다. 미국 정부 내에도 여러 의견이 있었던 것 같지만, 최종적으로 연합군 최고사령관이었던 맥아더가 극동국제군사재판소 헌장을 발포하고 이에 입각하여 재판이 열리게 되었습니다. 조약에 입각해 열렸던 뉘른베르크재판과는 직접적인 근거 문서가 다릅니다만, 국제사회를 대표하는 연합국의 의견에 입각한다는 의미에서는 같습니다.

도쿄재판은 일본이라는 국가를 단죄하는 재판이 아니라 어디까지나 주요 전쟁 책임자의 개인적인 형사책임을 단죄하는 재판이었습니다. 뉘른베르크재판도 이 점에서는 같습니다. 도쿄재판에서는 장쩌린張作霖 폭살사건이 있었던 1928년 6월부터 1945년 8월의 패전까지가 심리 대상이었으며, 28명이 기소되었습니다. 재판 도중 사망한 2명과 정신장애로 면소된 1명을 제외한 25명에게 유죄판결이 내려졌습니다.

에가와 피고 가운데 쇼와 천황이 들어 있지 않습니다.

오누마 쇼와 천황이 전쟁을 바라지 않았다는 것은 아마도 사실일 터이지만, 대일본제국헌법에서 천황은 주권자이며, 국가의 최고책임자였습니다. 법 이론적으로 천황이 소추되지 않았다는 것은 있을 수 없는 일입니다. 다만 도쿄재판은 미국이 주도했던 점령정책 틀 내의 재판이며, 그런 미국이 쇼와 천황을 소추하지 않기로 결정했던 것입니다. 당초 미국 내에서도 천황을 강하게 비난하고 '히로히토를 교수형에(처하라)'라는 목소리도 컸습니다. 그러나 천황을 소추하면 일본 국민이 동요·반발하여 점령정책을 원활하게 수행할 수 없게 될 가능성이 있다, 그렇게 되면 너무나 큰 비용이 들 것이라고 생각했던 것이 더 컸던 것 같습니다.

오스트레일리아나 필리핀의 반발이 상당히 컸지만, 그것을 모두 미국이 억눌렀습니다. 최종적으로 누구를 기소할 것인가를 정하는 회의에서 오스트레일리아 출신 검찰관이 천황을 소추해야 한다는 의견을 냈지만, 부결되었습니다. 그 뒤 검찰 측은 천황의 증인심문

조차 청구하지 않았습니다. 피고인들이 천황을 지킨다는 의사를 공유하고 있어서 변호인 측도 심문을 요구하지 않았습니다.

'승자의 단죄'와 '아시아의 부재'

에가와 도쿄재판도 뉘른베르크재판도 재판관은 모두 전승국 출신인 말하자면 '승자의 단죄'였습니다. 조금 더 중립적인 입장의 사람들이 재판관이 되거나 일본인이 재판관이 되는 것은 불가능했던 일인가요?

오누마 연합국 측도 당초 '재판을 해도 패전국 측으로부터 '승자의 단죄'라는 반발이 있을 것이다'라고 생각했습니다. 그럼에도 처참한 제2차 세계대전을 치르며 엄청난 희생자를 냈기에 연합국에서는 "히틀러를 교수형에 처하라!", "히로히토를 교수형에 처하라!"라는 의견이 압도적으로 많았습니다. 그렇게 격앙되었던 각국 여론을 고려할 때 패전국에서 재판관을 선출한다는 것은 있을 수 없는 일이었습니다.

중립국에서 재판관을 선출해야 한다는 의견도 일부 있었습니다. 그렇지만 제2차 세계대전 말기 세계의 모든 국가들이 일본과 독일이 중심인 추축국 측에 선전포고를 하고 있었으며, 유력한 중립국은 소수였습니다. 국가의 수를 말하는 것은 국가를 어떻게 정의할지에 따라 달라지기 때문에 어렵습니다(예를 들면, 일본은 '만주국'을 국가로 인정했지만 세계의 압도적인 다수 국가들은 국가로 인정하지 않았습니다). 그렇기 때문에 1945년 당시 약 50개국이 연합국, 독일과 일본을 포함한 3개국이 추축국, 스위스 등 약 10개국이 중립국이었습니다(일본에서는 보편적인 조직인 '국제연합'과 '연합국'을 달리 번역하지만, 원래 영어로는 둘 다 the United Nations입니다). 즉, 일본과 독일은 당시 세계 총인구의 90%를 차지하는 국가들과 싸웠던 것입니다. 도쿄재판이 '승자의 단죄'라고 하면 말 그대로이지만, 당초 국제사회의 압도적인 다수가 '승자'였으며, 뉘른베르크재판도 도쿄재판도 국제사회를 대표하는 연합국의 재판이었던 것입니다.

구체적으로는 뉘른베르크재판은 4개국이 진행했지만, 도쿄재판에 관여한 국가는 그보다 훨씬 많아 최종적으로는 11개국이었습니다. 당초 극동위원회라는 일본 점령 정책을 결정하는 연합국 하부 기관의 구성국(미국, 소련, 영국, 프랑스, 네덜란드, 캐나다, 뉴질랜드, 오스트레일리아, 중국)이 참여할 예정이었지만, 뒤에 인도와 필리핀이 추가되어 11개국이 재판관을 1명씩 보냈습니다. 미국은 미국인 키난 검사를 주임검찰관으로 선출했기 때문에 재판장까지 미국인이 맡으면 미국색이 지나치게 강하게 될 것이란 점을 고려하여 오스트레일리아에 양보를 했습니다. 오스트레일리아 출신의 웹 판사가 재판장을 맡게 되었던 것입니다.

이렇게 재판소의 구성은 서구 중심이었기 때문에 '아시아의 부재'란 느낌을 지울 수 없었습니다. 아시아 국가들 가운데 재판관을 보낸 나라는 중국과 인도, 필리핀뿐이었습니다. 인도네시아, 말레이시아, 베트남, 싱가포르, 버마(당시) 등 일본과 실제로 그 땅에서 싸웠던 국가들은 재판에 참가하지 않았습니다. 일본이 식민지 지배를 했던 한국과 북한도 도쿄재판 당시 건국 이전이라 재판에 참여하지 못했습니다.

오늘날의 관점에서 보면 위화감을 느끼는 사람도 있겠습니다만, 그러한 재판소 구성은 당시 국제사회의 인식을 반영한 것입니다. 국제법적으로 말하면 재판관을 파견하는 것은 제2차 세계대전의 연합국이지만, 그들 국가들은 아시아에서는 식민지 종주국이었습니다. 일본군이 침공할 때까지 인도네시아를 지배했던 나라는 네덜란드였으며, 말레이시아나 싱가포르는 영국, 베트남은 프랑스였습니다.

필리핀과 인도의 경우, 대일전에서 희생이 컸다는 점, '식민지'라고는 해도 전전부터 국내법상이나 국제법상 독자적인 지위를 가지고 있었던 점 등의 사정이 있어서 재판관을 보내게 되었던 것입니다. 그렇지만 인도네시아, 말레이시아, 베트남 등은 일본과 옛 식민 종주국 사이의 전쟁에서 커다란 피해를 입었음에도 재판에 참가할 수 없었습니다. 이런 국가들을 식민 지배했던 유럽의 국가들은 아무래도 자국 군인과 시민에 대한 일본군의 행위를 문제 삼기 쉽습니다. 이것은 도쿄재판만이 아니라 통상의 전쟁범죄로 단죄했던 소위 'B·C급' 전범 재판에서도 그러했습니다.

도쿄재판은 일본의 전쟁범죄 전반을 단죄하는 재판으로 진행되었기 때문에 아시아에서 다양한 침략행위, 잔학행위, 전쟁법 위반행위도 물론 단죄했습니다. 예를 들면, 1937년 12월 난징에서 일본군이 대규모 잔학행위를 저질렀던 것은 일본 국민은 물론 전 세계 사람들에게 거의 다 알려진 일이었기 때문에 도쿄재판에서 그 증거가 뒷받침되어 백일하에 드러났으며, 피고인을 포함하여 대단한 충격을 주었습니다. 이로써 아시아인을 대상으로 한 행위에 대해서도 재판의 대상이 되었습니다.

다만 중국의 경우, 당시 국민당 정권은 공산당과 내전에 관심이 집중돼 재판에 관여할 상황이 아니었으며, 중국 정부가 충분한 증거도 제출하지 않았던 것으로 알려져 있습니다. 그 이외의 국가에 대해서도 아시아 민중의 피해는 서구인의 포로학대와 비교해 경시되었던 것으로 생각됩니다.

침략전쟁 수행의 공동모의

에가와 11개 국가가 참가하는 재판은 어떤 법에 입각해 열렸던 것입니까? 국가에 따라서 재판의 규정도 법률에 관한 생각도 다를 것으로 생각됩니다만.

오누마 세계에는 다양한 법체계가 있습니다. 오늘날의 경우라면 이슬람법이라든가, 힌두법이라든가, 중국의 법체계도 고려되어야 한다고 생각할지 모르겠습니다만, 뉘른베르크재판과 도쿄재판이 열렸던 당시는 압도적으로 서구 중심의 세계였습니다. 뉘른베르크재판의 근거법은 영국과 미국이 영미법, 소련과 프랑스가 대륙법으로 2대 2였기 때문에 양자 간 타협의 산물로서 새 규정이 만들어졌습니다. 그렇지만 도쿄재판은 미국 주도인 데다가 영국 이외에 캐나다, 오스트레일리아, 뉴질랜드, 인도도 영국법의 영향을 강하게 받는 국가였기 때문에 영미법적인 색채가 강했습니다.

뉘른베르크재판에서도 도쿄재판에서도 영미법의 영향이 가장 강하게 나타났던 것은 '공동모의^{conspiracy}'라는 범죄 유형이 채택된 것입니다. 이는 미국에서 마피아 등 조직범죄를 단속할 때 강력한 효과를 발휘했던 범죄 유형입니다. 공동모의가 인정된 피고인은 도중에 명확하게 그 그룹에서 이탈했다는 증거가 없는 한 그룹의 모든 행동에 책임을 지게 됩니다. 소추하는 측에서 본다면 조직범죄에 직접 관여하지 않아도 공동모의의 구성원이라면 책임을 물을 수 있습니다. 마피아를 일망타진할 수 있는 강력한 무기였던 것인데, 그것이 전쟁지도자를 단죄하는 재판에 도입되었던 것입니다.

도쿄재판에서는 1928년부터 1945년까지의 전반적인 침략전쟁 수행의 공동모의가 소인訴因의 하나가 되었습니다만, 유죄판결을 받은 25명 가운데 23명이 이것으로 유죄가 되었습니다. 다만, 1928년부터 1945년까지의 긴 기간 동안 여러 국면이 있었으며, 정부도 군도 결코 하나였다고는 할 수 없습니다. 그럼에도 불구하고 이렇게 광범위한 사람들에게 '공동모의'가 있었다고 하는 것은 아무리 공동모의 개념이 광범위하다고 해도 너무 지나친 것은 아닌가, 이런 비판이 있는 것은 당연하다고 할 수 있을 것입니다.

재판관 가운데에는 이러한 범죄유형을 채택한 극동국제군사재판소 헌장의 합법성을 재판소 스스로가 심사해야 한다고 생각하는 사람도 있었습니다. 그러나 애초부터 헌장에 입각해 재판관에 임명되고 재판관 스스로 그것을 수락하고 재판을 열었기 때문에 헌장은 재판관도 구속한다는 생각이 유력했으며, 결국 재판소는 헌장을 심사하지는 않았습니다.

'평화에 대한 죄'와 '인도에 대한 죄'

에가와   도쿄재판은 피고인의 형사책임을 결정하는 형사재판이었습니다만, 단죄의 근거가 되는 법전은 무엇이며, 어떠한 죄명으로 단죄되었습니까? 국내 형사재판에서는 예를 들면, 살인사건이라면 형법 제199조에서 '사람을 죽인 자는 사형 또는 무기 혹은 5년 이상의 징역에 처한다'라고 규정되어 있어 이에 입각하여 처벌이 결정됩니다만 전쟁범죄, 그것도 국제법정에서는 판결의 근거가 된 조약이 있었습니까?

오누마 재판의 근거법이 된 것은 극동국제군사재판소 헌장으로, 헌장은 대상이 되는 범죄유형을 A '평화에 대한 죄'('평화에 반하는 죄'가 적절한 번역이지만, 이하 일반적인 번역에 따른다), B '통상의 전쟁범죄', C '인도에 대한 죄'(번역에 관해서는 '평화에 대한 죄'와 같음)로 규정했습니다. '평화에 대한 죄'와 '인도에 대한 죄'는 뉘른베르크재판과 도쿄재판을 위해 연합국이 새로 만들어낸 범죄유형입니다. 그런 의미에서 '사후법의 금지'(실행할 때 적법한 행위에 대하여 사후에 제정된 법으로 소급해 처벌할 수 없다는 근대법 원칙)라는 법 원칙에 반할 가능성이 큽니다. 도쿄재판에서는 '인도에 대한 죄'는 판결에서 인정되지 않았습니다.

'평화에 대한 죄'에서 가장 큰 근거가 된 것은 1928년 파리에서 체결된 부전조약^{Treaty for the Renunciation of War, 不戰條約}(1928년 8월에 체결된 전쟁이 아닌 평화적 수단을 국제분쟁의 해결수단으로 채택할 것을 내용으로 하는 조약. 조약 성립을 주도한 미국 국무장관 F. 켈로그와 프랑스 외상 A. 브리앙의 이름을 따 켈로그-브리앙 조약이라고도 한다)으로 일본도 조약 당사국입니다. 이 부전조약에서 국제분쟁 해결을 전쟁에 호소하는 것이 일반적으로 금지되었습니다. 19세기부터 20세기 초두의 국제법 하에서 전쟁은 위법이 아니었으며, 오히려 국가정책의 한

수단으로 자리매김하고 있었습니다. 그것이 제1차 세계대전 후 국제연맹규약에서 '전쟁에 호소하지 않을 의무'를 규정했던 때부터 전쟁을 국제법상 명확하게 위법화해야 한다는 생각이 강해졌으며, 그것이 부전조약으로 결실을 맺었던 것입니다.

일본이 관동군의 모략으로 만주사변을 일으켰던 것은 이 부전조약을 체결하고 3년 뒤인 1931년입니다. 일본은 이 침략을 자위라고 주장했습니다만, 실제로는 부전조약과 일본을 포함한 관계 9개국이 약속한 (중국의 주권, 독립, 영토보전을 존중할 것) 9개국 조약을 위반한 무력행사라는 것은 분명했습니다. 이러한 인식은 당시 국제사회에 널리 공유되어 있었습니다. 도쿄재판은 만주사변부터 1945년까지 일본이 일으킨 전쟁을 전체적으로 위법한 침략전쟁이었다고 규정했습니다. 그런 점에서는 전 세계의 많은 국제법학자, 역사가들이 이 판결을 지지하고 있다고 말할 수 있습니다.

다만, 위법하다는 것과 범죄는 다른 문제입니다. 일본이 국제법상 위법한 전쟁을 했다고 해서 국가지도자가 그에 대해 형사책임을 지는 것은 아닙니다. 죄형법정주의라는 근대법의 원칙에 서면 어떠한 행위가 범죄에 해당하는가는 미리 법으로 정해두지 않으면 안 됩니다. 부전조약은 전쟁을 위법하다고 규정했지만, 위법한 전쟁을 수행한 자에게 개인으로서 형사책임을 묻는 것은 규정하지 않았습니다. 1931년의 만주사변만이 아니라 1937년의 중일전쟁, 1941년의 진주만 공격과 말레이반도 상륙작전 당시에도 국제법상 위법한 전쟁을 수행한 자에게 형사책임을 묻는다는 관념은 확립되어 있지 않았습니다. 그렇기 때문에 도쿄재판은 침략전쟁의 인정이라는 점에서는 옳았습니다만, '평화에 대한 죄'로 피고인을 단죄했다는 점에서는 사후법에 따른 처벌이며, 근대법의 기본원칙에 반한다는 비판을 면하기 어렵습니다.

뉘른베르크재판의 소인訴因은 '평화에 대한 죄', '인도에 대한 죄', '통상의 전쟁범죄' 그리고 '공동모의'라는 네 가지뿐입니다. 그런데, 도쿄재판의 소인은 55개나 됩니다. 앞에서 언급한 침략전쟁의 공동모의에 더해 중국에 대한 침략전쟁, 미영프와 네덜란드에 대한 침략전쟁, 나아가 몽골과 만주 국경 부근에서 일본군과 소련군이 싸웠던 노몬한사건 등이 '평화에 대한 죄'로서 단죄되었습니다. 전쟁 수행 중에 행해졌던 전쟁법 위반행위(포로의 학대, 민간인 살해 등)도 단죄되었습니다. 나아가 명령을 내리는 등 스스로 행했던 행위 이외에 본래 저지했어야 했음에도 불구하고 저지하지 않았던 부작위不作為(마땅히 해야 할 것으로 기대되는 행위인데도 하지 않는 태도. 아무것도 하지 아니하는 것을 의미하는 것이 아니라 규범적으로 기대된 일정한 행위를 하지 않는 것을 말한다)도 단죄되었습니다. 마쓰이 이와네松井石根처럼 공동모의나 침략행위 수행에 관해서는 무죄가 선고되었지만, 난징사건에서 벌어진 전쟁법 위반행위를 막지 않았다는 책임을 물어 사형에 처해진 자도 있습니다.

재판은 공정했는가

에가와   재판은 공정하게 이뤄졌습니까? 변호는 제대로 이뤄졌는지요?

오누마   형사재판이기 때문에 검찰 측이 아주 높은 정도로 증명하지 않으면 아무리 전승국의 재판관이라 해도 유죄판결을 내릴 수는 없습니다. 육군 군인으로 문부대신으로서 군국교육을 추진했던 아라키 사다오荒木貞夫는 거의 모든 소인에서 무죄였지만, 침략전쟁 수행의 공동모의와 대중국 침략전쟁 수행이란 점에서 유죄가 인정 되었습니다. 종신 금고형을 받았습니다만, 7년 후에 출소했습니다. 난징학살의 책임을 물어 유죄를 선고받았던 마쓰이 이와네는 앞에서 말한 대로 단 하나의 소인만이 유죄였습니다. 다른 소인은 모두 유죄가 아니었습니다. 승자의 단죄라고는 하지만, 사실인정은 상당히 엄격하게 이뤄졌다고 말할 수 있습니다. 물론 1928년부터 1945년까지의 전쟁을 전반적인 공동모의라고 인정하는 등 오늘날의 역사학의 관점에서 보면 다양한 한계나 오류가 있지만, 당시로서는 최선을 다해 증거를 수반한 사실 제시가 이뤄졌다고 할 수 있습니다.

변호 활동에 대해서는 나름대로 보장되어 있었다고 할 수 있습니다. 특히, 미국인 변호사들은 자신들의 적국 전쟁지도자의 변호였음에도 불구하고 성심성의껏 피고인의 이익을 위해 변호 활동을 했습니다. 이 점은 일본인 변호인단도 인정하고 있습니다. 변호인단은 처음에는 일본인뿐이었지만, 영미법의 이해가 부족한 사람들이 많았고 의견도 일치하지 않았습니다. 미국인 변호사가 추가되었던 것은 적지 않은 문제가 있었던 도쿄재판의 의의를 높이는 데 기여했다고 말할 수 있습니다.

그렇지만 기본적으로 전승국이 패전국의 지도자를 단죄한다는 틀 내의 재판이어서 변호 활동의 제약이 있었던 것도 부정할 수는 없습니다. 가장 중요한 것은 미국의 원폭 투하라든가 소련의 일소중립조약 침범 등 연합국 측의 위법행위를 다루려고 해도 이 재판과는 관련성이 없다는 이유로 허용되지 않았던 것입니다. '관련성 없음'이라는 재판소의 견해는 도쿄재판이 일본인 전쟁지도자를 피고인으로 한정했던 재판이라는 점에서 볼 때 법 기술적으로는 어느 정도 근거가 있는 이유이기는 합니다. 그러나 법이라는 것은 공평한 적용이 근간입니다. 그런 관점에서 보면 도쿄재판이 중대한 문제를 안고 있었다는 것 또한 부정할 수는 없습니다.

왜 난징사건의 사실관계는 확정하지 못하는가

에가와　도쿄재판에서 단죄되었음에도 중일 간이나 일본 국내에서 끝내 '역사인식'이 일치하지 않는 것이 난징대학살입니다. 중대한 사건이었다고 생각합니다만, 왜 그런 사실이 시간이 흘러도 확고해지지 않았던 것인지요?

오누마　중국 정부는 사망자가 30만 명 이상이라고 말합니다. 어느 지역까지를 '난징'이라고 볼 것인가, 언제부터 언제까지의 시기에 일어난 것을 난징사건에 포함할 것인가, 또한 전투행동의 결과로 볼 것인가, 학살로 볼 것인가, 학살의 정의에 따라 사망자 수는 달라집니다. 그렇다고 해도 30만 명이라는 숫자는 실증사학의 측면에서는 무리한 숫자일 것입니다. 다만, 이것은 공산당 독재체제의 불행이기도 하지만, 일단 당이 30만 명이라고 말해버리면 그것을 바꾸는 것은 대단히 어려우며, 학자도 언론도 그와 다른 것은 언급할 수가 없습니다. 더구나 민주주의 체제 하의 일본 정부조차 자기가 범한 잘못을 인정하는 데 강하게 저항하고 있어서 이것은 국가·정부라는 권력의 보편적 속성이라고 말할 수 있을지도 모르겠습니다.

도쿄재판은 사망자가 20만 명이라고 인정하고 있습니다만, 여기에도 학문적으로는 비판이 있습니다. 일본인 연구자 가운데에는 약 4만 명이라는 설(하타 이쿠히코, 《난징사건南京事件》)도 있는데 국제적으로도 어느 정도 평가를 받고 있는 설 같습니다. 다만, 가령 4만 명이었다고 해도 그것이 민간인 살육을 포함한 명백한 전쟁법 위반행위였음은 부정할 수 없다는 것입니다. 그 점은 확실하게 인정하지 않으면 안 됩니다. 일본 외무성도 "일본군의 난징 입성(1937년) 후 비전투원의 살해나 약탈행위가 있었다는 것은 부정할 수 없다"고 홈페이지에서 쓰고 있습니다. 중국 정부가 희생자 수를 과대하게 주장해왔다는 것은 냉정하게 비판해야 합니다만, 난징에서 일본군이 살해행위를 저질렀다는 것 자체는 인정해야 할 것입니다. 도쿄재판에서 이에 대한 책임을 물어 사형에 처해진 마쓰이 이와네 대장도 부하들의 전쟁법 위반을 저지하지 못한 것을 깊이 후회했었습니다.

'도쿄재판사관'이란 무엇인가

에가와　당시의 일본 국민은 도쿄재판을 어떻게 받아들였습니까?
오누마　당시 많은 국민들은 자신들을 전쟁에서 비참하게 만들었던 높은 사람들이 단죄되는 것은 당연하다는 차가운 눈으로 보고 있었던 것 같습니다. 일본 국민도 3백만 명 이상의 희생자가 발생했으며, 연합군의 전략 폭격으로 고통을 당해 자신들이 중국이나 동남아시아에서 더 많은 사람들을 살해했다는 것을 생각할 겨를이 없었습니다. 모든 것은 도조 히데키 등이 나쁘다는 식으로 일본이 저지른 죄를 모두 A급 전범에 돌리려는 심리가 작용했습니다. 이것은 부인할 수 없다고 생각합니다. 이전에 국제정치학자 호소야 치히로細谷千博 씨에게 도쿄재판에 대한 이야기를 물어본 적이 있습니다. 패전 직후 호소야 씨는 대학생이었습니다만, 살기 급급했으며, 도쿄재판에는 관심이 거의 없었다고 했습니다. 국제정치를 전문적으로 연구하는 학생들조차 그런 상황이었습니다.

흥미로운 것은 도조 히데키에 대한 평가입니다. 도쿄재판의 피고인으로 체포되었을 때 도조의 인기는 땅에 떨어질 정도로 나빴습니다. 그는 체포되었을 때 자살을 시도했지만 실패했습니다. 군인으로서 너무 꼴불견이다, 깔끔하지 못하다는 악평이 자자했습니다. 그런데 재판에서 피고인 심문을 받을 때 도조는 키난 검사의 심문을 되받아쳐 그를 쩔쩔매게 했습니다. 그 뒤 의외로 잘 하지 않았느냐고 도조의 인기가 상당히 회복됐던 것 같습니다.

다른 하나는 앞에서도 말한 대로 법의 공평한 적용과 관련하여 도쿄재판이 '이기면 관군'이라는 '승자의 단죄'였다는 시각이 강했습니다. 그 뒤에도 이런 시각은 남았는데 이는 어떤 의미에서 당연한 것이며, 건전한 비판정신의 표시이기도 합니다.

그럼에도 많은 국민들은 도쿄재판의 결과를 받아들였다고 해도 좋을 것입니다. 전시 중의 언론통제로 국민들에게 숨겨졌던 '황군'에 의한 음모나 잔학행위 등 역사적 사실이 도쿄재판에서는 일본 국민 눈앞에 적나라하게 제시되었습니다. 이것은 일본 국민에게 충격이었지만, 역사적 사실에 직면하게 되었다는 것은 커다란 의의가 있었을 것입니다.

도쿄재판은 재판 진행 중에는 일본 국내에서 상당히 주목받았지만, 그 뒤 1970년대까지 그다지 논의되지 못했습니다. 그런데 1980년대가 되면서 일부 사람들이 소리 높여 '도쿄재판사관'을 비판하게 되었습니다. 그리고 1990년대 이후 일본의 경제상태가 어려워지고 21세기가 되어 넘버2의 경제대국 자리를 중국에게 빼앗기고 위안부 문제로 국제적으로 비판을 받는 상황이 되면서 도쿄재판 때리기가 강해졌던 것으로 보입니다.

다만, 이 시기에 나온 도쿄재판 비판론은 이미 도쿄재판의 변호인단이 말했던 것, 혹은 그 직후에 제기되었던 것과 별반 다르지 않습니다. 진전이 없었습니다. '평화에 대한 죄'가 사후법이며, 재판소의 구성이 불공정했다는 것은 분명하지만 그렇다고 다른 선택지가 있었는가. 일본의 침략전쟁으로 1천만 명 이상의 사람들이 살해된 피해국 국민들에게 전쟁 책임자의 책임을 묻지 않고 끝내는 것은 있을 수 없는 일일 것입니다. 이는 입장을 바꿔 일본이 미국이나 중국에게 침략을 받아 수백만 명의 국민이 희생되었다면, 이라고 생각해 보면 바로 이해가 될 것입니다. 재판을 하지 않았다면 즉결처형이라는 선택지밖에 없었을 텐데 그게 나았을까요?

'도쿄재판사관' 비판이라는 것은 도쿄재판 판결의 인정, 특히 일본의 전쟁이 국제법상 위법한 침략전쟁이었다는 점과 난징에서 일본군이 대규모 학살행위를 범했다는 판단을 받아들여서는 안 된다는 생각인 것 같습니다. 지난 전쟁은 일본이 만주에서 가지고 있던 정당한 권익을 지키기 위한 자위의 전쟁이며, 아시아 해방을 위한 전쟁이었다, 전후 일본인이 '도쿄재판사관'을 받아들인 것은 연합국의 점령정책과 좌익의 교육 때문이다, 이러한 생각을 가진 사람들이

도쿄재판은 잘못된 것이라고 주장하고 있습니다. 세계의 국제법학자나 역사가는 도쿄재판을 인정하고 있지 않다고 주장하는 국내의 국제법학자도 있습니다(사토佐藤 감수, 《世界が裁く東京裁判》).

그러나 그런 주장은 명백하게 잘못된 것입니다. 나는 1970년대부터 도쿄재판, 뉘른베르크재판에 관한 국제법 연구와 교육에 종사해왔으며, 전 세계 주요 국제법학자와 학문 교류를 거듭해왔습니다. 역사학자들과도 좌우를 불문하고 의견을 교환해왔지만, 세계의 주요 학자들 가운데 그런 주장을 하는 사람은 없습니다. 사토 교수의 책이 인용하는 '85명의 외국인 학자'의 선정 기준은 대체로 학문적 기초를 결여한 것이며, 인용하고 있는 견해도 자의적인 것으로서 진지한 연구서라고는 도저히 말할 수 없는 것입니다.

난징학살의 피해자를 20만 명이라고 한 것은 정확한 것이 아니라는 지적이나 731부대의 인체실험이나 세균무기 개발이 심리 대상이 되지 않았던 것 등 도쿄재판에 일정한 문제가 있었던 것은 분명하지만, 1931년부터 1945년까지 일본이 치른 전쟁이 전체적으로 국제법상 위법한 침략전쟁이었다는 것, 그 과정에서 일본이 수많은 전쟁법 위반행위를 저질렀음은 전 세계 국제법학자와 역사학자가 공유하고 있는 인식입니다. 패전 후 일본인이 점령군에게 세뇌당하거나 좌익의 교육으로 주입된 특수한 견해가 아닙니다.

그럼에도 이것을 '도쿄재판사관'이라고 부르고 막무가내로 부정하려 하면 할수록 국제사회의 공통 인식과는 괴리되어버릴 것입니다. 일본인이 그런 독선적인 '역사인식'을 주장하면 세계에서 고립되고 일본에 호의적인 사람들까지 멀어지게 될 것입니다.

다만, 말해두고 싶은 것은 일본은 분명히 침략전쟁을 벌였고 도쿄재판에서 단죄되었지만, 전후에 그 전쟁을 깊이 반성하고 평화 헌법 아래에서 도쿄재판의 정신에 따라 미소영프중 등 옛 연합국의 주요 국가들보다 나은 행동을 취해왔다는 것입니다. 이것은 우리 일본 국민이 세계에 내세울 만한 일입니다. 그러한 일본이어야 비로소 일본을 단죄한 국가의 지도자나 전쟁범죄자도 같은 법으로 단죄되어야 한다고 말할 수 있는 것이며, 계속 말해야 합니다. 그러한 형태로 세계 평화를 위협하는 행위를 제대로 비판해가는 것이 일부 불공정한 측면도 지니고 있었던 도쿄재판을 바로잡고 역으로 활용해가는 길이라고 생각합니다.

판결은 가혹했는가

에가와 7명이 사형에 처해지는 등 너무나 가혹하고 보복적인 재판이었다는 비판도 있습니다.

오누마 그토록 엄청난 희생자가 발생한 전쟁의 주요 전쟁범죄인으로서 도쿄재판에서 유죄가 된 피고인은 25명입니다. 단순히 사형에 대해서만 말하면 전쟁법 위반행위로 유죄가 된 'BC급' 전범 1천 명 이상이 사형에 처해졌기 때문에 훨씬 수가 많습니다. 전쟁을 반복해 온 인류의 오랜 역사에서 일본의 주요 전쟁지도자의 책임이란 면에서 보면 도쿄재판은 미국의 점령정책의 영향으로 정말 관대한 것이었다고 말하지 않을 수 없습니다. 일본이 벌인 전쟁에서 죽은 사람은 실증사학의 연구에서도 정확한 숫자를 내놓지 못할 정도입니다만, 아마도 1천만 명 이상인 것으로 생각됩니다. 이렇게 엄청난 희생자의 유족 입장에서 보면 도쿄재판이든 제2장에서 살펴볼 일본과 연합국의 강화든 참으로 관대한, 불만이 많이 남는 것이라 하겠습니다. 이것은 살해당한 측의 사람들 입장에서 보면 당연한 것일 겁니다.

실제로 도쿄재판 뒤 일본의 침략전쟁으로 피해를 입은 국가들에는 일본에 대한 원한이 오랫동안 남아 있었습니다. 동남아시아에서도 1970년대까지 상당히 강하게 남아 있었으며, 21세기에도 중국에서는 'A급 전범'이 합사되어 있는 야스쿠니 신사에 일본의 총리가 참배하거나 하면 반일 내셔널리즘이 분출하고 있습니다. 포로가 살해되거나 학대를 받은 영국, 네덜란드, 오스트레일리아에서도 반일 감정은 일부 강하게 남아 있습니다.

전후 70년이 지나면서 아시아에서 피해를 받은 사람들의 일을 상상할 수 없게 되자 "일본이 애초부터 그렇게나 나쁜 일을 했던가?"하는 기분이 드는 것도 어찌 보면 자연스러운 일일지 모릅니다.

그러나 '전쟁에 대한 기억의 풍화'는 일본의 대외적 책임의식의 문제일 뿐만 아니라 전쟁 그 자체에 대한 기억의 풍화이기도 합니다. 그리고 거기에는 전쟁책임 문제에 스스로 직면해오지 않았던 전후 일본의 부작위가 관계되어 있을지도 모릅니다. 일본 국민은 자국민에게 3백만 명 이상의 희생을 강요한 지도자들을 스스로 단죄하지 않았습니다. 타자가 단죄한 도쿄재판을 혹자는 받아들이고 혹자는 비판하고 부정하는 것으로 끝냈습니다. 국민 전체가 그렇게 필사적으로 싸웠던 15년 전쟁을 국민으로서 어떻게 생각해야 하는가 진지하게 되돌아보는 기회가 없었던 것입니다.

도쿄재판의 일본 측 변호단장이었던 기요세 이치로^{清瀨一郎}는 만약 점령국의 단죄가 아니었다면 피고인들은 무죄를 주장하지 않았을 것이라고 말했습니다. 피고인들은 천황에게 책임을 느끼고 있었습니다. 일본 국민에게도 미안하다는 생각은 있었을 것으로 생각하며, 그렇게 생각하고 싶습니다. 그렇지만 도쿄재판은 '점령국의 재판', '승자의 단죄'라는 점에서 오로지 "우리들은 무죄다"라는 형사 피고인으로서의 권리를 주장하는 것만으로 끝났던 것입니다. 이 문제는 제3장과 제5장에서도 생각해보기로 하겠습니다.

펄 판사의 '일본 무죄론'은 오류

에가와 도쿄재판의 판사 가운데 일본 무죄론을 주장한 사람도 있었습니다.

오누마 인도의 펄 판사가 일본 무죄론을 주장했다고 전해지기도 하지만, 이것은 정확하지 않습니다. 원래 도쿄재판은 일본의 침략행위나 전쟁 중의 국제법 위반행위에 책임이 있는 도조 히데키 등 지도자 개인의 책임을 묻는 것이어서 일본이라는 국가의 유죄·무죄를 판정했던 것은 아닙니다. 펄의 경우도 일본의 무력행사가 문제되었던 1928년부터 1945년의 시점에서 침략전쟁을 기획·수행했던 자의 개인 책임을 묻는다는 관념은 없었기 때문에 피고인은 무죄라고 말했을 뿐이며, 일본이 무죄라고는 한 마디도 하지 않았습니다. 일본군에게 전쟁법에 반하는 꺼려야 할 행위가 있었다는 것은 펄도 인정하고 있습니다.

문제는 도쿄재판을 비판하는 사람들에게 펄 판사의 신격화가 나타난다는 것입니다. 펄은 구미제국의 식민지 지배에 대한 철저한 비판자였습니다. 나도 구미제국의 식민지 지배 역사는 비판받아야 마땅하며, 그것을 주장하는 것 또한 올바르다고 생각합니다. 한 사람의 학자로서 혹은 한 개인으로서 주장이라면 찬동하고 싶은 점도 많이 있습니다. '평화에 대한 죄'가 사후법이며 그것에 입각한 개인의 형사책임 추궁은 허용되지 않는다는 논의도 그 하나입니다.

그러나 그는 도쿄재판의 재판관으로서 반대의견을 제시했습니다. 거기에는 커다란 문제가 있습니다. 우선 그는 심리에 많이 결석했으며 법정에서의 논쟁에도 충분히 귀를 기울이지 않았으며, 호텔에 들어가 오로지 반대의견만을 썼습니다. 이것은 재판관으로서 도저히 용납할 수 없는 일이며, 말하자면 재판관의 이름을 빌어 개인의 견해를 판결의 반대의견으로 발표했다는 비판을 받아도 어쩔 수 없습니다. 내용 면에서도 피고인의 개인 형사책임 추궁은 불가하다고 했을 뿐만 아니라 일본의 전쟁이 위법한 침략전쟁이라고 말할 수 없다는 취지로까지 주장했던 것은 분명하게 잘못된 것입니다. 펄의 반대의견은 분량은 많았지만 질적으로는 상당히 문제가 많았으며, 그런 견해를 신격화하는 것은 큰 문제라고 생각합니다.

이에 대해서 네덜란드의 뢰링크^{Bernard Victor Aloysius (Bert) Röling} 판사의 반대의견은 여러 가지 점에서 시사하는 바가 큽니다. 특히, '평화에 대한 죄'로 사형하는 것을 그는 반대했습니다만, 그 이유가 흥미롭습니다. 그도 역시 '평화에 대한 죄'는 사후법의 의심이 있다고 생각했습니다. 그런 한편, 일정한 정치적 조치로서 침략전쟁의 책임자를 구속하는 것은 가능하다고 생각했습니다. 다만, 생명박탈을 수반해서는 안 된다는 것이 그의 의견이었습니다.

뢰링크는 법을 고립된 것으로 보지 않고 다양한 요소를 종합적으로 감안하여 균형을 생각하면서 결론을 도출합니다.

그토록 심각한 인간성의 근원을 부정하는 행위가 이뤄졌던 제2차 세계대전의 책임자를 처벌하지 않으면 안 된다, 이것은 당시 국제사회의 콘센서스였다고 해도 좋을 것입니다. 그 경우 당시 이미 범죄로서 확립되어 있던 통상의 전쟁범죄(포로학대나 개별적인 민간인 살해 등)에 대해서만 책임자를 처벌하고 침략전쟁 그 자체를 죄로 하는 '평화에 대한 죄'와 6백만 명이나 되는 유대인을 학살했던 '인도에 대한 죄'의 책임자를 단죄하지 않는다면 말하자면 좀도둑은 처벌하지만 큰 도둑은 본 못 체 하는 것 같은 결과가 돼버리기 때문입니다. 그것은 분명히 잘못된 것입니다. 그래서 '평화에 대한 죄'는 단죄되지 않을 수 없습니다.

한편 사후법 금지라는 근대법의 대원칙이 있습니다. 그래서 사후법의 의심이 강한 소인으로 사형에 처하는 것은 피하고 싶다, 라고 뢰링크는 솔직하게 말했습니다. '평화에 대한 죄'의 책임이 있는 자에 대한 정치적 조치로서 구금이 인정된다는 그의 논의에도 의문점은 있습니다. 그렇지만 사후법의 의심이 강한 '평화에 대한 죄'로 사형에 처하는 것은 피해야 한다는 뢰링크의 생각은 한편 이해가 갑니다.

그 뒤 뢰링크는 네덜란드 정부의 유엔대표단의 일원으로서도 활약했습니다. 다양한 이해가 서로 충돌하는 현실의 국제사회에서 이상적인 정의나 평화는 좀처럼 실현되지 않는다는 것을 실감하게 됩니다. 네덜란드 정부와도 대립하면서 끈기 있게 평화연구를 함으로써 반 보씩이라도 국제사회를 개선해가려는 노력을 거듭했습니다. 도쿄재판을 경험하고 거기에서 전쟁과 평화, 법과 정치 문제를 깊이 있게 생각했던 것이 그에게 그런 삶을 선택하게 했던 것입니다.

뢰링크는 《도쿄재판과 그 뒤》라는 도쿄재판을 다룬 저작을 남겼습니다. 거기서 그의 논의는 '애매모호함' '답답함'을 느끼게 하는 것이 많습니다. 그것은 그가 우유부단한 인간이어서가 아닙니다. 현실의 국제사회가 단순명쾌하게 답할 수 있는 것이 아니기 때문입니다.

분명 구미 제국의 위선을 찌르는 펄의 논의는 일본인으로서는 가슴 후련한 느낌이 드는 기분 좋은 것입니다. 그렇지만 천만 명 이상의 사람들을 살육했던 일본이 그런 사실을 덮어둔 채 구미 제국의 위선을 비판한다면 그것은 자신들의 죄를 모면하기 위한 논의로서 받아들여질 것입니다. 일방에게 정의가 다른 쪽에게는 받아들이기 어려운 요구가 됩니다. 그런 가운데서 정의와 평화를 실현하는 것은 낙타가 바늘구멍을 통과하는 것만큼 어려운 것입니다. 그러한 현실을 목도하면 뢰링크의 삶은 여러 의미에서 시사적입니다. 나는 그렇게 생각합니다.

도쿄재판은 하지 않는 게 좋았을까?

에가와   일본의 행위는 단죄되었습니다만, 연합국군의 행위는 전혀 문제가 되지 않았습니다. 이런 재판은 공평하고 공정한 것이었다고 할 수 있을까요?

오누마   도쿄재판은 '문명의 단죄'라는 명분 아래 진행되었습니다. 물론 난징사건은 비문명적인 행위라고 할 수 있습니다. 다만, '문명의 단죄'라고 한다면 히로시마와 나가사키의 원폭 투하는 어떠한가요? 혹은 1945년 3월 10일 도쿄대공습 등 각지에서 감행됐던 공습은 비문명적인 행위가 아닌가요? 도쿄재판이 '문명의 단죄'라고 한다면 단죄되어 마땅한 그러한 행위들이 모두 단죄되지는 않았습니다. 그런 의미에서 도쿄재판은 승자의 단죄이며, 불공정한 재판이었습니다. 그것을 부정할 수는 없습니다.

다만, '인간'을 생각할 경우 그러한 공정함이 애초에 가능할까요? 전후 70년, 80년이 지나버리면 우리는 전쟁에서 죽은 수많은 사람들의 유족과 주변 사람들이 얼마나 슬퍼하며 탄식하고 격노했는지 그 피해를 좀처럼 실감하지 못하고 상상도 할 수 없게 됩니다. 그렇지만 아직도 1945년 당시를 생각해보면 전승국 측의 국민감정은 매우 엄하고 매섭습니다. 소련은 2천만 명 이상, 중국도 아마 1천만 명 이상의 사망자가 발생했습니다. 그런 희생에 대한 분노가 압도적인 가운데 평화로운 시대인 지금 우리가 생각하는 완전무결하게 공평한 재판이 가능했을까요? 전승국의 위법행위도 패전국의 위법행위도 공평하게 단죄되어야 한다는 주장은 당연합니다. 그렇지만 그것이 인간의 행위로서 가능한지 살펴보면 정말로 유감스럽지만 역시 불가능했을 것이라고 생각하지 않을 수 없습니다.

그렇다면 도쿄재판은 하지 않은 편이 나았을까? 실은 연합국 내에서도 그런 논의가 있었습니다. 연합국이 취할 수 있는 당시의 선택지는 ①일본과 독일이 시작한 침략전쟁의 지도자의 책임을 추궁하지 않는다, ②그들을 재판 없이 즉결 처형한다, ③국제재판을 연다는 세 가지가 있었습니다. 그 가운데 조금 전에 말한 대로 연합국 측의 엄청난 희생자 수를 생각하면 일본과 독일의 책임자에게 죄를 묻지 않는다는 선택지가 연합국 측 지도자에게 있을 수 없었을 것이라는 점은 이해할 수 있습니다. 가령 독일과 일본이 승리했다면 일본과 독일은 루스벨트나 처칠을 처형하지 않았을까요? 그렇게는 생각하지 않습니다.

그럼 즉결처형이 좋았을까요? 즉결처형을 한다면 도조나 괴링(독일의 국가원수로 나치 독일의 2인자) 등 주요 책임자를 체포하여 총살하면 그만이기 때문에 거추장스러운 입증 절차도 증거도 필요 없습니다. 전승국의 노골적인 힘의 행사이기 때문에 공정해야 할 재판과는 달리 '위선'이라고 비판되는 일도 없습니다.

그러나 인류는 도쿄재판이나 뉘른베르크재판이 열렸기 때문에 난징학살이나 홀로코스트의 사실을 상세한 증거를 확인하고 알 수 있었던 것입니다. 즉결처형을 하면 그런 증거는 나오지 않습니다. 그렇게 되면 6백만 명의 유대인학살은 없었다거나 난징학살은 없었다는 식의 거짓 주장이 지금보다도 훨씬 강해졌을 가능성이 높습니다. 그런 세계가 과연 더 낫다고 할 수 있을까요?

무엇보다도 즉결처형은 연합국 측의 강렬한 보복감정을 그대로 승자의 힘으로 실현하는 것입니다. 야만 그 자체입니다. 그게 더 옳았을까요?

그렇게 생각하면 여러 가지 결점이 있다 하더라도 '좀 더 해악의 정도가 적은 악(영어로는 lesser evil)'으로서 두 재판을 열었어야 한다고 말할 수 있지 않을까요. 인간이 범해온 일의 결점을 분명하게 하는 것은 중요합니다. 그렇게 함으로써 우리는 앞으로 나아갈 수 있는 것입니다. 또한 결점이 있다고 해서 모든 것을 부정해서도 안 됩니다. 인간은 이상대로는 살아갈 수 없기 때문에 결점도 받아들이면서 살아갈 수밖에 없는 존재입니다. 이러한 생각은 전 세계 많은 국제법학자나 역사가가 인정하는 것이며, 일반인들도 그렇게 생각하리라고 믿습니다.

우리 인간은 그다지 현명하지 않아서 역사에서 좀처럼 배우지를 못합니다. 미국은 베트남전쟁에서 형언할 수 없는 뼈아픈 경험을 했음에도 거기에서 충분히 배우지 못하고 21세기가 되어서도 이라크전쟁을 시작했습니다.

그렇지만 조금씩 지혜는 축적되고 있습니다. 베트남전쟁 때 아무 저항을 하지 않던 여성과 어린이들을 학살했던 송미$^{Son\ My}$ 사건을 뉘른베르크재판에 입각해 비판하는 목소리가 미국 내에서 나왔었습니다. 이라크전쟁에 대해서도 아부그레이브 포로수용소에서 벌어진 대규모 포로학대 등 미군의 위법행위를 비판하는 목소리가 높아졌으며, 관여했던 미군들의 일부는 군법회의에서 유죄를 선고받았습니다.

국제사회라는 것은 다루기 어려운 사회로 거기에서는 우리가 꿈꾸는 대로의 완전한 정의는 실현되기 어렵습니다. 그러나 그렇다고 해서 상황이 전혀 바뀌지 않는가 하면 그렇지는 않습니다. 그러니 한발 한발 사례를 축적해가는 수밖에 없습니다.

도쿄재판과 뉘른베르크재판은 미국이나 소련(러시아), 중국 등의 난폭한 행동을 비판하고 시정하라고 요구하는 국제사회의 근거가 될 수 있으며, 실제로 되어 왔습니다. 도쿄재판의 비판기준을 가지고 보면 히로시마나 나가사키 원폭투하나 소련의 일소중립조약 위반은 어떠할까요? 혹은 이 재판 뒤에 있었던 베트남전쟁이나 소련의 아프가니스탄 침공(1979년)은 비난받아야 하지 않을까요. 두 재판은 이렇게 세계 사람들이 국가의 위법한 행위를 비판할 근거가 되어 왔습니다.

국제사회의 현실을 생각하면 완전한 정의를 바로 실현할 수 없다고 해도 목소리를 계속 냄으로써 조금씩 바뀌어갈 가능성은 있습니다. 도쿄재판이나 뉘른베르크재판은 그런 역사적인 선례인 것입니다.

실제로 이 두 재판이 선례가 되고 또한 결점을 시정하는 형태로 제2차 세계대전 후의 국제형사법은 일정한 발전을 해왔습니다. 전쟁을 벌이는 것은 국제법상 위법일 뿐만 아니라 그 위법한 전쟁을 지도했던 사람은 개인으로서도 형사책임을 추궁당합니다. 전쟁만이 아니라 홀로코스트처럼 절멸을 목적으로 한 대량살상을 '인도에 대한 (범)죄'로 단죄합니다. 이것은 국제형사법으로서 확립되어 옛 유고슬라비아 내전(1991-95년)이나 르완다 학살(1994년)을 국제전범재판에서 단죄했습니다. 그 뒤 상설 국제형사재판소가 설치되어 독재정권의 학살행위가 단죄되고 있습니다.

거기에서도 모든 위법행위, 잔학행위의 지도자가 단죄되고 있는 것은 아니며, 선별적이고 불공평하다는 비판이 있습니다. 게다가 아주 싫증날 정도도 느려터집니다. 그렇지만 그것이 인간의 행위이지 않을까 합니다. 인간의 불완전함을 고려하면 그런 노력을 축적해가는 수밖에 없습니다. 그것을 부정하는 것은 인간이기를 부정하는 것이 됩니다. 저는 그렇게 생각합니다.

전쟁책임은 다했는가

에가와   도쿄재판으로 일본의 전쟁책임은 다 했다고 말할 수 있을까요?

오누마　아니요, 반복해서 말하지만 뉘른베르크재판도 도쿄재판도 독일과 일본이라는 국가를 단죄했던 재판은 아닙니다. 어디까지나 괴링이나 도조 같은 지도자 개개인의 형사책임을 추궁하는 자리였습니다. 그런 의미에서는 일본 국민의 총체인 일본국으로서의 전쟁책임은 또 다른 문제로서 남습니다.

물론 도조 등 25명의 피고인은 일본국의 지도자로서 단죄되었기 때문에 거기에 일본의 전쟁책임에 대한 국제사회의 판단이 제시되었던 것은 부정할 수 없습니다. 그리고 제2장에서 말씀드리는 것처럼 일본은 많은 연합국 국가들과 체결한 1951년의 샌프란시스코조약에서 도쿄재판을 국제법상 받아들였던 것입니다.

그렇지만 3백만 명 이상의 일본 국민의 희생자와 1천만 명 이상의 외국인 희생자를 발생시킨 만주사변에서 제2차 세계대전까지의 전쟁책임을 보상한다는 것은 도쿄재판으로 완결할 수 있는 것이 아닙니다. 전후의 일본 국민은 도쿄재판을, 한쪽에서는 도조 등의 지도자가 단죄된 것은 당연하다면서 (소극적이기는 해도) 받아들였고, 다른 한쪽에서는 도쿄재판은 '승자의 단죄'라고 비판해왔습니다.

그렇다면 중요한 문제인 일본 국민 자신들은 전쟁과 그 책임 문제를 어떻게 생각해왔는가, 자기 자신들의 책임 추궁과 보상 책임을 어떻게 다해왔는가, 이 점을 생각하는 것은 도쿄재판을 비판하거나 긍정하는 것보다 실은 훨씬 중요한 일입니다. 이 문제는 제2장과 제3장, 나아가 이 책 전체를 통해 생각하게 될 것입니다.

제2장

샌프란시스코 평화조약과 한일·중일 국교 정상화
―전쟁과 식민지 지배의 '청산'

◀ **앞면 사진** 샌프란시스코 평화조약에 서명하는 요시다 총리

샌프란시스코 평화조약이란 무엇인가

에가와 1951년 9월에 체결된 샌프란시스코 평화조약에서 일본은 주권을 회복했습니다. 반면 오키나와가 미국의 신탁통치 아래에 놓이는 등 이 조약은 그 뒤의 과제도 남겼습니다.

오누마 1952년 샌프란시스코 조약의 발효와 동시에 중소 등 일부 국가를 제외한 연합국과의 전쟁상태는 법적으로 종료되었고, 미군의 일본 점령도 끝나 완전한 주권국가로서 국제사회에 복귀했습니다. 다만 미국의 신탁통치 하에 놓인 아마미오시마奄美大島 본토 복귀는 1953년, 오가사와라제도小笠原諸島는 1968년, 그리고 오키나와는 1972년에 복귀되었습니다.

이 조약으로 일본은 많은 연합국과 전쟁과 관련한 문제, 예를 들면 배상이나 영토, 전쟁재판의 수락 등에 대해 협정을 맺었습니다. 다만 조약에서도 확정되지 않았던 문제, 해석이 갈린 문제는 있습니다. 북방영토나 다케시마(독도의 일본명) 등 영토를 둘러싼 문제는 오늘날까지 해결되지 않았습니다. 일반적으로 '역사인식'과 관련 있는 문제 ―도쿄재판, 전쟁책임, 위안부, 야스쿠니 참배, 역사교과서, 영토문제 등등― 의 대부분은 이 샌프란시스코 조약이나 한국, 중국과 국교 회복 당시 맺은 한일기본조약과 중일공동성명 등으로 '해결'했던 문제나 그 범위의 해석과 관련한 문제입니다.

에가와 샌프란시스코강화회의에 소련은 참가했지만 조약에 조인하지 않았으며, 중국과 인도, 한국은 회의 자체에 참가하지도 않았습니다. 이것은 어떤 사정 때문이었나요?

오누마 소련은 일본과 전쟁을 사실상 약 1주 정도밖에 하지 않았기 때문에 기본적으로는 강화든 전쟁책임자의 재판이든 미국 주도로 이뤄져도 어쩔 수 없다는 태도였습니다. 당시 소련 지도자였던 스탈린은 현실주의자였습니다. 그렇지만, 전후 미소의 냉전이 점차 심각해져갔기 때문에 미국 주도의 색채가 강해졌고 소련이 강하게 주장했던 중화인민공화국의 대일강화 참가도 거부되어 최종적으로는 참가하지 않았던 것입니다.

중국에 대해서 미국은 1949년 국공내전에서 패해 대만으로 도망간 국민당 정권의 중화민국을 승인했습니다. 한편 영국은 중국 본토를 지배했던 중화인민공화국을 승인하고 있었습니다. 대일강화의 중심인 미영 양국 간에 명확한 대립이 있었기 때문에 양쪽 모두 강화에 참가시키지 않기로 했던 것입니다. 한편, 일본과 대만은 미국의 강한 압력 하에 샌프란시스코 조약이 효력을 발생했던 날에 일화^{日華} 평화조약을 체결했습니다. 이 조약에서 일본과 중화민국은 제3조에서 양국과 그 국민(중화민국에 대해서는 '주민')의 재산과 청구권 처리는 장래의 '특별협정'에 맡기는 한편 조약의 의정서에서 '중화민국은 일본 국민에 대한 관대하고 선의의 표시로서 샌프란시스코 조약에 입각해 일본국이 제공해야 할 역무의 이익을 자발적으로 포기한다'고 규정함으로써 일본의 역무배상 포기를 분명하게 밝혔습니다.

1948년 독립해 있던 한국과 북한이 샌프란시스코 조약에 참가하지 않았던 것은 법 이론적으로는 일본과 전쟁상태에 있었던 연합국과의 평화조약 때문이라고 설명되었습니다. 한국도 북한도 전쟁 중에는 일본의 일부로서 연합국과 싸웠기 때문에 전쟁의 강화에 연합국으로서 참가할 자격이 없다는 것이었습니다.

다만 한마디로 '식민지'라고 해도 다양한 사례가 있으며, 역사상

식민지였으면서도 강화에 참가했던 사례는 있습니다. 사실 한국은 샌프란시스코 강화조약에 참가할 것을 강하게 주장했으며, 미국 내에서도 참가를 인정해야 한다는 의견이 있었습니다. 그러나 일본이 강하게 반대했으며, 영국도 한국의 참가에는 반대했습니다. 영국은 당시에도 여전히 많은 식민지를 보유하고 있던 식민 제국이었기 때문에 한국 같은 식민지 국가가 강화에 참가해서 국제적인 존재감을 보이는 것이 자국 식민지 주민에 미칠 영향을 고려할 때 바람직하지 않다고 판단했던 것입니다. 미국도 영국의 주장을 받아들여 한국을 참가시키지 않았습니다. 북한은 소련 진영이었으며, 미국 입장에서 보면 애초부터 '국가'가 아니었다는 점에서 참가국 명단에 들어가지 않았습니다.

인도는 일본에 대단히 관대한 강화를 주장했습니다. 최종적으로 샌프란시스코 강화조약은 관대한 내용의 강화였기 때문에 참가했다고 할 수 있을지도 모르겠습니다. 인도는 일본이 점령 하에서 주권을 제한받는 가운데 미일안보조약을 체결하고 오키나와와 오가사와라 제도에 대한 미국의 신탁통치가 계속되는 것을 싫어해 참가하지 않았습니다. 1951년의 시점에서 미소 간의 냉전은 이미 격화하고 있었으며, 샌프란시스코 조약에 참가하는 것은 미국 진영에 들어간다는 정치적 의미를 갖게 되기 때문에 비동맹운동의 맹주로서 행동하던 인도로서는 한쪽 진영에 들어가는 형태를 피하고 싶었을 것입니다. 인도는 샌프란시스코 조약 체결 9개월 뒤 일본과 평화조약을 체결했으며, 배상청구권을 포기하고 인도에 있던 일본 측 재산을 반환하는 등 대단히 관대하게 대응했습니다.

연합국의 관대한 강화

에가와 샌프란시스코 평화조약으로 전후 일본에 부과되었던 배상을 '가혹'하다고 말하는 사람들이 일부 있습니다. 예를 들면, 중의원 의원 이나다 도모미稻田朋美 씨는 일본이 "대단히 가혹한 배상조건을 받아들이고 이것을 성실하게 실행"했다고 쓰고 있습니다(稻田朋美,《私は日本を守りたい》). 일본에 부과되었던 배상은 가혹한 것이었을까요?

오누마 이나다 씨의 말은 2001년 10월 11일 도쿄 고등재판소(법원) 판결에 일본이 "전례가 없이 가혹하다고도 할 수 있는 조건을 받아들여"라는 문구로 샌프란시스코 조약을 표현했던 것을 인용한 것입니다. 나는 이나다 씨의 책과 거기에 인용된 판결문을 읽고 놀랐습니다. 이나다 씨는 변호사 자격을 갖고 있는 우수한 정치가이며, 도쿄 고등재판소는 전국에 있는 재판소 가운데서도 우수한 재판관이 있는 곳으로 알려져 있습니다. 그런 사람들이 학문적으로는 전혀 있을 수 없는 견해를 당당하게 쓰고 있다는 것은 놀라움을 넘어 충격적이었습니다.

전쟁과 강화의 법과 역사를 제대로 연구한 사람이라면 일본만이 아니라 거의 모든 세계의 역사학자, 국제법학자가 제2차 세계대전 후의 패전국에 대해서는 전례가 없이 관대한 강화가 이뤄졌다고 평가하고 있다고 생각합니다.

물론 일본 '국민'의 재외자산은 연합국 등에 몰수되고 만주와 한반도, 동남아시아 등에 거주하던 일본인은 도탄에 빠졌습니다. 그러나 일본에게 침략을 당하고 점령당했던 중국이나 필리핀 등의 국민 입장에서 보면 그러한 대일본제국 국민은 침략자의 일원이었던 것입니다. 그렇게 '침략 당했던' 국가의 사람들은 정말이지 아무런 죄도 없는데 전체적으로는 일본 국민보다도 훨씬 커다란 피해를 받았던 것입니다. 그런 역사적 배경도 있어서 대일강화에서 주도권을 장악하고 있던 미국 정부 내에서조차 당초에는 상당히 가혹한 강화조약 안이 검토되었던 것입니다. 모겐소 재무장관을 중심으로 일본의 재군국주의화를 막기 위해 군사능력을 철저하게 박탈하고 장래 두 번 다시 군사적인 위협이 되지 않도록 경제활동도 최저수준으로 억눌러 일본을 철저하게 무력화하는 안이 있었던 것입니다.

그렇지만 그런 '가혹한 강화' 노선은 미국 내에서도 연합국 전체에서도 최종단계에서 각하되었습니다.

첫째, 제1차 세계대전 후 체결된 베르사유강화에서 대독 배상요구가 너무나도 가혹했기 때문에 독일은 도저히 완전 변제를 할 수 없었으며, 승자 측인 영국과 프랑스도 결국 배상을 받지 못했습니다. 더불어 '가혹'하고 '부정'한 베르사유조약에 대한 독일 국민의 강한 반발을 초래해서 이를 이용한 나치가 대두할 여지를 만들어버렸던 것입니다. 이런 반성과 교훈을 미국을 비롯한 연합국 지도자들은 강하게 의식하고 있었습니다. 제1차 세계대전 후의 실패한 강화를 반복하지 않겠다는 생각이 무척 강했습니다.

둘째, 1945년 일본의 패전으로부터 1951년의 샌프란시스코강화에 이르는 기간 미소 간의 냉전이 세계 규모로 확대되고 격화되었습니다. 아시아에서도 중국 대륙의 국공내전에서 중국공산당이 승리해 중화인민공화국을 건국했으며, 소련과 군사적·경제적으로 손을 잡았습니다. 한반도에서는 친미정권인 한국과 친소정권인 북한이 각각 건국을 선언하고 1950년에는 한국전쟁이 시작되었습니다. 이런 상황에서 미국은 일본을 아시아의 중요한 동맹국으로 확보해야 한다고 강하게 생각했습니다. 그런 이상 일본을 무력화하는 것은 불합리했기 때문에 가혹한 배상을 부과하는 노선은 완전히 포기되었던 것입니다.

이에 반해 필리핀이나 오스트레일리아처럼 전쟁 중 커다란 피해를 입어 일본 군국주의의 재래를 우려했던 국가들은 관대한 강화노선에 강하게 저항했습니다. 영국, 네덜란드, 오스트레일리아에는 일본군의 포로로 학대받은 것에 대한 반발도 강하게 남아 있었습니다(이것은 강화 후에도 오랫동안 계속됐습니다). 필리핀에서는 백만 명 이상의 국민이 일본의 침략전쟁으로 희생됐다고 전해지고 있어서 관대한 강화에 대한 저항이 엄청나게 강했습니다. 이런 국가들을 설득하는 데 미국은 고심을 했습니다. 그렇지만 결국 샌프란시스코 조약에서는 미국의 노선이 관철되었습니다. 조약은 제14조(a)에서 일본의 연합국에 대한 배상의무를 일단은 승인했지만, 동 조항은 일본의 배상능력이 충분하지 않다는 것을 인정해 연합국이 희망하는 경우 실행되어야 할 배상의 형태를 역무, 즉 노동력이나 서비스 제공에 한할 것을 분명하게 했습니다. 실제로는 거의 모든 연합국이 동 조항(b)에 따라서 배상청구권을 포기하고 일본도 연합국과 그 국민에 대한 청구권을 포기하는(제19조(a)) 것으로 배상문제는 해결되었던 것입니다.

배상청구권을 포기하지 않았던 극히 일부 동남아시아 국가들과는 1950년대에 배상협정이 체결되었습니다. 대만으로 물러났던 국민당 정권의 중화민국은 1952년에 일화평화조약을 체결해 재산·청구권 문제는 '특별협정'으로 해결하기로 했습니다. 1972년의 중일국교정상화로 일본은 일화평화조약을 종료시켰기 때문에 결국 대만과의 관계는 문제가 해결되지 않은 상태로 남았습니다.

소련과 중화인민공화국을 보면 소련은 일소공동선언(1956년), 중국도 중일공동성명(1972년)으로 배상청구권(중국의 경우에는 '전쟁배상의 청구')을 포기했습니다. 뒤에서 상세하게 말씀드리겠지만, 배상에 대해 말하자면 일본이 1931년부터 1945년까지 중국 본토에서 싸우고 막대한 피해를 입었던 중국이 배상을 포기했던 것은 중요하고 결정적인 의미를 가지고 있습니다. 일본군에 살해된 중국 국민은 천만 명 이상으로 알려져 있으며, 그밖에도 집을 잃거나 강간당하거나 부상을 입었던 무수한 사람들이 있습니다. 중국과 국교 회복 교섭을 담당했던 일본의 관계자는 중국이 제대로 전쟁배상을 청구했다면 일본 경제는 파탄이 날 것이라는 우려를 가지고 있었습니다. 그만큼 거액의 배상을 포기해주었기 때문에 이 이상 관대한 강화는 없었습니다.

이처럼 관대한 일본의 강화를 '가혹'하다고 한다면 제3자 입장에서는 "무슨 소리를 하고 있는가?"라는 말을 할 것입니다. 인류사에서 그때까지의 강화의 역사는 제2차 세계대전 후의 강화에 비하면 훨씬 가혹했습니다. 같은 제2차 세계대전의 패자였던 독일이 감수해야 했던 조치와 비교해도 그렇습니다. 전전 독일령이었던 지역을 잃었으며, 거기에 살고 있던 약 1,200만 명의 독일인이 추방당했으며, 이때 약 200만 명이 목숨을 잃었습니다. 동부의 영토를 회복하는 것은 독일에게 전후 일관된 비원이었지만, 결국에는 그것도 단념하지 않을 수 없었습니다.

이렇게 독일과 일본 사이에도 결과에 차이가 났던 배경으로 일본의 경우 히로시마와 나가사키 원폭투하라는 연합국 측에게도 걸으로는 말할 수 없지만 내심 다소 부담스러운 일이 있었던 데 비해 독일의 경우에는 동쪽에서 소련을 중심으로 한 연합군, 서쪽에서는 미영프 중심의 연합군이 진격해 동서를 점령했던 것을 생각할 수 있습니다. 그렇기 때문에 1990년까지 같은 민족이 동독과 서독이라는 분열국가로 서로 적대시하게 되었던 것입니다. 이렇게 독일이 지불해야 했던 희생은 일본에 비해 훨씬 컸습니다.

일본의 강화가 가혹한 것이었다는 주장은 국제사회에서는 전혀 받아들여지지 않는 논의입니다. 오히려 미국이나 중국이 일본의 전쟁책임에 대해 대단히 관대한 태도를 취했다는 것(중국 정부는 일본의 대중국 침략은 일부 군국주의자의 책임이며, 일본 국민은 중국 국민과 같은 피해자라고 표현을 해왔습니다)이 일본의 침략이라는 엄연한 사실을 일본 국민의 의식에서 흐리게끔 만들어 일본 국민을 말하자면 '응석받이'로 만든 측면도 있습니다. 제3자 입장에서 보면 그런 관계에 있으며, 그것을 일본 국민은 의식하지 않으면 안 됩니다. 심한 말이 될지 모르겠지만, 나는 그렇게 생각합니다.

에가와 샌프란시스코 조약에서 일본에 대한 배상청구를 역무에 한한다고 했던 것은 왜일까요?

오누마 본래대로라면 배상은 돈으로 지불해야 하는 것입니다. 넓은 의미에서의 배상에는 원상회복도 포함되고 그것은 전쟁으로 상대에게 손해를 입히기 전 상태로 복귀시키는 것입니다. 그렇지만 거의 대부분의 경우 그것은 불가능합니다. 사람은 살해되었고 물건은 파괴돼버렸습니다. 그렇다면 결국에는 돈으로 배상하는 수밖에 없습니다.

그런데 패전 직후의 일본은 총력전으로 완전히 피폐해 있어서 전혀 돈이 없었습니다. 그뿐만 아니라 점령국의 중핵을 이루었던 미국으로부터 식량 원조를 받아 간신히 목숨을 이어가는 상태였습니다. 그런데 일본인은 하여간 일은 열심히 해 남을 정도의 물건을 만들어 그것을 무상으로 배상 청구국가에 제공하는 형태로 배상을 지불하기로 했던 것입니다.

이에 대해서 요시다 시게루^{吉田茂} 총리를 비롯한 당시 일본의 지도자는 이것은 배상이지만 일본이 경제적으로 다시 번영하기 위해 필요한 투자이며 필요 경비 같은 것이라고 말했습니다. 즉, 일본에서 만든 것을 보냄으로써 향후 판로 개척이 된다고 했습니다. 역무배상이기 때문에 처음에는 돈을 받을 수 없지만 현지에 일본 제품의 수리나 정비공장이 만들어지고 부품의 판로나 관련 회사가 생기고 크고 작은 다양한 네트워크가 상대국 내에 만들어질 것이다, 그렇게 해서 그 뒤 수출하여 돈을 버는 무역 인프라를 일본은 배상이라는 형태로 구상했던 것입니다.

배상과 동남아시아 경제 진출

에가와 배상청구권을 포기하지 않았던 동남아시아 국가들과 교섭은 원만하게 진행이 됐나요?

오누마 샌프란시스코 조약에서 많은 연합국과 강화가 성립했던 1951년 당시 일본은 아주 가난했습니다. 전쟁으로 일본군에게 다양한 피해를 입은 동남아시아 국가들, 구체적으로는 필리핀, 인도네시아, 버마(당시), 베트남 같은 국가들은 일본보다 훨씬 더 가난했습니다. 말하자면 가난한 국가들끼리의 교섭이었습니다.

그 가운데 필리핀은 격전지였으며, 일본군에 입은 피해는 막대했습니다. 시민 가운데 사망자도 많아 중국에 이어 가장 많은 희생자를 낸 국가였습니다. 그렇기 때문에 80억 달러라는 거액의 배상을 요구했다고 전해지고 있습니다. 일본은 도저히 감당할 수 없었으며, 외교 교섭에서 깎고 깎아서 마지막에는 5억5천만 달러(당시 환율로는 약 2천억 엔)로 타협이 성립했습니다.

당시 동남아시아 국가들은 아주 가난했기 때문에 목구멍에서 손이 나올 정도로 배상을 필요로 했습니다. 다만, 일본으로부터 강제적으로 배상을 얻어낼 수는 없었으며, 배상교섭을 오랫동안 지속할 수도 없었습니다. 어느 정도의 금액으로 타협을 하지 않을 수 없었습니다. 나아가 일본도 가난했기 때문에 한꺼번에 지불할 수 없어서 그마저도 분할해서 지불하게 되었습니다.

그런데 일본은 그 뒤 고도성장의 시기로 접어들었습니다. 1950년대의 배상교섭 때 일본의 대장성 관료의 눈에 "그런 돈은 도저히 지불할 수 없다"고 보였던 금액을 결과적으로 아무런 문제없이 지불할 수 있었습니다. 그리고 당시 정치·경제 지도자가 예측한 대로 배상은 일본과 동남아시아 국가들에 배상과 준배상이라 부른 피해보상적인 의미를 가진 '경제협력'을 통해 서서히 이들 국가와 무역과 투자가 늘어났으며, 그것을 발판으로 경제대국으로 부활했던 것입니다.

이렇게 동남아시아 국가와 관계에서도 결코 가혹한 배상이 아니었습니다. 다만, 전후 일본의 경이적인 고도경제성장은 한국전쟁과 베트남전쟁이라는 특수 요소가 있었다고는 해도 기본적으로 당시의 일본 국민이 필사적으로 일하고 노력한 결과 가능했던 것입니다.

그러한 선인들의 노력을 우리들 전후 세대는 잊어서는 안 됩니다. 거듭해서 강조하고 싶은 부분입니다.

일본은 동남아시아를 '해방'했었나

에가와 동남아시아의 거의 모든 국가는 전전 서구의 식민지였습니다. 일본은 그런 국가들을 해방하려고 했던 것이며, 전후 그런 국가들은 일본에 감사하고 있다고 말하는 사람도 있습니다. 실제로는 어떠한지요?

오누마 나도 그랬었다면 좋겠다고 생각하지만, 유감스럽게도 동남아시아의 많은 사람들은 그런 '역사인식'을 가지고 있지 않습니다.

예를 들면, 필리핀은 당시 미국의 식민지였기 때문에 대만인이나 한국인이 일본의 일원으로서 싸웠던 것처럼 필리핀인도 미국의 일원으로 일본과 싸웠습니다. 식민지 지배 상태에 있던 한국, 대만, 필리핀 사람들의 전쟁에 대한 협력과 참가는 당연히 일본인이나 미국 본토의 미국인과는 다른 것이었을 겁니다. 그렇다면 필리핀인은 미국의 식민지 지배로부터 벗어나기 위해 일본과 함께 미국과 싸웠을까요? 일본은 그런 필리핀인과 협력하여 미국과 싸우고 그들을 미국의 식민지 지배로부터 해방시켰는가요? 아주 일부의 필리핀인은 자신들의 독립을 위해 일본의 힘을 이용하려고 했지만 대다수의 필리핀인들은 그렇지 않았습니다.

미국은 전전 필리핀의 독립을 전제로 커먼웰스^{Commonwealth}라는 체제로 내정에서 어느 정도의 자치를 인정하고 있었습니다. 그곳에 쳐

들어간 일본은 필리핀인들에게 미국의 식민지 지배에 대한 저항의 협력자가 아니라 많은 동포를 죽이고 상처를 주고 집을 불태우고 강간을 했던 침략자였습니다. 일본군의 미군 포로 학대로 유명한 '바타안 죽음의 행진Bataan Death March'에서는 사실 미국인 희생자보다 필리핀인 희생자가 더 많았습니다. 맥아더가 오스트레일리아로 피하고 필리핀이 일본의 점령 하에 들어갔던 시기에 일본군은 필리핀인 항일 게릴라 때문에 시달렸습니다. 이런 사실은 일본인에게 그다지 알려지지 않았으며, 그다지 인정하고 싶지도 않을지 모릅니다. 그렇지만 역사의 사실에서 눈을 돌려서는 안 됩니다.

일본이 아시아를 서양의 식민지 지배로부터 해방했다고 주장하는 사람들이 사례로 잘 드는 것이 인도네시아입니다. 물론 인도네시아에는 네덜란드로부터 독립하기 위해 일본의 힘을 이용하려던 세력이 상당히 있었습니다. 일본군 가운데도 전후 인도네시아에 남아 독립전쟁에 협력했던 사람들이 있습니다. 그렇다면 많은 인도네시아 사람들이 그런 의식을 가지고 일본을 보고 있을까요? 유감스럽게도 그렇지 않습니다.

내가 처음 인도네시아에 갔던 것은 1984년입니다. 당시 인도네시아는 친일적인 나라였습니다. 그렇지만 자카르타에 있는 독립기념탑의 역사박물관에 가서 충격을 받았습니다. 그곳에서는 독립 과정을 디오라마로 보여주고 있었습니다. 포르투갈의 식민지가 되고 그 뒤 네덜란드에 지배당하고 일본의 점령기를 거쳐 전후 독립이라는 순서였습니다. 네덜란드 통치시대의 디오라마에는 물론 식민지 지배의 부정적인 측면도 나와 있었습니다만, 교회에서 어린이 교육을 실시했던 장면 등 플러스 면도 묘사되어 있었습니다. 그런데 일본 점령기의 디오라마에는 인도네시아인이 노무자로서 일을 강요받고 그것을 냉혹한 눈으로 일본군 병사가 감시하고 있는 장면뿐이었습니다. 그 디오라마가 하나 전시되어 있었을 뿐입니다.

만약 인도네시아 사람들이 정말로 일본이 독립전쟁에 협력하여 네덜란드 식민지 지배로부터 독립하는 것을 도와주었다고 생각하고 있다면 이런 전시가 되지는 않았을 것입니다. 물론 일본군 가운데 독립에 협력했던 사람도 일부 있었을 것이지만, 그것은 극소수였고 일본의 점령은 전체적으로 인도네시아인을 '남양의 토인(미개인)'시 하는 지배였습니다. 인도네시아인이 그렇게 받아들였기 때문에 박물관에 그런 디오라마를 만들었을 것입니다.

일본이 아시아 국가들을 백인의 지배에서 해방시켜줘서 감사하고 있다, 그런 말이 인도네시아 독립전쟁에 참가했던 소수의 일본인이나 인도네시아의 경제발전을 위해 열심히 협력하던 일부 일본인을 향한 것이었을지 모릅니다.

그러나 그것이 인도네시아 사람들의 일본에 대한 일반적인 감정이라고 하는 것은 일본이 혼자 잘난 체 하는 것에 지나지 않을 것입니다. 올바른 역사인식이라는 것은 인도네시아인이 그렇게 생각하고 있을 것이라고 생각하는 것이 아닙니다. 누구든지 상대의 입장에 서서 일본이 어떻게 보이는가를 냉정하게 생각하고 자신에게는 고통스러운 일이라도 받아들이는 것, 그것이 역사를 인식하는 것일 겁니다.

역사학의 연구서를 읽어보면 당시 일본이 인도네시아에 간 가장 큰 목적은 석유 확보였다는 것을 알 수 있습니다. 1941년 8월 미국이 석유의 대일수출 전면금지를 결정했는데, 석유 확보는 일본에게 사활이 걸린 문제였습니다. 1943년 전쟁이 불리하게 전개되자 '대동아공영권'이라는 대의명분을 내세우게 되었지만, 그렇다면 일본은 자신이 지배하고 있던 한국과 대만을 포기하고 중국에서 철군하여 평등한 아시아 국가들과의 관계를 수립하려고 했었는가, 유감스럽게도 그렇지 않았습니다. 전황이 악화되어가자 일본은 아시아 국가들의 지지를 얻으려고 대동아공영권이라는 이데올로기를 꺼냈던 것입니다. 그런 정당하지 못한 역사는 물론 일본에 국한된 것은 아닙니다. 많든 적든 다른 나라도 가지고 있습니다. 다만, 그것과 정면으로 마주보는 것이 가능한가, 그렇지 않은가, 그것이야말로 민족·국민으로서의 긍지의 문제가 아닐까 합니다.

오늘날 인도네시아 사람들은 아주 친일적입니다. 인도네시아만이 아니라 동남아시아에서 일본은 일반적으로 높은 평가를 받고 있습니다. 그것은 전후의 일본이 잘못된 전쟁을 깊이 반성하고 평화주의를 철저히 하고 전쟁의 폐허에서 열심히 노력하여 경제 번영과 평화롭고 안정되고 안심할 수 있는 사회를 만들고, 나아가 동남아시아 국가들을 비롯한 개발도상국 사람들에게 열심히 경제협력과 기술협력을 해왔기 때문입니다. 그래서 평가받고 있는 것이지 대동아전쟁을 동남아 제민족의 해방전쟁으로서 싸웠기 때문에 일본의 평가가 높은 것은 전혀 아닙니다. 그것을 혼동해서는 안 됩니다.

한일 국교정상화

예가와   동남아시아 국가와는 배상협정이 1950년대에 체결되었지만, 한국과 한일기본조약, '재산 및 청구권에 관한 협정'(한일청구권협정)이 체결된 것은 1965년이 되어서입니다. 한일 간에는 어떤 쟁점이 있었으며, 어떻게 해결되었나요?

오누마　1945년 일본의 패전과 함께 한민족은 일본의 식민 지배로부터 벗어났으며, 1948년 대한민국과 조선민주주의인민공화국이라는 두 개의 국가로서 독립했습니다. 두 나라 모두 일본과는 국교가 없었습니다. 일본도 한국도 국교정상화를 하지 않으면 안 된다는 총론에서는 일치했지만, 국교정상화 교섭은 1951년부터 장장 14년이나 지속되었습니다.

다만 양국 모두 국내에 반대의견도 심했습니다. 특히, 1950~60년대의 한국에서는 일본의 식민지 지배에 대한 기억이 생생했으며, 1965년 당시 박정희 군사독재정권에 대한 국내의 비판도 강했습니다. 박정희는 민족주의자이기는 했지만 그 이상으로 강력한 반공주의자였습니다. 그렇기 때문에 한미일 협력관계를 강화하고 일본으로부터 자본을 도입하여 가난한 한국을 경제적으로 발전시켜 북한의 위협에 대비한다는 생각이 아주 강했습니다.

한편 일본은 당시 사회당과 '진보적 문화인'이라 부르는 사람들의 세력이 상당히 강해 한일조약은 한미일의 군사동맹, 반공동맹의 강화라는 비판이 있었습니다. 한국의 독재정권을 경제적으로 도와줄 것인가, 인권탄압에 가담할 것인가 하는 비판도 있었습니다. 다만, 이러한 비판은 1951년의 샌프란시스코 평화조약과 미일안보조약, 1960년의 미일안보조약의 개정에 대한 비판의 연장선상에 있었지만, 일본 전체를 뒤흔들 정도의 문제는 아니었습니다.

양국 간에 커다란 쟁점이 되었던 것은 식민지 지배를 어떻게 볼 것인가 하는 것이었습니다. 국교정상화 문서에서 그것을 어떻게 표현할 것인가, 혹은 하지 않고 끝낼 것인가는 큰 문제였습니다.

다른 하나는 한국(국민)에 대한 배상 혹은 보상, 일본 정부에게는 한국에 대한 경제협력을 어느 정도 할 것인가 하는 것이었습니다. 한국 정부로서는 국내의 강한 반대를 무릅쓰고 일본과 국교정상화를 하는데 식민지 지배에 대한 거액의 배상 혹은 보상을 일본으로부터 받지 않으면 안 되었고, 일본 정부 입장에서는 한국과 전쟁을 한 것이 아니기 때문에 (전쟁)배상은 있을 수 없다, 한국 측의 반일 여론을 달래기 위한 경제협력은 하지만 이것을 어떻게 금액을 깎아 적은 액수로 타결할 것인가 하는 것이 문제였습니다.

제3장에서 말씀드리는 것처럼 당시 일본에서는 아시아 국가들에 대한 전쟁책임, 나아가 식민지 지배 책임이라는 의식은 대단히 희박했습니다. 그것은 특별하게 자민당이나 '우파'나 재계만 그런 것은 아니었습니다. 사회당이나 '진보적 문화인'이나 '좌파' 사람들을 포함하여 일부 예외를 제외하고 대부분 식민지 지배에 대한 책임 의식은 희박했습니다. 그런 의식이 일반화하는 것은 1972년의 중일 국교정상화, 나아가 1980년대 이후까지 기다리지 않으면 안 되었습니다.

일본 정부로서는 식민지 지배를 했다고 해도 일본인이 가지고 있던 한반도의 자산은 연합국에 의해 포기 당했으며 일본의 지배는 한국의 근대화에도 도움이 되었을 것이다, 그런데도 책임을 인정하라, 보상을 하라고 하면 곤란하다는 생각이었습니다. 당초 식민지 지배에 대한 배상을 요구하는 한국 측과 전혀 논의가 진척되지 않았습니다. 그런 상황이었기 때문에 일본의 식민지 지배를 둘러싸고 한국의 국민감정을 건드리는 발언이 일본 측에서 나와 한국 측이 격앙을 했던 적도 있었습니다. 또한 한국 국내에는 한일 국교정상화는 일본에 대한 종속적인 자세, 나아가 미국과 군사동맹 체제를 영구화하고 민족통일을 저해한다는 비판도 강했습니다.

그러나 반공과 경제발전을 위해서 일본과 국교정상화가 불가결하다고 생각한 박정희는 국내의 반대를 강압적으로 탄압했습니다. 미국도 한일이 국교를 정상화하여 한미일 반공체제가 강화되는 것을 기대하고 양국에 강한 압력을 넣었습니다. 일본은 1965년 당시 고도성장기로 상당히 경제적으로 여유가 생겼으며(그럼에도 대장성은 맹렬하게 반대했지만), 유상무상 합쳐서 5억 달러의 경제협력을 제공하는 것으로 한일교섭은 타결되었습니다. 이렇게 해서 한일기본조약에는 식민지 지배에 대한 반성이라는 문구가 전혀 포함되지 않았던 것입니다.

한국에게 일본의 식민 지배는 '플러스'였는가

에가와   일본에서는 지금도 한반도 식민지 지배에 대해 당시에는 불법도 아무것도 아니었으며, 일본이 인프라 정비를 해서 한국에게도 플러스가 되지 않았느냐, 일본이 지배하지 않았더라면 러시아가 쳐들어왔을 것이며 어차피 그 시대의 한국은 스스로 독립을 지킬 수 없었지 않았는가 하는 말들이 있습니다. 이런 주장에 대해 어떻게 생각하는 게 좋을까요?

오누마   이것은 몇 가지로 나눠 생각해보는 게 좋습니다. 하나는

1910년부터 1945년까지의 일본의 한국 식민지 지배가 국제사회에서 국제법상 합법이었는지 위법이었는지 하는 문제입니다. 두 번째는 35년간의 식민지 지배 동안 일본이 한국의 근대화에 어떠한 공헌을 하고 어떠한 피해를 주었는가 하는 문제입니다. 세 번째는 일본이 식민지로 삼지 않았다면 한국은 러시아의 식민지가 되었을 것이기 때문에 일본은 사과하지 않아도 된다는 문제입니다.

1910년 당시는 서구 열강의 제국주의와 식민지주의 시대였으며, 미국도 영국, 프랑스, 네덜란드, 벨기에도 식민지 지배를 하고 있어 국제법상 위법은 아니었다는 것은 맞습니다. 다만, 당시의 국제법상 위법이 아니었다는 법적인 평가와 오늘날 일본이 국제사회에서 살아가는데 그런 평가를 어떻게 생각하고 앞으로 무엇을 행동의 양식으로 삼을 것인가는 전혀 다른 문제입니다.

예를 들면, 그 시대는 인종주의의 시대이기도 해서 인종차별도 국제법상 위법은 아니었습니다. 그렇지만 당시의 일본인은 그것에 분노하여 국제연맹 규약에 인종평등조항을 넣자고 제안했습니다. 그 제안은 오스트레일리아나 영미의 반대로 실현되지 못했지만, 당시 일본인의 분노는 정당한 것이었으며, 인종평등조항 제안도 올바른 행동이었다고 생각합니다. 식민지 지배가 위법이 아니었다는 것은 인종차별이 위법이 아니었다는 것과 같은 것으로 정상적인 인간이 가슴을 펴고 자랑스럽게 이야기할 것은 아닙니다.

다른 식민지 지배국에서도 비슷한 사례는 얼마든지 있지만, 일본의 식민지 지배 하에서 혹은 식민지로 만드는 과정에서 한반도 사람들에게는 용서하기 어려운 중대한 침해, 굴욕적인 일이 많았던 것은 부정할 수 없는 사실입니다. 예를 들면, 조선의 왕 고종의 비였던 민비를 일본군이 살해했습니다. '국모'가 일본군의 손에 무참히 살해된 것입니다. 가령 일본의 황후가 외국군의 손에 살해되었다고 한다면 일본 국민은 그 외국에 대해서 어떻게 느낄까요? 그것을 생각해봐야 할 것입니다.

또한 특히 초기에는 무단통치라 해서 상당히 강압적인 식민지 지배를 했습니다. 한민족은 오랫동안 중국을 중심으로 한 동아시아의 화이질서 속에서 일본보다 문화적으로 우수하다는 민족적 자부심을 가지고 있었지만, 그런 일본의 위압적인 지배는 사람들에게 대단히 심한 굴욕감을 느끼게 하였습니다.

예를 들면, 황민화정책이라고 해서 사람들에게 일본어를 쓰게 하고 천황숭배를 강요하고 신사를 짓고 참배를 강제했습니다. 창씨개명이라고 해서 이름을 일본식으로 고치게 했습니다. 한국 문화에서는 자식은 부친의 성을 따르고 결혼해서도 평생 바꾸지 않습니다. 부계 혈족집단을 보여주는 '성'을 '가문(이에, 家)'의 칭호인 '씨'로 바꾼다는 것은 한국 사람들에게는 자신들의 정체성 그 자체를 부정하는 것으로 대단히 강한 굴욕감을 주었습니다.

에가와 일본식 이름으로 개명하는 것에 대해 희망하는 사람에게 허가했다고 말하는 사람들도 있는 것 같고, "창씨개명은 한국인이 성을 달라고 했던 것이다"라고 발언한 정치가도 있습니다.

오누마 그런 주장은 앞에서 말한 인도네시아에서 일본은 네덜란드로부터 독립하는 것에 협력했기 때문에 환영받고 있다는 논리와 같은 구조입니다. 나는 역사를 어떻게 인식·해석하는가는 '속인(俗人)' 즉 많은 보통사람들이 어떻게 느끼는가라는 시점에서 생각해야 하며, 가능하지도 않은 영웅적 행동이나 높은 윤리수준에서 생각해서는 안 된다고 계속 말해왔습니다만, 이 문제도 그렇게 생각합니다.

자신들을 강권적으로 지배하고 있는 사람들이 일본식 이름으로 고치라고 할 때 아주 용기 있는 사람이 아니라면 몸으로 저항할 수 있는 일이 아닐 것입니다. 이름을 바꾸지 않으면 명백한 불이익이 있고 주위가 개명을 하는 가운데 보통사람이 저항하는 것은 어렵습니다. 저항할 수 있는 사람은 훌륭하지만 현실의 인간사회는 모두 훌륭한 사람인 것도 아닙니다. 당연히 자신의 안전을 확보하고 싶으며 출세욕도 있습니다. 지배자의 눈치를 보고 겉으로는 웃으면서 "일본 이름이 좋습니다."라고 말하는 사람이 있어도 이상한 일은 아닙니다. 그렇지만 그런 사실이 있었다고 해도 한민족 전체가 창씨개명 정책을 좋아서 받아들였는지 아닌지는 별개의 문제입니다.

당시 일본인 가운데 한국인들의 이익을 위해 선의로 그런 정책을 폈던 사람도 물론 있었을 것입니다. 그에 호응한 한국인이 있었던 것도 부정할 수 없을 것입니다. 그렇지만 한민족 전체가 창씨개명을 어떻게 받아들였는가, 그것은 오늘날 역사학적으로 충분히 밝혀졌습니다. 가령 창씨개명을 좋아서 받아들였다고 한다면 왜 독립 회복 후 한국도 북한도 그것을 그만두었을까요.

일본이 식민 지배에 나섰던 시기는 일본 자신을 포함하여 많은 나라들이 근대화를 추진하고 있던 시대였습니다. 한국도 식민지화와 관계없이 당연히 근대화에 직면했었습니다. 그 시기에 지배자가 된 일본이 초등교육을 충실하게 했다거나 전후 북한이 된 지역을 중심으로 공장을 건설하여 산업 인프라를 정비하는 등 일정한 근대화정책을 추진했던 것은 사실입니다. 다만, 당시의 일본은 식민지 제국이라 해도 미국이나 서구 제국과 비교해 아직 일본 자신도 가난했으며, 근대화도 뒤졌습니다. 그런 의미에서는 막 '발돋움했던' 식민지 제국이었으며, 몸에 맞지 않는 지배가 아닐 수 없었습니다.

한국은 유교문화의 침투도가 높고 중국보다도 문인에 대한 존경의 마음이 강한 국가입니다. 전후 한 시기의 군사정권은 한국의 오랜 역사에서 보면 예외적인 시대입니다. 그런 문화를 갖고 있는 국가에서 대일본제국이라는 군인이 권위·권력을 가진 국가의 지배자가 되어 이민족 통치를 했던 것입니다. 한국인들이 갖고 있던 위화감은 컸으며, 굴욕감도 심했을 겁니다. '따귀 때리기'를 예로 들어봅시다. 당시의 일본 군대문화에서 따귀 때리기는 당연한 것으로 일어났지만, 한국인이 볼 때는 매우 야만적인 행위로 비쳐졌을 것입니다. 그런 문화적 위화감이 한국에서는 강하게 의식되었으며, 일본은 야만적이며 잔학하다는 이미지로 이어졌다고 알려져 있습니다.

마지막으로 일본이 하지 않았어도 러시아가 한반도를 식민지화했을 것이라는 주장입니다. 이런 것을 구실로 일본의 식민지 지배를 정당화하는 것은 너무나도 파렴치한 태도가 아닐까요? 이런 논의를 하는 사람은 일본의 과거에 부끄러운 측면이 있음을 인정하는 것을 '자학사관'이라고 말하며 일본 민족의 자긍심을 강조합니다만, 이런 논의를 외국에서 정말 진지하게 주장할 수 있을지 잘 생각해보는 게 좋을 것입니다. 이런 논의는 대체로 어느 나라, 어느 사회에서

나 어처구니없는 것으로 받아들여지고 스스로를 욕보이는 것에 다름 아니라고 생각합니다.

국가의 배상포기와 개인 보상

에가와 한일기본조약으로 한국이 식민지였던 시대의 문제는 모두 해결되었다는 것이 일본 정부의 입장입니다. 한편 한국은 그렇지 않다는 입장이며, 위안부에 대한 배상을 요구하고 있습니다. 강제동원된 노동자가 미지급임금이나 위자료 등의 지불을 요구하면서 한국 법원에 제소하는 사례도 있습니다. 이런 문제를 어떻게 봐야 할까요?

오누마 1965년에 한일기본조약이 체결되었을 때 이와 함께 몇 가지 조약이 체결되었습니다. 그 중 하나가 한일청구권협정이라고 부르는 것입니다. 내용은 한일 양국과 양국민간의 청구권과 일본에서 한국으로 제공된 경제협력에 관한 협정으로 이것은 조약으로서 양국을 법적으로 구속하는 것입니다. 양국은 정권이 바뀌어도 국내 재판소가 위헌·위법이라고 판단해도 국가 간의 약속으로 이것을 지키지 않으면 안 됩니다. 국내 사정으로 조약 체약국이 일방적으로 바꿀 수 있게 한다면 200개 이상의 국가가 있는 국제사회에서 국제관계나 국제질서는 성립할 수 없기 때문입니다.

　이 가운데 "양 체약국 및 그 국민(중략) 청구권에 관한 문제가(중략) 완전히 그리고 최종적으로 해결된 것임을 확인한다"(제2조)는 조문이 있습니다. 지금까지의 국제법의 일반적인 해석에 비춰보면 개개 국민의 권리나 이익에 관한 것을 포함한 모든 문제가 일체 포괄적으로 해결되었다고 해석할 수 있습니다. 그것은 일본 정부가 주장하고 있을 뿐만 아니라 한국 정부도 예전에는 그런 입장이었습니다. 미국 정부도 재판소도 같은 해석이었습니다.

그렇기 때문에 전 위안부 여성들이 일본과 미국의 재판소에 일본을 제소했던 일련의 재판에서도 일본과 미국의 재판소는 원고의 청구를 기각하는 판결을 내놓았습니다. 그러한 해석에 대해서는 국제법학자 사이에도 이론이 있습니다. 그러나 재판소의 판결로서 그 해석이 그렇게 이상한 것은 아닙니다. 나름대로 근거를 갖는 해석이었다고 생각합니다.

그런데 2011년 한국의 헌법재판소가 옛 위안부에 대한 배상청구에 대해서 한국 정부가 일본 정부와 충분히 교섭하지 않는 것은 위헌이라는 결정을 내렸습니다. 나아가 일본의 최고재판소에 해당하는 대법원은 2012년에 전시 중 강제징용된 노동자의 일본기업에 대한 개인청구권은 소멸되지 않았다는 판결을 내렸습니다. 한국 정부는 한국의 국내법상 사법부의 판단에 따르지 않으면 안 되었기 때문에 일본 정부에 다시 교섭을 요구하게 되었습니다.

이것은 1970년대 특히 1980년대부터 구미 선진국을 중심으로 '인권'의 힘이 강해지면서 세계적으로도 인권에 대한 고려가 다른 가치와 판단에 대한 고려보다 우월하게 취급된 것과 관련이 있습니다. 유럽 인권재판소나 중남미의 미주인권재판소 등에서는 그것을 중시하여 피해자를 구제해야 한다는 판례가 나왔습니다. 그것을 지지하는 학설도 상당히 유력하게 주장되었습니다.

1990년대 이후 페미니즘의 힘이 강해지고 전시의 여성에 대한 중대한 인권침해를 '인도에 대한 (범)죄'로서 이해하게 되었습니다.

'인도에 대한 (범)죄'는 유대인을 대량 학살했던 홀로코스트와 관련된 자들을 처벌하기 위해 고안된 개념입니다만, 그것이 여성에 대한 전시 하의 심각한 인권침해로까지 확대되었던 것입니다.

2010년대의 한국 헌법재판소와 대법원의 판단은 그러한 흐름에 입각한 것입니다. 이것은 국제법 해석상 또한 국제관계 그 자체에 대해서는 대단히 어려운 문제를 제기합니다. 이는 한국 정부나 일본 정부만이 아니라 어느 나라 정부에게도 어려운 문제입니다. 왜냐하면 이러한 흐름이 확대되어 가면 국가 간 조약을 체결하여 문제를 해결하는 의미가 흔들려버리기 때문입니다.

예를 들면, 일본은 북한과는 일본이 식민지 지배했던 시대의 권리침해나 북한 지역에 살고 있던 일본인의 권리문제를 해결하지 않았기 때문에 앞으로 한일청구권협정과 유사한 조약을 체결해야 합니다. 그러나 조약을 체결한 뒤 그 권리 침해에 관한 개인으로부터 청구가 이뤄지고 그것이 재판소에서 받아들여지면 애초에 조약을 체결하는 것에 어떤 의미가 있는가 하는 문제가 생깁니다. 이렇게 '인권의 주류화'는 모든 국가들이 조약이나 법령으로 과거 문제를 해결하는 데 중대한 문제를 제기하게 됩니다.

중일 국교정상화와 중국의 배상 포기

에가와 　중국과 국교정상화는 1972년 9월에 이뤄졌습니다만, 이때 전시배상이나 '역사인식' 문제는 어떻게 논의가 되었던 것이죠?

오누마 　당시 일본은 경제적으로 상당히 풍요로운 나라가 되어 있었습니다. 그러나 일본이 1931년부터 1945년까지의 전쟁에서 중국에게 입혔던 피해는 너무나도 컸고 제대로 배상을 요구받았으면 천문학적인 숫자가 되었을 것이며, 그래서는 일본 경제는 도저히 유지될 수 없었을 것이라고 일본 정부는 우려하고 있었습니다. 배상을 청구 받았다면 국교정상화는 단념하지 않을 수 없었다고 전해지고 있습니다.

그런데 중국은 전시배상을 요구하지 않았습니다. 더구나 중국은 일본과 국교정상화 교섭을 하는 데 비교적 빠른 시기에 이런 방침을 분명하게 밝혔습니다. 다나카 가쿠에이田中角榮 총리의 방중 전(1972년 7월) 중국을 방문하여 저우언라이周恩來 총리와 면담을 했던 공명당의 다케이리 요시카쓰竹入義勝 위원장은 저우언라이가 "마오 주석은 배상청구권을 포기한다고 말하고 있습니다" "당연한 것입니다. 20여 년 동안의 양국 인민의 우호로 국교가 실현되는 것이니만큼 우리들은 다음 세대를 생각하지 않으면 안 됩니다"라고 말하는 것을 들었을 때 "저우 총리의 말에 마음이 마비되는 것 같았다"고 말했습니다(石井ほか編《記憶と考証　日中国交正常化·日中友好平和条約交渉》).

당연히 이 방침에 대해 중국 국내에서 강한 불만이 있었습니다. 그러나 당시 중국 공산당 주석 마오쩌둥과 총리였던 저우언라이의 카리스마는 압도적이었습니다. 또한 그들이 결단하면 사람들은 지금처럼 인터넷에 불만을 표시하거나 할 수 없는 철저한 공산당 독재 체제였습니다. 나아가 저우언라이는 각지에서 집회를 열어 사람들에게 당의 방침을 학습·교육시켜 민중들의 불만이 표출되는 것을 억제하는 노력을 했습니다. 지도부는 사람들이 일본군에 받은 고통이

나 한의 감정을 배려하면서 "이 역사는 잊어서는 안 된다. 그러나 우리는 감정으로 정책을 결정해서는 안 된다"는 지시를 내리고 사람들을 설득하고 불만을 억제했다고 전해지고 있습니다(NHK 取材班 《周恩来の決断》).

중국 공산당의 입장은 일본의 인민도 중국의 인민과 마찬가지로 일본 군국주의자의 희생자였는데, 배상을 청구하면 같은 피해자인 일본 인민이 지불하게 만드는 격이 된다는 것이었습니다. 이 입장은 그 뒤에도 초지일관 유지되었으며, 일본 총리의 야스쿠니 신사 참배에 중국 정부가 신경을 곤두세우는 것도 이 때문입니다.

일본 측 입장에서 보면 야스쿠니 신사에는 많은 장병들이 합사되어 있고 A급 전범은 그 중 극히 일부에 지나지 않을지도 모릅니다. 그러나 중국 지도부 입장에서 보면 중국은 그런 A급 전범에게 전쟁책임을 집중시킴으로써 국내의 거대한 불만을 억누르고 일본에 더 이상 좋은 방안이 없을 정도로 관대한 태도를 취했습니다. 일본의 총리가 야스쿠니 신사에 참배하는 것을 인정하는 것은 바로 그런 일부의 군국주의자를 인정하는 것으로 이어져 자신들의 설명 근거가 붕괴되는 것과 같은 것입니다. 도대체 무엇을 위해 그토록 어렵게 중국 인민을 달랬는지 도저히 이해할 수 없다는 것입니다.

국교정상화 때 중국이 왜 이러한 판단을 했는지 결정적인 요인이 무엇이었는지는 아직 알 수 없는 부분이 많습니다만, 일본의 많은 연구자들은 당시 중국과 소련의 대립을 가장 큰 이유로 꼽고 있습니다. 1960년대부터 표면화하기 시작한 중소대립은 점차 격화되어 중국은 군사적 충돌 가능성도 진지하게 검토하고 있었습니다. 대립 배경에는 미중접근이 있으며, 1972년 2월 닉슨 대통령이 중국을 방문하여 미중 국교정상화가 시작되었습니다(미중 국교정상화는 1979년 1월 1일부로 이뤄졌다, 역자 주). 같은 해 9월 일본의 다나카 총리와 오히라 마사요시^{大平正芳} 외상이 중국을 방문했으며, 교섭 끝에 중일공동성명이 발표되었던 것입니다. 중국은 미국, 일본과 관계 개선을 통해 자국의 안전보장을 높이는 게 최대 관심사였기 때문에 중일국교정상화 성사를 위해 전쟁배상을 요구하지 않았습니다. 많은 일본의 연구자는 그렇게 결론짓고 있습니다.

아마도 이것이 가장 중요한 요소였을 것이지만, 그밖에도 다른 많은 요인이 있었습니다. 일본 인민에게 죄가 없다는 저우언라이의 말은 일본 국민에 대한 러브콜이었습니다. 사회주의의 간판으로서 인민은 선하다는 생각이 있으며, 중국은 일본의 일반 사람들은 동지라는 메시지를 보낸 것입니다.

나아가 중국 지도부는 대만 문제도 염두에 두었을 것입니다. 일본은 샌프란시스코 조약이 발효하던 날 장제스^{蔣介石}가 이끄는 대만의 중국 국민당 정권과 일화평화조약을 체결했습니다. 장제스는 일본의 패전 직후 "폭력으로 폭력에 보복하지 말라"고 중국 사람들에게 폭력을 경계하도록 했습니다. 저우언라이 등 중국 공산당 수뇌부에게는 중국 공산당의 도량이 장제스보다 작게 보여서는 안 된다는 체면 문제가 있었다고 전해지고 있습니다. 나아가 중국은 일본이 대만과 단교하는 것을 중시하여 배상포기는 그것을 위한 카드였다는 해석도 있습니다. 애초부터 1931~45년 전쟁 기간의 막대한 피해를 보상받을 거액의 배상을 요구해도 받을 수 없을 뿐만 아니라 일본의 반발만 살뿐 실익이 없어서 배상을 포기하고 은혜를 입게 해둬야 한다는 실리적인 계산도 당연히 있었을 것입니다.

마오쩌둥과 저우언라이는 만만치 않은 현실 정치가였기 때문에 이런 여러 가지 정치적 고려가 있었던 것은 분명할 것입니다. 그러나 배상을 청구하지 않겠다는 결단(일본에 대해 엄청난 분노와 복수심, 증오심을 갖고 있는 방대한 중국 인민의 반발을 억누르고 배상을 포기한다는 결단)은 객관적으로 봐서 일본에 대한 믿을 수 없을 정도의 관대한 대응이었다는 것은 분명합니다.

대중국 ODA는 배상의 대체?

에가와 국교정상화 이후 일본은 ODA(공적개발원조)를 통해 중국을 경제적으로 지원해왔습니다. 중국에 대한 ODA는 1979년에 시작되어 2003년 말까지 유상자금협력(엔 차관)이 약 3조1천억 엔, 무상자금협력이 약 1,500억 엔, 기술협력이 약 1,400억 엔 등 모두 약 3조 엔 이상을 제공해왔습니다. 여기에는 중국에게 정말 잘못된 일을 했다는 일본 지도자들의 사죄의 마음과 배상포기라는 결단을 잘 해주었다는 감사의 마음이 포함되어 있을지도 모릅니다.

오누마 그렇습니다. 일본의 배상은 필리핀 등 동남아시아 국가들보다 더 필요했었음에 틀림없습니다. 가난한 중국이 배상 포기라는 결단을 해주었기에 이에 보답하지 않으면 안 된다는 생각은 일본의 정재계나 관료들에게도 어느 정도 있었던 것 같습니다.

물론 일본도 그런 의리와 인정을 앞세우는 생각만으로 거액의 경제협력을 했던 것은 아닙니다. 동남아시아 제국에 대한 배상과 마찬가지로 중국에 대한 경제협력의 대부분은 무상공여(증여)가 아니라 저리의 차관입니다. 패전 후 일본인이 필사적으로 일해서 세계은행에서 빌린 차관을 갚았던 것처럼 중국 사람들도 필사적으로 일을 해서 일본으로부터 빌린 거액의 빚을 변제하고 자신들의 노력으로 21세기에 들어와 세계 2위의 경제대국이 된 것입니다. 그런 과정에서 일본의 경제협력은 일본 기업에게 거대한 비즈니스 기회를 갖게 하는 의미도 있었습니다. 장기적인 안목으로 보면 일본은 자신들에게 이익이 되는 투자를 중국에 해왔던 것입니다.

물론 중국은 저리의 자금이 절대적으로 필요했기 때문에 일본이 중국의 경제발전에 협력했었던 것을 일본은 자랑스럽게 생각해도 좋으며, 중국 사람들도 그런 사실을 알았으면 좋겠다고 생각합니다. 다만, 그런 일본의 경제협력에 대해 중국이 고마워하지 않는 것은 괘씸하다고 생각하는 사람들이 아직도 있습니다만, 그런 말은 애초부터 중국의 배상 포기가 먼저 있었던 일이어서 앞뒤가 맞지 않는 얘기입니다. 역으로 천문학적인 숫자에 달했을 거액의 전쟁배상을 중국이 포기해주었던 사실을 일본 사람들이 어느 정도 알고 있는지, 그것을 생각해야 할 것입니다.

일본인에 대한 중국과 한국의 이미지

에가와 장제스의 연설이나 중일 국교정상화 때의 저우언라이의 결단에는 관대하고 도량이 넓은 중국을 느끼게 합니다만, 최근의 중국에는 그런 게 좀처럼 보이지 않는 것 같습니다. 2012년의 격렬한 반일시위는 충격이었습니다. 한편 최근에는 많은 중국인들이 일본에서 일하고 있으며, 일본에 오는 중국인 관광객도 많습니다. 이것을 어떻게 생각하면 좋을까요?

오누마 21세기에 들어 나타난 중국의 대일 강경 자세는 일본 입장에서 보면 이상한 느낌이 들고, 한국의 반일 태도 역시 많은 일본인이 "이제 좀 그만 했으면 좋겠다"고 느낄 것이라고 생각합니다. '역사인식'을 둘러싼 문제에 대해서는 일본에 대한 비판, 주문이 많았던 미국 등의 제3국에서도 중국·한국의 극단적인 대일 강경태도에 눈살을 찌푸리는 사람들이 늘어난 것처럼 보입니다. 다만, 한국의 경우 19세기 구시대의 악습에 빠져 근대화에 실패한 자국과 비교하여 근대화에 성공한 일본을 높이 평가하는 시각은 전전부터 있었습니다. 전후에도 '아시아의 선진국 일본'에 대한 동경이나 높은 평가는 일관되게 있습니다. 한편, 한국 언론의 편향된 보도도 위안부 문제로 상징되는 철저한 반일여론 고양에 한몫을 해왔습니다. 양자가 공존하고 있는 것입니다.

중국의 경우에는 공산당의 정보 통제가 있기 때문에 주요 언론은 1990년대 장쩌민江澤民 주석 시대 이후 대체적으로 일본에 대해 비판적인 자세를 보이고 있습니다. 개혁개방 정책을 편 1970년대 후반부터 1980년대의 덩샤오핑鄧小平 시대 이후 중국은 실체로서 사회주의 국가라고 말할 수 없게 되어, 애국교육과 내셔널리즘으로 국가를 통합하지 않을 수 없게 돼버렸습니다. 그렇기 때문에 항일전선에서 싸웠던 영웅적인 중국 공산당이라는 건국신화를 교육하고 반일 내셔널리즘에 호소하여 국내에서 공산당에 대한 비판을 다른 데로 돌리게 하고 있습니다. 장쩌민은 명백하게 그랬습니다. 다만, 이건 좀 너무하다 싶어 국내 반일여론이 지도부의 대일 '저자세' 외교 비난으로 돌아서면 지도부에게도 위험해지기 때문에 중국 정부도 의도적으로 대일비판을 선동하는 것은 그다지 하지 않게 됐습니다.

'역사인식'에 관한 중국인들의 격렬한 대일비판이라는 점에서 보면 영화나 텔레비전의 힘이 강했었을지도 모릅니다. 일본이 아직 가난했던 1950년대부터 1960년대에는 영화가 가장 큰 오락이었지만, 중국에서도 일본보다 조금 뒤늦지만 같은 상황이 나타났습니다. 그런 가운데 일본군을 잔악한 '귀신'으로 묘사하는 별로 돈도 들지 않는 영화, 일본의 시대극이나 미국 서부영화 같은 천편일률의 영화가 대량으로 만들어지고 상영되었습니다. 중국의 지식층은 그런 천편일률의 영화에는 거의 눈도 돌리지 않지만, 대중에게는 오랫동안 그런 영화가 인기 있었습니다. 그것이 전쟁을 모르는 세대에 '잔악한 일본인'이라는 고정된 일본인상을 심어주는 데 큰 역할을 했다고 전해지고 있습니다.

무엇보다도 20세기 후반부터 21세기 중국에서는 유구한 문명대국인 중국이 1840년의 아편전쟁부터 서구열강과 일본에 침략을 받아 굴욕 당했다는 의식이 철저하게 배어 있습니다. '국치백년'이라는 말은 전 인민이 공유하고 있으며, 21개조 요구를 수락했던 1915년의 5월 9일, 중일전쟁이 발발했던 1937년 7월 7일, 만주사변이 발생했던 1931년의 9월 18일 등을 '국치일'이라고 인식하고 있습니다. '국치'는 아편전쟁 이후 열강에 고통을 받았던 중국 근대사 그 자체입니다만, 그런 큰 부분이 일본과 관계에서 두드러지게 의식되고 있는 것입니다.

한편, 일본 제품의 고품질, 패션이나 만화나 애니메이션의 매력, 일본 사회의 질서 있고 예의바름, 아름다움, 질 좋은 서비스와 오락 등 한마디로 하면 일본 문화의 선진성은 중국 사람들이 동경하는 부분입니다. 2012년 현재 해외의 일본어 학습자는 약 4백만 명인데, 그 4분의 1 이상이 중국인입니다(2위는 인도네시아, 3위가 한국으로 각각 약 20%).

21세기에는 신문과 텔레비전 같은 언론 이외에 인터넷에도 다양한 정보가 유통되고 있습니다. 실제로 일본을 방문했던 중국인이 일본의 세련된 문화나 기술, 풍요롭고 평등하고 비폭력적인 시민사회의 현실을 보고 '잔인한 군국주의자 일본'이란 이미지를 바꿔 일본을 좋아하게 되었다는 이야기가 입소문이나 인터넷으로 확산되기도 합니다. 이것이 지금까지 마이너스 이미지가 압도적이었던 중국인의 일본 인식을 '평화롭고 예의바르고 풍요로운 일본인'이라는 플러스 이미지로 바꾸는데 커다란 역할을 하고 있습니다.

전후 일본은 어떠한 사회를 만들었는가? 일본의 전후사는 일본이 중국인이나 세계의 다른 나라 사람들이 알았으면 좋을 중요한 현대 역사입니다. 중국에서 오는 관광객과 유학생을 대폭 늘리고 우리의 현실 생활을 중국을 향해 계속해서 발신하고, 전후의 평화롭고 풍요롭고 문화적으로 세련된 일본을 가능한 많은 중국인들이 알 수 있도록 해야 합니다. 이것은 시간은 걸리겠지만 중일 및 한일 간 상호 역사인식을 개선해 가는 데 가장 중요한 일이라고 생각합니다.

제3장

전쟁책임과 전후책임

◀ **앞면 사진** 일제강점기 사할린에 강제징용된 조선인 광부들

'패전책임'에서 '전쟁책임'으로

에가와 　일본의 전쟁 지도자는 만주사변 이후의 중국에 대한 전쟁을 포함하여 제2차 세계대전까지 전쟁 전반의 입안, 수행에 대하여 도쿄재판에서 단죄되었습니다만, 일본인 자신들은 국내외적으로 그토록 비참한 결과를 초래했던 전쟁의 책임에 대해 어떻게 인식하고 있었던 것일까요?

오누마 　대부분의 일본 국민에게 1945년 8월 15일은 말로는 형언할 수 없을 정도의 비참한 전쟁이 끝났다, 그런 날이지 않았을까요? 도쿄를 비롯한 대도시는 교토 이외 거의 모두가 공습을 받아 수십 만 명에 이르는 희생자가 나왔습니다. 히로시마나 나가사키의 원폭 피해가 얼마나 비참했는가도 서서히 알려지고 있습니다. 출정했던 병사는 돌아오지 않고, 만주나 동남아시아로 갔던 민간인 가운데서도 많은 희생자가 발생했습니다. 3백 만 명 이상의 국민이 사망했습니다.

　그런 까닭에 당시의 일본 국민들은 자신들이 왜 이렇게 심한 고통을 겪지 않으면 안 되었는가 하는 피해자 의식이 압도적이었습니다. 자신들은 평범하면서도 힘든 생활을 하던 서민이고 아무런 잘못도 하지 않았다는 것입니다. 그런데도 도탄의 생활을 하지 않으면 안 되었다, 그건 무엇 때문인가, 라고 말입니다. 어쩌면 내가 그곳에 있었다고 해도 같은 생각을 했을 것입니다. 당시 사람들이 그런 감정으로 가득해 일본군이 해외에서 자행한 살육에는 생각이 미치지 못했던 것을 탓할 수만은 없습니다.

　다만 이러한 주관적인 인식을 벗어난 객관적인 사실을 얘기한다면 죽은 이들은 중국군이 일본을 침략해와 14년이라는 시간 동안 국토를 유린하는 과정에서 살해된 것이 아닙니다. 일본인 희생자의 대부분은 일본이 갑작스럽게 진주만을 공격하고, 그에 대한 미국의 반격으로 발생했습니다. 다수의 민간인을 살상했던 일본 주요 도시에 대한 공습이나 히로시마와 나가사키 원폭 투하는 연합국 측에도 국제법상 합법이었는지 아니었는지 의문이 남는 군사행동이었다고 해도 무엇보다 진주만이나 말레이반도를 아무 경고도 없이 공격해 미영과 전쟁을 시작한 일본 측에 잘못이 있었음을 부정할 수는 없습니다.

그렇다면 왜 일본보다 군사력과 경제력이 훨씬 우세했던 미국을 공격하는 무모한 짓을 벌였을까요? 그것은 일본이 중국에서 1931년부터 10년 동안 해왔던 전쟁에 대해 미영 양국이 격렬하게 비판했으며, 중국으로부터의 철군 요구에 일본이 응하지 않자 미국이 최후의 수단으로 대일 석유 금수정책을 폈기 때문입니다. 결국 군부는 승산이 없는데도 진주만의 미국 함대를 선제공격했던 것입니다. 여기에 이르는 경위를 살펴보려면 1931년의 만주사변으로 되돌아가야 합니다. 만주사변은 관동군의 음모로 시작되었음에도 일본 정부는 중국의 공격에 대한 자위라고 하면서 전선을 확대하고 만주국이라는 괴뢰국가를 만들어버렸습니다. 이렇게 본다면 역시 일본이 잘못했다는 것은 보통 사람이 솔직하게 생각해보면 당연하게 도달하는 결론일 것입니다.

그러나 그런 경위를 냉정하게 생각할 수 있는 것도 어느 정도 시간이 지나서일 것입니다. 그래서인지 전쟁이 끝나고도 1970년대 초까지 약 25년간 일본 국민은 일본으로부터 침략을 받고 살해당한 피해자들의 일을 거의 생각하지 않았습니다. 일반적으로 존경받는 우수한 학자나 작가들에게도 그런 의식은 놀라울 정도로 결여되어 있었습니다.

전쟁책임을 묻겠다는 논의는 패전 직후 있었습니다. 1945년부터 48년까지가 하나의 고비였으며, 그것은 도쿄재판의 진행과 거의 겹칩니다. 이 시기의 전쟁책임론은 거의 모두가 패전책임론이었습니다. 왜 졌는가, 진 책임은 누구에게 있는가 하는 것이었습니다. 물어야 할 책임의 대상은 기본적으로 천황에 대한 책임과 국민에 대한 책임이었습니다. 타국에 얼마나 심대한 피해를 주었는가, 그것에 대한 책임을 일본은 어느 정도 져야 하는가, 이런 발상은 찾아볼 수 없었습니다. 영화감독 이타미 만사쿠伊丹万作와 경제학자이자 사상가인 오쿠마 노부유키大熊信行 등이 아주 극소수의 예외적인 존재였습니다.

이타미는 패전 1년 뒤인 1946년 8월 많은 국민이 "이번 전쟁에서 속았다고 말하지만, 그렇게 간단히 속아 넘어간 국민들에게도 책임이 있지 않느냐, '속았다'고 말하면서 아무렇지도 않게 사는 국민이라면 앞으로도 아마 몇 번이라도 더 속을 것이다", "두 번 다시 속지 않겠다는 진정한 자기반성과 노력이 없으면 인간은 진보하지 않는다"라는 아주 시사적인 문장을 남겼습니다(伊丹《戦争責任者の問題》).

오쿠마는 전쟁 중 언론인의 익찬翼贊(도와서 길을 인도한다는 뜻) 기관이었던 '대일본언론보국회' 이사로서 대동아전쟁을 긍정하고 그런 생각을 공표했었습니다. 그런 의미에서 분명히 전쟁책임이 있습니다. 그러나 같은 일을 했던 다른 많은 지식인들이 그것을 입에 담지 않고 전후 사실상의 전향을 하고 활동을 재개했던 데 비해 오쿠마는 전쟁 중 행한 자신의 행위를 깊이 성찰하고 '대동아전쟁'이 구미만이 아니라 아시아 사람들에게도 침략전쟁이었다는 것을 정면으로 인정했습니다(大熊 《国家悪》). 그리고 그런 잘못을 앞으로 두 번 다시 범하지 않도록 전쟁을 수행하는 국가에 대한 충성의 거부라는 사상으로 귀결되었습니다.

그러나 이타미나 오쿠마의 시점은 예외 중의 예외였으며, 1970년대까지의 거의 모든 전쟁책임론을 보면 국민은 암묵적으로 피해자로만 자리매김돼 있었습니다. 그렇기 때문에 천황, 육군, 정부 지도자, 전쟁을 저지하지 못했던 공산당이나 지식인 등의 책임만 논의되었습니다. 일본 국민 스스로가 침략전쟁을 수행했다, 침략전쟁의 일단을 담당했던 국민에게도 책임이 있지 않는가 하는 논의는 대단히 적었습니다.

1970년대까지 일본의 가해 사실이 전혀 알려지지 않았던 것은 아닙니다. 도쿄재판의 논고나 판결은 공개되어 있었으며, 역사연구도 상당히 이뤄져왔습니다. 신문을 비롯한 언론도 어느 정도 사실은 전하고 있었습니다. 다만 '히로시마, 나가사키의 피폭'으로 상징되는 전쟁의 피해자 의식이 너무나도 강했기 때문에 일본인이 수많은 아시아인들을 살육하고 그것을 전쟁책임 문제로서 생각해야 한다는 사고회로는 작동하지 않습니다. 객관적인 사실은 어느 정도 알고 있어도 그것이 전쟁책임이라는 사고의 틀 속에 들어가지는 못했던 것이 아닌가 합니다.

에가와   의식적으로 미국과 벌인 전쟁으로 우리는 엄청난 고통을 겪었다, 그 책임은 누구에게 있는가, 이런 사고인 것이네요?

오누마   전쟁의 호칭이 상징적입니다. 점령군이 패전 후 전쟁을 '대동아전쟁'이라고 부르는 것을 금지하여 '태평양전쟁'으로 통일했습니다. 1952년에는 점령이 끝났으며, 1960년대에는 일부 논자의 '대동아전쟁긍정론'이 부활했습니다만, 전문 학자들 사이에서는 '태평양전쟁'이라는 호칭이 일반적이었습니다. 명칭은 사고를 속박합니다. 대미전쟁을 떠오르게 하는 '태평양전쟁'으로는 하와이의 진주만 공격, 과달카날 등 남방의 섬들에서 미군과 벌인 격전, 오키나와전이나 미군의 본토 공습, 원폭 투하 등이 떠오릅니다. 햇수로 15년에 걸친 중국 침략전쟁은 의식되지 않습니다. 전쟁책임에 대한 발상도 논의도 보도도 그 틀 속에 편입돼버렸습니다.

이것은 이상하지 않느냐고 문제제기했던 것이 사상가 쓰루미 슌스케鶴見俊輔 씨의 '15년 전쟁'이라는 호칭입니다(鶴見《知識人の戰爭責任》). 1931년 9월의 만주사변에서 1945년 8월의 패전까지 일본군은 거의 일관되게 중국에서 중국군과 싸웠으며, 중국 사람들을 살상했다는 사실이 중요하다는 생각입니다. 처음 이런 생각을 접했을 때 나는 정말로 그렇다, 나는 지금까지 사물의 일면밖에 보지 않았던 것이다, 라고 말 그대로 '새로운 사실을 처음 알게 된' 기분이었습니다.

피해자 의식과 가해자 의식

에가와   그 후 일본 국민의 대외적 전쟁책임이라는 관점에서 논의는 어떻게 전개되었는가요?

오누마   그런 인식을 가져온 몇 가지 요인이 있습니다. 베트남 반전운동의 영향도 그 중 하나입니다. 1965년 미군의 본격적인 북베트남

(베트남민주공화국) 폭격(북폭)이 시작되자 세계 각지에서 미국의 베트남전쟁을 비판하는 운동이 일어났습니다. 일본에서도 작가 오다 마코토小田実를 중심으로 '베트남에 평화를! 시민연합ベ平連'이 발족되었습니다. 기존 정당이나 노동조합 같은 단체와는 선을 그은 자유롭고 느슨한 모임이었으며, 특히 당초 우익에서 좌익까지 실로 폭넓은 사람들이 참가했습니다. 그런 운동 속에서 일본도 베트남전쟁에 가담하고 있지는 않는가 하는 문제제기가 이뤄졌던 것입니다.

미군 폭격기 B52는 오키나와 본섬의 가데나嘉手納 기지에서 날아가 베트남을 폭격했습니다. 그때 사용된 네이팜탄(유지소이탄의 일종)의 대부분은 일본에서 제조된 것이라고 보도되었습니다(아사히신문, 1965년 6월 25일 석간). 그래서 일본은 미군에 가담해서 베트남 시민을 살해하고 있지 않느냐 하는 중요한 문제제기가 이루어졌던 것입니다.

제2차 세계대전 때에는 일본 자신이 베트남이나 필리핀까지 원정을 가서 현지 사람들을 살해했습니다. 전후의 평화로운 일본은 자신들은 죽이지 않지만 미군을 지원하고 있다, 일본의 협력이 없다면 미군은 베트남 사람들 머리 위에서 네이팜탄도 고엽제도 투하하지 못하지 않았겠느냐, 제2차 세계대전을 오로지 피해자의 시점에서 보고 있는 일본의 일반 국민들에게 이러한 가해자 의식이라는 문제가 제기되었다는 점에서 베트남 반전운동의 의미는 컸다고 생각합니다.

에가와   1972년의 중일국교회복도 커다란 영향을 미치지 않았습니까?

오누마 말씀대로입니다. 국교회복 자체가 크게 보도되었으며, 1973년에 출판된 아사히신문의 혼다 가쓰이치本田勝一 기자의 르포《중국여행中國の旅》과《중국의 일본군中國の日本軍》의 영향이 컸습니다. 혼다 씨의 책은 학문적 엄정함이란 측면에서 보면 전해들은 말을 그대로 사실인 것처럼 써버리는 문제가 있기는 합니다만, 그 영향은 절대적이었습니다. 그밖에도《우시오潮》등 창가학회계열의 언론이 중국에서 싸운 일본군의 증언을 청취하여 잇달아 공표했습니다.

그때까지 밖으로 드러나지 않았지만 중국에서 비슷한 경험을 했던 사람들에게 가능하면 자신들 가슴 속에 있는 담아두고 싶었던 이야기가 공개적으로 밝혀지고 공유되게 되었습니다. 이것은 대장이나 중장 등 고급 직업군인, 혹은 총리대신이나 외무대신 같은 '지체 높은 사람' 이야기가 아니라 보통사람들 자신의 아버지와 할아버지, 형, 삼촌의 이야기였습니다. 그러한 사실들이 문학 작품 등에서 묘사되기는 했지만, 작품 속 이야기와 자신의 육친이 말하는 것은 생생함이란 측면에서 차원이 다릅니다. 자신들의 아버지와 할아버지가 대포와 총을 가지고 실제로 그것을 쏘고 상대방을 죽이고 마을을 점거해갔다는 의식이 일반인들 사이에서도 비로소 조금씩 실체로서 의식되었던 것입니다. 그것이 1972년 이후 전개된 일이라고 생각합니다.

1970년대에는 아시아에서 일본인의 행동이 문제가 되었습니다. 1965년 한국과 국교를 회복한 후 소위 기생관광 여행이라고 해서 일본인 관광객의 매춘에 대한 비판이 점차 고조되고 있었습니다. 동남아시아의 섹스관광도 문제가 되었습니다. 전후 일본은 한국전쟁 특수 이후 고도경제성장을 하여 점차 풍요해졌고 아시아 국가들과

소득 수준차가 벌어져 갔습니다. 동남아시아 국가들이나 한국에 가해자라는 의식도 속죄 의식도 거의 없던 상태에서 배상·준배상, 국교정상화를 해버렸기 때문입니다. 살기가 좋아지면 쓸데없는 일도 벌이는 모양입니다.

이렇게 동남아시아에서 반일감정이 고조되는 가운데 1974년 다나카 가쿠에이 총리가 동남아시아 국가들을 방문했을 때 엄청난 항의에 직면했습니다. 태국 방콕에서는 일본제품에 대한 배척운동이 벌어졌으며, 싱가포르와 말레이시아에서도 '타도 일본제국주의'를 내건 시위가 발생했습니다. 인도네시아에서는 폭동이 일어났습니다. 이런 일들을 보고 일본 정부도 재계도 강한 충격을 받았습니다.

3년 뒤 동남아시아를 순방했던 후쿠다 다케오^{福田赳夫} 총리는 "군사대국이 되지 않고 세계 평화와 번영에 공헌하겠다.", "대등한 입장에서 동남아시아 제국의 평화와 번영에 기여하겠다."는 이른바 '후쿠다 독트린'을 발표했습니다. 일본이 전전에 행했던 것을 거울삼아 대등한 입장에서 협력관계를 유지해간다고 선언했던 것입니다. 이것은 높은 평가를 받았으며, 그 후 동남아시아 국가들과는 대체로 우호적인 관계가 지속되었습니다.

이렇게 1970년대는, 전후 새롭게 태어났어야 했던 일본 국민의 의식에 메이지 이후의 '탈아입구^{脫亞入歐}' 신앙이 여전히 강하게 남아 있지 않은가 하는 의문이 제기되고, 그런 의문이 예전의 정당이나 노조, 단체와는 다른 시민운동을 통해 일본 사회에 조금씩 침투해 갔습니다. 이 시기의 특징 중 하나인 이런 의문은 일본의 식민지 지배 결과 일본에 이주해온 한민족의 자손인 재일한국인에 대한 그때까지의 뿌리 깊은 차별의 철폐를 요구하는 시민운동을 탄생하게 했습니다. 이 운동이 1980년대 지문날인제도의 철폐를 요구하면서 커다란 성과를 보였던 것은 뒤에서 말하겠습니다.

'역사인식' 문제를 생각할 때 국가 간 문제, 외교 관계만을 봐서는 전체상이 보이지 않습니다. 다양한 언론에 나타난 사회의 움직임, 문학작품, 영화 등에 나타나는 인간의 의식을 보지 않으면 안 됩니다. 이런 관점에서 보면, 일본 사회의 일반인들 사이에 일본의 전쟁을 단순하게 피해자로서만 보지 않는 견해가 1970년대에 조금씩 싹트고 있었다고 말할 수 있지 않을까 생각됩니다.

교과서 문제와 나카소네 총리의 야스쿠니 공식 참배

에가와　그 뒤 1980년대가 되어 그것은 어떻게 전개되어 갔나요?
오누마　1982년에 '교과서 문제'가 발생합니다. 역사 교과서를 둘러싸고는 '제자들을 또 다시 전장으로 보내지 말라!'는 슬로건 아래 다양한 정치운동을 벌였던 일교조(일본교직원조합)를 비롯한 노조와 사회당, 일본의 전쟁책임을 엄중하게 논하는 역사학자와 일본에 대한 부정적인 기술을 어떻게 해서든지 바꾸려는 자민당 문교족(교육과 문화 분야에 특화하여 영향력을 행사하는 국회의원을 부르는 말, 역자 주)과 문부성 사이에 심각한 이데올로기 대립이 계속되었습니다. 그것을 상징했던 것이 1965년 시작된 이에나가^{家永} 교과서 재판입니다.

그런 배경 속에서 1982년 6월 고등학교에서 사용할 일본사 교과서 검정 과정에서 문부성이 '(중국)화북으로의 침략'에서 '화북으로의 진출'로 기술을 바꾸게 했다고 많은 언론이 보도했습니다. 이 보도는 정확하지는 않습니다. 검정의견에는 반드시 바꿔야 하는 A의 견과 구속력은 없지만 교과서 회사의 판단에 맡기는 B의견이 있는데, 문부성은 분명히 '침략'이라는 표현을 바꾸도록 의견을 달았습니다만, 그것은 후자인 개선 의견이었습니다. 교과서 가운데 '진출'로 바꾸지 않고 '침략'이란 표현을 계속 썼던 사례도 있었던 것 같습니다.

다만, 이 보도를 계기로 중국으로부터 일본의 역사 교과서 기술에 대해 강력한 항의가 있었습니다. 항의는 한국에서도 제기되었습니다. 당시 일본은 평화를 지키고 고도성장을 거쳐 세계 경제 2위의 대국이었으며, 개발도상국에 거액의 경제협력을 지원하여 국제적으로도 높은 평가를 받고 있었는데, 중국과 한국으로부터 강력한 비판을 받아 정부가 커다란 충격을 받았습니다.

그래서 당시 스즈키 젠코鈴木善幸 내각의 미야자와 기이치宮澤喜一 관방장관이 "일본 정부 및 일본 국민은 과거에 우리나라의 행위가 한국·중국을 포함한 아시아 국가들 국민에게 다대한 고통과 손해를 주었다"고 인정하고 교과서에 대해서도 "아시아 근린제국과 우호, 친선을 추진하는 데 이러한 비판에 충분히 귀를 기울이고 정부의 책임 하에 시정하겠다"는 담화를 발표했습니다. 그리고 교과서 검정기준에 "아시아 근린 제국과 근현대 역사 사건을 다룰 때 국제 이해와 협조의 견지에서 필요한 배려가 이루어질 것"이라는 '근린제국조항'을 넣었습니다. 그렇지만 이 근린제국조항이 만들어진 이후로도 실제로는 그다지 기능하지 않고 있다는 평가가 있습니다.

이듬해 1983년에는 고바야시 마사키小林正樹 감독의 영화《도쿄재판》이 상영된 데 이어 도쿄재판에 관한 국제심포지엄이 열렸습니다.

나는 영상작품으로서는 영화가 그다지 감동적이지 못하다고 생각합니다만, 상당히 인기를 모아 일반 사람들에게 도쿄재판을 인식시키는 계기가 되었습니다.

국제심포지엄은 그때까지 거의 대부분 대미관계라는 틀 속에서 생각해 왔던 도쿄재판을 일본인들이 아시아와 관계에서 생각하게 하는 커다란 전환점이었다고 생각합니다. 나는 이 심포지엄의 기획·운영에 관여했으며, 국내에서는 국제법과 역사학 전문가 이외에 앞에서 15년 전쟁사관을 언급할 때 소개했던 쓰루미 슌스케, 전쟁책임 문제를 깊이 있게 다루었던 작품(《신과 인간 사이神と人とのあいだ》 등)을 저술했던 작가 기노시타 준지木下順二, 교과서 재판의 원고 이에나가 사부로家永三郎 등이 참가했습니다. 해외에서는 당시 건재했던 도쿄재판의 판사 뢰링크, 《도쿄재판 ─승자의 단죄(Victors' Justice: The Tokyo War Crimes Trial)》의 저자 리처드 마이니어Richard H. Minear, 러시아와 독일 학자 이외에 중국, 한국, 버마(당시)의 역사학자도 초청했었습니다.

이때 중국의 유신순兪辛焞(대표적인 일본현대사 연구자)이 아주 흥미로운 발언을 했습니다. 일본에 와서 전쟁을 반성하는 민주 의식에 대해 쓰인 논문과 책이 있는 것을 보고 놀랐다. 전쟁책임에 대해 국민이 반성한다는 것은 중국에서는 생각할 수 없다. 그것에 놀랐지만, 국민에게는 형사적·정치적 책임은 없어도 왜 당시 전쟁에 반대하지 않고 휘말려갔는지를 교훈적으로 재고하는 것은 도쿄재판과 관계없이 국민 자신의 반성이며, 앞으로의 세계 평화를 위해서도 매우 유익하다. 유신순 씨는 당시의 일본 학계를 포함한 시민사회의 상황을 이렇게 평가했습니다. 유신순 씨가 놀라고 감명을 받았던 것 같은 상황이 이 시기에는 분명히 존재했었으며, 전쟁책임만이 아니라 식민지 지배 문제도 생각해야 하지 않느냐는 논의도 있었습니다.

한편, 이 심포지엄의 전체적인 기조에 대해 일부 사람들은 불만을 갖거나 비판도 했습니다. 그런 사람들은 일본의 중국침략이 미국과 전쟁을 초래하고 나아가서는 엄청난 참화와 패전을 초래했다는 견해를 비판하고 도쿄재판의 판결에 나타난 역사해석을 '도쿄재판사관'이라고 부르면서 강하게 비난했습니다. 예를 들면 시미즈 하야오志水速雄의 〈도쿄재판사관의 주술을 배격한다東京裁判史観の呪縛を排す〉는 논문은 심포지엄 주최자의 한 사람이었던 내 발표문 〈'문명의 단죄' '승자의 단죄'를 넘어서 文明の裁き '勝者の裁き'を超えて〉를 의식하고 쓴 것 같았습니다만, '도쿄재판사관' 때문에 '이 전쟁은 일본 군국주의자의 아시아 침략전쟁'이 되어 '전후 일본인은 암흑과 오욕 속에서 태어났다는 원죄 의식'이 심어졌다며 격렬한 비판이 전개되었습니다.

또한 1985년 8월 15일 나카소네 야스히로 총리가 야스쿠니 신사를 공식참배하고, 이에 중국이 강하게 반발하면서 국제문제가 되었습니다. 야스쿠니 신사에는 당초 도조 히데키를 포함한 'A급 전범'은 합사되지 않았지만, 1978년 비밀리에 합사되었습니다. 총리나 각료의 야스쿠니신사 참배가 헌법상 허용되는가는 그때까지 일본 국내에서도 중대한 문제로서 논의되어 왔지만, 'A급 전범'의 합사와 1985년의 나카소네 총리의 공식참배로 문제가 국제화됐습니다(천황도 1978년까지는 칙사에 의한 대리 참배를 했었지만, 'A급 전범' 합사 후인 1979년부터 중지했습니다). 나카소네 총리는 개인적으로 야스쿠니 신사 참배에 강한 신념을 가지고 있었습니다만, 대중국 관계의 중요성을 배려해 이후 참배를 중지했습니다. 그 후 총리, 각료도 사적 참배 사례는 있었지만, 공식참배는 하지 않았습니다(쇼와천황에서 현재의 천황으로 바뀐 뒤 천황은 한 번도 참배하지 않았습니다).

이렇게 1980년대에는 한편에서는 일본의 아시아 제국에 대한 침략전쟁과, 한국과 북한에 대한 식민지 지배 의식이 역사인식의 문제로서 서서히 언론에서도 크게 다뤄졌으며, '전쟁 피해자 일본'이라는 지배적인 의식에 대해서 특히, 아시아 여러 민족과 관계에서는 '가해자이기도 했던 일본'이라는 인식이 서서히 확대되어 갔다고 생각됩니다.

1980년대부터는 히로시마와 나가사키의 원폭 피해자가 만든 '일본원수폭피해자단체협의회日本原水爆被害者團體協議會(피단협)' 사람들도 일본은 가해자이기도 했었음을 잊어서는 안 된다고 말하기 시작했습니다(吉田《日本人の戦争観》). 막대한 피해를 입었던 사람들이 그런 인식을 공개적으로 하게 되었다는 것은 커다란 사건이었다고 생각합니다.

한편, 그런 경향에 반발하여 1990년대부터 본격적으로 '우파' 사상과 운동의 준비가 이뤄졌던 시기이기도 했습니다. 주로 마르크스주의 혹은 인민사관적인 경향의 집필자가 쓴 교과서에 제동을 걸었던 문부성의 검정제도에 중국과 한국을 비롯한 외국과 국내에서 강한 비판이 제기된 결과 만들어진 '근린제국조항'은 '반좌익' '반일교조' 사람들에게는 충격이었던 것 같습니다. 《도쿄재판사관의 주술을 배격한다》 속에도 '교과서문제'는 일본인의 내셔널리즘을 자극했다고 씌어 있습니다. 그런 목소리에 공감하는 사람들 가운데 정부는 믿을 수 없다, 우리 스스로 교과서를 만들지 않으면 안 된다는 움직임이 일어났습니다. 이것도 1980년대의 커다란 하나의 움직임이었습니다.

호소카와 총리의 '침략전쟁' 발언

에가와 그런 가운데 1993년 8월 전 구마모토 현 지사 호소카와 모리히로細川護熙를 수반으로 하는 비자민·비공산 연립정권이 탄생했습니다. 자민당이 야당으로 전락한 것은 창당 이후 처음이었습니다. 호소카와 총리가 취임 후 첫 기자회견에서 "지난 전쟁을 어떻게 인식하고 있는가?"라는 질문을 받고 "침략전쟁이었다. 잘못된 전쟁이었다고 인식하고 있다"고 분명하게 말했습니다. 이 말을 총리로서 발언했던 것은 호소카와 총리가 처음이었습니까?

오누마 그렇습니다. 그때까지도 사실상 인정했던 일은 있었습니다. 나카소네 총리가 1986년 중의원 본회의에서 "중국에 대해서는 침략의 사실도 있었다" "침략적 사실은 부정할 수 없다"고 말했습니다. 1989년 2월 중의원 예산위원회에서 다케시타 노보루竹下登 총리가 "우리나라의 과거 행위에 대해서 침략적 사실을 부정할 수 없다" "그러한 침략적 행위가 있었다"고 말했습니다. 다만, 개별적인 침략행위는 인정했다 해도 전체적으로는 침략전쟁이라고 하지 않았다는 비판이 일관되게 있었습니다. 나카소네 총리가 1983년 2월 중의원 예산위원회에서 사회당 의원이 집요하게 "침략전쟁이었는가?"라고 질문하자 결국에는 지쳐 "뭐, 간단히 말하자면 그런 것입니다"라고 대답했습니다만, 자신의 입으로 전쟁 자체가 '침략'이었다고는 말하지 않았습니다.

그런데 호소카와 총리는 분명하게 '침략전쟁'이라고 말했습니다. 당시 실시됐던 여론조사에 따르면, 호소카와 총리의 침략전쟁 발언에 대하여 56%가 "그렇다고 생각한다"고 대답했습니다. "대체로 그

렇다고 생각한다"를 합하면 60% 가까이가 지지했습니다. "그렇다고는 생각하지 않습니다" "그다지 그렇다고 생각하지 않는다"는 합해서 16%에 지나지 않았습니다(吉田《本人の戰爭觀》). 이 발언은 대단히 강한 인상을 국민에게 심어주었습니다. 대외적으로도 호소카와 발언은 여러 나라에 강력한 영향을 주면서 전해졌습니다.

내가 잊지 못하는 것은 당시 한국 여성 기자가 반복해서 "일본이 부럽다"고 말했던 것입니다. "저렇게 멋지게 머플러를 한 근사한 총리가 침략전쟁이라고 분명하게 잘라 말했다. 이런 총리가 있는 일본이 부럽다"고 감탄하면서 말했습니다. 미국을 비롯한 그 밖의 나라 지식인들도 일본은 전후에 힘껏 평화주의를 관철하여 훌륭한 나라가 되었는데 어째서 전전의 일에 대해서는 분명하게 잘못을 인정하지 않느냐고 짜증냈었지만, 호소카와 발언을 듣고 "멋지다!" "참으로 분명하게 잘 인정했다"는 호의적인 평가가 압도적이었습니다. 저 또한 일본 국민으로서 호소카와 총리를 자랑스럽게 생각했습니다. 일본이 역사의 새로운 페이지를 열었다, 그런 인상을 내외에 심어준 발언이었습니다.

다만, 호소카와 총리의 침략전쟁 발언은 정부 여당 내의 조정을 거치지 않고 이뤄진 것이어서 그 뒤 국회에서 행한 소신표명 연설에서는 '침략행위'라는 그때까지의 노선으로 되돌아가버리고 말았습니다. 그렇기는 해도 "우리들은 이 기회에 세계를 향해 과거 역사에 대한 반성과 새로운 결의를 명확하게 하는 것이 중요하다고 생각합니다"라고 말했으며, "과거 우리나라의 침략행위나 식민지 지배 등이 많은 사람들에게 견디기 어려운 고통과 슬픔을 초래했던 것에 대해 다시 한 번 깊은 반성과 사죄의 마음을 드립니다"라고 분명하게 반성과 사죄를 표명했습니다. 전쟁과 식민지 지배에 대한 진지한 반성에 입각한 '역사인식'은 1993년의 이 호소카와 발언과 그것을 지지했던 국민의 자세에 가장 명확하게 나타났다고 생각합니다.

일본의 '역사인식'을 보여준 '무라야마 담화'

에가와 1995년의 '무라야마 담화'는 1993년의 호소카와 발언 2년 뒤입니다. 두 사건의 배후에 있는 사회적 상황은 상당히 다르지 않았는지요?

오누마 그렇습니다. 1994년에 성립된 무라야마 내각은 자민당과 사회당, 사키가케의 3당 연립정권으로 사회당에서 무라야마 도미이치 총리와 이가라시 고조五十嵐広三 관방장관, 자민당에서는 가장 '리버럴한' 고노 요헤이河野洋平 총재가 외상이 되었으며, 기타 주요 포스트도 차지했습니다. 당시 중의원은 자민당 206석, 사회당 74석, 사키가케 22석 등 모두 302석(정수는 511석)이었습니다. 과반수를 넘었으며 자민당이 가장 많은 의석을 가지고 있었습니다. 이가라시 장관과 무라야마 총리, 그리고 몇 명의 사회당 지도부는 전후 50년이라는 중요한 시기를 맞이하여 그에 걸맞은 시책을 펼치고 싶다, 특히 강화조약이나 국교정상화 협정으로 해결됐어야 하지만 실제로는 많은 문제가 남아 있던 전쟁·식민지 지배 희생자 문제를 어떻게 해서든 해결하고 싶다는 마음을 강하게 가지고 있었습니다.

무라야마 총리와 이가라시 관방장관이 당초 가장 중시했던 것은 국회결의였습니다. 전후 50년을 기해 지난 전쟁을 반성하고 그것을 바탕으로 새로운 일본을 구축하는 결의를 중의원과 참의원에서 만장일치로 채택하자는 것이었습니다. 그런데 그 문안을 둘러싸고 자민당과 사회당 사이에, 또한 야당과 사이에도 의견이 대립해 일치되지 못했습니다.

1995년의 국회결의는 최종적으로는 대단히 애매모호한 결의를 중의원에서만 채택하는 결과로 끝났을 뿐만 아니라 여당 의원을 포함하여 많은 결석자가 나왔습니다. 이것은 무라야마 내각에도 주변에서 도와주었던 사람들에게도 대단히 커다란 충격을 주었습니다. 그 결과 어떻게 해서든지 내각이 책임을 져야겠다는 생각에서 만들어진 것이 '무라야마 총리 담화'였습니다.

총리 관저에서 외교를 보좌하는 내각외정심의실이 원안을 만들고 나를 포함한 몇 명이 수정을 했습니다. 최종안을 각의결정할 때 가장 큰 난관은 하시모토 류타로 통산대신일 것이라고 생각했습니다. 하시모토 씨는 50년 결의에도 강하게 반발했던 일본유족회의 회장이었습니다. 무라야마 총리가 문안을 보여주고 의견을 구하자 하시모토 씨는 아무 저항 없이 "이것으로 좋습니다."라고 했습니다. 단지 한 가지 문안에는 '종전'과 '패전'이 모두 사용되고 있었는데, 어느 한 쪽으로 통일하는 것이 좋겠다고 지적했습니다. 어느 쪽이 좋겠냐고 무라야마 총리가 묻자 하시모토 대신은 '패전'이 좋지 않겠냐고 말했다고 합니다. 그렇게 통일이 되어 아무 일 없이 각의결정이 이뤄졌던 것입니다.

1995년 8월 15일에 발표된 담화는 "우리나라는 멀지 않은 과거의 한 시기, 국가정책을 그르치고 전쟁의 길로 나아가 국민을 존망의 위기에 빠뜨렸으며 식민지 지배와 침략으로 많은 나라들 특히 아시아 제국의 여러분들에게 다대한 손해와 고통을 주었습니다. 저는 미래에 잘못이 없도록 하기 위하여 의심할 여지가 없는 이와 같은 역사 사실을 겸허하게 받아들이고 다시 한 번 통절한 반성의 뜻을 표하며 진심으로 사죄의 마음을 표명합니다. 또 이러한 역사로 인한 내외의 모든 희생자 여러분에게 깊은 애도의 뜻을 바칩니다."라고 말해 국내외에서 높은 평가를 받았습니다.

중요한 것은 무라야마·하시모토 내각 뒤에는 자민당과 공명당의 연립정권이 계속되었지만, 그런 역대내각이 '무라야마 담화'를 계승해왔다는 것입니다. '무라야마 담화'는 국제적으로 널리 알려지게 되고 높은 평가를 얻고 정착되었습니다. 20세기 말부터 21세기의 일본의 '역사인식'은 이 '무라야마 담화'로 제시되어 왔다고 해도 과언이 아닙니다.

고이즈미 정권 이후의 흐름

에가와 2001년 4월부터 2006년 9월까지 총리를 역임했던 고이즈미 준이치로 씨는 야스쿠니신사 참배를 반복해 중국의 반발을 초래했습니다만, 다른 한편에서는 2001년 10월 베이징의 항일전쟁 기념관을 방문하여 '침략으로 희생된 중국인들에 대해 가슴으로부터 사죄와 애도의 마음'을 표명했습니다. 반면 2012년 12월 취임한 아베 신조 총리는 '침략의 정의'가 학계에서도 국제적으로도 확정되어 있지 않다면서 일본의 행위가 '침략'이었다는 것을 스스로 입에 담지 않았습니다.

오누마 고이즈미 씨는 '흔들리지 않겠다'는 캐치프레이즈로 권력을 잡았기 때문에 총재 선거에서 공약했던 야스쿠니신사 참배는 절대로 물러설 수 없는 상징처럼 돼버렸을 것입니다. 다만 본래 '역사인식'에 대해서는 아베 총리처럼 고집이 있었던 것도 아니며, 2005년 전후 60년 담화에서는 '무라야마 담화'를 답습하여 "일본국은 일찍이 식민지 지배와 침략으로 많은 나라 특히 아시아 제국의 사람들에게 다대한 손해와 고통을 주었습니다."라면서 '통절한 반성과 진심으로 사죄하는 마음'을 표명했습니다.

2001년 항일전쟁 기념관을 방문해 사죄와 애도의 마음을 표명했던 것도 총리로서는 적절한 행동이었다고 생각합니다만, 정부의 홍보 능력이 낮아 눈에 띄게 보도되지는 않았습니다. 또한 이듬해부터 야스쿠니신사 참배를 계속해서 중국 측에게 '배신당했다'는 부정적인 인상을 강하게 심어줬습니다. 전체적으로 고이즈미 정권이 중국 측에 불필요한 빌미를 제공했다는 것은 부정할 수가 없습니다.

제1차 아베 내각은 고이즈미 정권 때 악화된 대중관계 개선을 도모한 것은 좋았지만, 원래 아베 총리가 '도쿄재판사관' 비판론자인데다가, 취임 전부터의 각종 언동으로 국내외에서 복고주의적·역사수정주의적인 사상을 가진 것은 아닌가 하는 의심을 받았습니다. 그렇게 의심의 눈초리로 보고 있는 상황에서 '무라야마 담화' 계승에 대해 소극적인 자세를 보이거나 '침략의 정의는 확정되지 않았다'고 말함으로써 —다른 총리도 이전부터 말했던 것이기는 하지만 이런 언동을 거듭하고 있기 때문에— 국제사회 전체가 경계의 눈으로 지켜보게 됐습니다.

일본은 샌프란시스코 평화조약에서 도쿄재판의 판결(일본어 원문에는 '재판'입니다만, 영문에는 judgement)을 수락했으며, 그 점에서 본다면 일본의 전쟁이 위법한 침략전쟁이 아니었다고 할 수가 없습니다. 실질적으로도 '침략'은 국제법상 '국가에 의한 타국의 주권, 영토보전, 혹은 정치적 독립에 대한, 또는 국제연합의 헌장과 양립하지 않는 그 밖의 다른 방법에 의한 무력행사'라고 정의되어 있습니다(1974년의 유엔 총회 결의). 이 정의는 제2차 세계대전 이전부터의 전쟁 위법화의 흐름을 반영한 것입니다. 실제로 1931년 만주사변 이후 일본이 일으킨 전쟁이 위법한 침략전쟁이었다는 것은 이 문제에 관심을 가진 세계의 많은 역사가, 국제법학자들의 공통된 인식이며, 그것을 부정하는 것은 독선이자 우물 안 개구리라고 비판받게 될 것입니다.

'전후책임'이란 무엇인가

에가와 　'전쟁책임'과는 별도로 '전후책임'이라는 말이 있습니다. 오누마 선생님의 책 제목이기도 합니다. 일본에게 '전후책임'이란 무엇입니까? 구체적으로는 어떤 문제인가요?

오누마 　'전쟁책임'이라고 말할 경우 ①일본이 국가경영을 잘못해서 전쟁을 일으킴으로써 국민에게 막대한 희생을 강요했던 패전 책임을 의미하는 경우와 ②다른 나라를 침략해 중국을 비롯한 아시아 여러 민족과 미국, 영국, 오스트레일리아, 네덜란드 등 1천 만 명이 넘는 사람들을 살상하고 엄청난 피해를 주었던 책임의 양면이 있을 것입니다. 전자는 전쟁이 일본 국민에게 입힌 참화에 대한 일본의 전쟁지도자, 그리고 그런 지도자의 잘못된 판단을 지지하고 선동하고 협력했던 언론이나 지식인, 정당 등의 책임입니다. 후자는 그런 심대한 희생을 타민족에게 강요했던 일본의 전쟁지도자와 실제로 그 전쟁에서 다른 나라 국민들을 살상하고 범하고 불태웠던 일본의 병사, 그리고 총체적으로 그런 침략전쟁을 담당했던 당시 일본 국민의 책임입니다. 양쪽 모두 법적인 책임과 도의적 책임이 각각 문제가 됩니다.

한편 '전후책임'이라는 것은 '전쟁책임'만큼 일반적이지 않고 1950년대 소수의 기독교도나 사상가인 요시모토 다카아키^{吉本隆明}가 사용했던 말입니다. 저는 1980년대 초부터 전쟁책임과 정면으로 마주하지 않고, 특히 다른 나라 국민과 관계에서 일본의 전쟁이나 식민지 지배가 초래한 다양한 죄악과 불이익에 대해 충분한 책임을 다하지 않고 방치해둔 책임이라는 의미에서 '전후책임'이라는 말을 사용해왔습니다.

구체적으로는 제2장에서 말한 대로 일본은 1931~1945년까지 전쟁을 했던 나라들이나 식민 지배했던 한국, 대만과 강화와 국교정상화를 할 때 전쟁과 식민지 지배에 대한 보상을 했지만 그 보상이 충분하고 공정했다고 말할 수 있는가 하는 문제가 있습니다. 예를 들면, 전쟁 중 같은 일본 국민으로서 일본의 군인과 군속으로 함께 싸웠던 한국인이나 대만인이 전후 연금이나 유족연금, 장애연금 등을 받지 못한 문제가 있습니다.

일본 정부는 1952년에 샌프란시스코 평화조약의 효력 발생과 함께 옛 식민지 출신자들의 일본 국적을 상실하는 조치를 취했습니다. 이에 대해서는 최고재판소가 1961년 판결에서 합헌이라는 보증을 해주었습니다. 그 결과 대상이 일본 국적 보유자로 제한되는 연금 등의 보장 대상에서 식민지 출신자는 제외됐던 것입니다. 그렇지만 전쟁범죄를 단죄하는 재판에서는 한국인이나 대만인도 모두 일본군의 일원으로서 재판을 받아 유죄판결을 받았습니다. 사형된 사람도 있습니다. 일본의 일원으로서 그런 중대한 불이익을 받았으면서도 군인연금이나 다른 연금 등의 이익을 받는 것으로부터는 배제되었습니다. 이것은 일반 사람들이 생각하는 공평함이란 측면에서 너무 가혹한 처사라고 생각되지만, 전후 그런 상황이 계속되어 왔습니다.

예를 들면 법적으로는 한국의 옛 일본군과 군속에 대해서 1965년의 한일청구권협정으로 일본이 유상·무상 합쳐서 5억 달러의 경제협력을 하는 것으로 식민 지배 시대의 모든 문제에 대한 청구권을 서로 포기하는 형태로 해결했습니다. 남겨진 문제는 한국이 이 5억 달러를 어떻게 사용할 것인가 하는 것으로 상이군인이나 전몰자 유족을 돌보는 책임은 재일한국인을 포함하여 한국 정부에게 있다고 말해도 될지 모릅니다. 그것은 하나의 법적 해석이기는 할 것입니다.

다만 옛 프랑스 식민지였던 세네갈의 전 프랑스군 병사가 세네갈이 독립하여 프랑스 국적을 상실함으로써 군인연금이 프랑스인 퇴역군인보다 적게 책정되었던 사례에서 이 병사의 이의 제기를 받은 국제인권규약위원회는 법 앞에 평등이라는 원칙에 반하는 차별 대우라고 판단했습니다. 위원회는 프랑스인 퇴역군인과 세네갈인 전 프랑스군이 동일하게 제공한 역무야말로 연금 지급의 근거이기 때문에 국적 변경에 따라 다르게 대우받는 것이 정당화될 수 없다고 해석했던 것입니다. 프랑스는 이후 시정조치를 취했습니다.

일본에서도 너무나 불공평한 처우라는 이유로 대만에 대해서는 함께 싸웠던 옛 일본군도 운동에 참가하여 대만 출신의 전몰자와 정도가 심한 전상병자戰傷病者에 대해 1인당 2백만 엔의 조위금과 위로금 지급을 정한 법률이 1987년에 만들어졌습니다. 또한 한국에 대해서는 재일한국인 등 일본에 거주하는 사람들을 대상으로 '평화조약 국적이탈자'의 전몰자와 중증의 전상병자에게 조위금과 위로금을 지급하는 법률이 2004년 3월 말까지의 한시입법으로 2000년에 제정되었습니다. 이 법률로 전몰자에게 260만 엔의 조위금, 중증 전상병자에게 200만 엔의 위로금을 지급했습니다. 다만 일본인 전몰자나 전상병자와 비교해 금액 면에서 너무 적고 법률상 '조위금弔慰金' '위로금見舞金'이라고 규정함으로써 국가의 책임을 회피하고 있다는 비판이 제기되었습니다.

사할린 잔류 한국인의 귀국

에가와   전쟁이나 식민지 지배에 대한 책임이 나름대로 이뤄진 사례도 있지 않은가요?

오누마   그것을 생각하는 데 몇 가지 확인해둬야 할 점이 있습니다. 우선 전쟁이나 식민지 지배 책임이 완전히 이루어져 피해자나 그 유족 혹은 침략을 받았거나 식민지가 되었던 국가의 국민 모두가 만족한다는 것은 유감스럽게도 불가능한 일입니다. 다만, 오랜 시간이 지남으로써 '시간이 해결' 해주는 것은 가능할지도 모르겠습니다. 미국

워싱턴 DC의 홀로코스트 박물관에서 심포지엄이 열렸을 때 나는 "몽골인은 칭기스칸의 침략전쟁에 대한 책임이 있는가?"라는 질문을 했습니다. 지금의 시점에서 생각해보면 칭기스칸이나 역사 속 '영웅'들이 수행했던 많은 전쟁은 침략전쟁이었을지 모릅니다. 그렇지만 많은 사람들은 그것을 전쟁책임의 문제라고 문제제기하지 않습니다.

둘째, 전후 일본이 책임을 전혀 지지 않았는가 하면 그렇지는 않다는 것입니다. 제2장에서 말한 대로 일본은 일본과 전쟁에서 피해를 입은 국가, 식민지 지배를 받은 한국과 강화와 국교를 정상화할 때 전쟁과 식민지 지배에 대한 일정한 책임은 다했습니다. 법적으로 '배상'이 아니라 '경제협력'이었던 경우도 있었지만 실질적으로는 배상·보상의 의미가 있다는 것은 당사자 간에 암묵적인 합의가 있었다고 말할 수 있을 것입니다.

다만 셋째, 강화와 국교정상화가 이뤄졌던 1950년대부터 1972년의 일본은 아직 가난했기 때문에 1979년에 경제협력이 시작됐던 중국을 제외하면 배상·경제협력의 액수는 적었습니다. 또한 중국이나 한국 민중 사이에 "일본이 한 일은 도저히 용서할 수 없다"는 감정이 강하게 남아 있는 상황이어서 강화나 국교정상화로 '해결'이 이루어졌던 것입니다.

더욱이 강화나 국교정상화에 응했던 국가의 정부들이 일본의 배상이나 경제협력 자금을 모두 전쟁과 식민지 지배의 구체적인 피해자를 위해 썼던 것은 아닙니다. 특히, 일본군의 일원으로 전쟁에 협력했던 한국이나 대만의 군인·군속 등은 모국으로부터는 '민족의 배신자'로 낙인찍히고 일본으로부터는 '이제는 일본 국민이 아니다'고 연금이나 부상자들이 받는 보상에서도 제외되었습니다. 전쟁 중

노동자로 사할린에 건너간 한국인은 전후 일본인들이 귀환할 때 남겨져서 고향으로 돌아오지 못했습니다. 위안부 제도의 피해자들은 여성으로서의 존엄을 부정하는 생활을 강요당하면서도 강화나 국교정상화에 따른 '해결'로부터 제외되었습니다.

이렇게 "강화와 국교정상화로 일본은 전쟁과 식민지 지배에 기인한 책임을 다했는가?"라고 자문해보면 자신 있게 '그렇다'고 말할 수 없는 현실이 있습니다. 그런 현실을 어떻게든 바꿔보자는 운동이 일어나고 그에 대해서 일본 정부나 관련 국가들 정부가 일부 대응을 해온 사례도 몇 가지 있습니다. 제4장에서 자세하게 이야기할 옛 위안부 분들에 대한 보상은 그 대표적인 사례입니다만, 그밖에도 한국의 원폭 피해자에 대한 수당, 사할린 잔류 한국인의 한국으로의 영구 귀환에 대한 일본의 대응 등도 그런 사례입니다.

마지막 사례는 제 스스로가 1975년부터 2000년까지 관여했기 때문에 간단하게 이야기하고자 합니다(자세한 것은 大沼《サハリン棄民》참조). 사할린은 패전 때까지 일본의 영토였습니다. 그곳에 탄광이 있어서 당시 일본 국민이었던 한국인 상당수가 탄광노동자로 사할린에 이주했습니다. 패전 당시 2만 명 정도(예전에는 4만 2천 명 정도라고 하기도 했지만, 그 뒤 연구에 따르면 약 2만 명 가량이라고 전해지고 있습니다)의 한국인이 일본인과 함께 사할린에 남아 있었습니다. 일본을 점령한 연합군최고사령부(GHQ)와 사할린을 자신들의 영토로 귀속하려던 소련은 귀환협정을 맺어 1946년 12월부터 사할린 내 일본 국민의 일본으로의 귀환이 시작되었습니다.

그런데 일본 정부 견해로도 당시 일본 국민이었던 한국인(1952년 4월의 샌프란시스코 평화조약의 발효에 따라 한국인은 그 시점부터 일본 국적을 상실했다는 것이 일본 정부의 입장입니다)은 귀환자에 포함되지 않았습니다. 전시 중 일본의 호적은 민족적 일본인을 대상으로 한 내지호적과 한국 호적, 대만 호적으로 나뉘어져 있었으며, 귀환협정에 포함되었던 이들은 내지호적에 있던 사람들뿐이었습니다. 이렇게 호적이 기준이 됨으로써 내지호적에 올라 있는 일본인 남성과 결혼했던 한국인 여성은 귀환 대상이었지만, 한국 호적의 한국인 남성과 결혼한 일본인 여성은 귀환하지 못했습니다. 1957년이 되어 일본 정부가 한국호적에 있는 일본인 처는 가족과 함께 귀환할 수 있도록 함으로써 일본인 처의 남편이었던 한국인은 귀환할 수 있었지만, 대부분의 한국인은 여전히 남겨지게 되었습니다.

사할린에 끌려간 많은 한국인은 전후 한국이 된 지역(한반도 남부) 출신으로 북한 출신자는 극히 일부밖에 없었습니다. 사할린을 지배했던 소련은 북한으로의 귀환은 인정해서 극히 일부는 한반도로 돌아가고 싶다는 이유로 북한으로 건너가기도 했습니다. 그렇지만 북한의 비참한 생활이 점차 알려지면서 이후 누구도 건너가지 않게 되었습니다. 자신의 고향도 아닌 땅이어서 당연할 것입니다. 그래서 고향인 한국으로 돌아가기 위해 사할린의 한국인들과 일본인 처와 함께 일본으로 돌아간 극히 일부의 한국인들이 계속해서 진정을 했지만(박노학朴魯學이라는 훌륭한 분이 리더였습니다), 좀처럼 문이 열리지 않았습니다.

1975년 그런 호소에 접한 나는 다카기 겐이치高木健一 변호사와 함께 그분들을 도와 25년 동안 귀국운동을 벌였습니다. 앞에서 말한 대로 일본 정부는 외지에 남겨진 일본인의 귀국을 위해서는 열심히 노력했습니다만, 일본 국민으로서 사할린에서 일을 했건만 전쟁이 끝나자 그곳에 남겨진 한국인을 못 본 채 내버려뒀습니다. 1946년 당시 일본 정부가 GHQ(연합군최고사령부$^{General\ Headquarters}$)에 "일본 국민으로서 사할린에 건너간 한국인이 있다. 그 중 상당수는 일본국이 징용해서 갔던 사람들이다. 그들도 귀환하게 했으면 좋겠다"고 요청했다면 상황은 달라졌을 것입니다.

이 문제에는 일본 정부만이 아니라 일본 사회도 냉담했습니다. 귀환운동이 벌어졌던 당시 한국은 반공적인 군사독재정권 하에 있었습니다. 사회현상을 오로지 미소대립이라는 냉전의 틀에서만 생각해 전후책임, 식민지 지배 책임이라는 생각이 결여되어 있던 사회당이나 '진보 지식인'도 귀환운동에 아주 냉담한 반응을 보였습니다. 저명한 재일한국인 작가 이회성^{李恢成} 씨는 귀환운동을 KCIA(한국중앙정보부)와 결탁한 반공·반소운동이라고 단정하면서 입에 침이 마르도록 비난을 했습니다.

1986년 자민당의 하라 분베이^{原文兵衛} 참의원 의원과 사회당의 이가라시 고조^{五十嵐広三} 중의원 의원이 이 문제에 관심을 보이면서 두 사람이 중심이 되어 초당파 의원 간담회가 만들어졌습니다. 이 의원간담회에는 아베 신타로^{安倍晋太郎} 자민당 총무회장, 도이 다카코^{土井たか子} 사회당 위원장, 에다 사쓰키^{江田五月} 사민련 대표를 비롯하여 138명의 의원이 참가해 일본 정부와 적십자를 움직이게 했습니다. 또한 한국 정부에도 이해를 구하고 소련 측도 움직이도록 끈질기게 노력하는 등 문제 해결을 위해 정말로 열심히 노력했습니다. 나는 "전혀 표에 도움이 되지 않는 이런 일을 진심으로 도와주는 의원이 일본에 있었는가"라는 생각이 들어 놀랐으며, "이런 훌륭한 의원들이 있다면 좀 더 일찍 정치가들이 움직이게 했어야 한다"는 강한 후회가 들었던 것을 지금도 잘 기억하고 있습니다.

자원봉사자들이 잘 도와주었으며 외무성 내에도 외무성은 물론 대장성(현재의 재무성)을 필사적으로 설득해주었던 멋진 관료도 있었습니다. 오랫동안 헤어져 있던 가족의 재회를 위한 사업이 일본 정부의 예산으로 일본과 한국에서 실시되고, 영구 귀국을 희망하는 사할린 한국인을 태운 첫 번째 전세기가 현지를 떠나 서울에 도착한 것이 1990년 2월이었습니다. 1999년과 2000년에는 한국 정부가 제공한 토지에 일본 정부 예산으로 영구 귀국자용 아파트와 병원을 짓고 대한적십자사가 케어를 담당하는 한일 공동사업으로 1,400명이 한국으로 영구 귀국했습니다.

약 2만 명 가운데 이미 사망한 사람들도 많았으며, 사할린에 가정이 있고 손자도 있어 그곳에 남은 사람도 많았습니다. 그렇지만 무슨 일이 있어도 고향에 돌아가서 죽고 싶다는 1,400명의 희망을 실현해드릴 수 있었습니다. 운동을 오랫동안 계속해온 피해자 분들을 일본과 한국의 자원봉사자와 변호사 등이 지원하고, 하라 의원과 이가라시 의원을 비롯하여 의지와 행동력을 갖춘 몇 분의 정치가, 언론 그리고 일부 관료도 함께 해서 충분하지는 않지만 최소한 해야 할 일은 할 수 있었던 사례가 아닌가 생각합니다.

재일 한국·조선인과 '일본인'의 범위

에가와 샌프란시스코 평화조약 발효 후에도 일본에 남은 한반도 출신 한국인들과 그 자손이 재일한국인으로 일본에 정주하고 있습니다. 이 사람들에 대해 자기들이 좋아서 와서 자발적으로 일본에 머물러 놓고는 '재일특권'을 누리는 것은 괘씸하다며 일본에서 나가라는 이른바 헤이트스피치도 벌어지고 있습니다. 그들이 왜 일본에 남았는지 그 역사를 알려주시지요.

오누마　패전 당시 일본 국내에는 약 200만 명의 한국인이 있었습니다. 일본이 식민지로서 지배하고 있던 한반도에서 이주해온 사람들입니다. 그 가운데 약 4분의 3이 한반도로 돌아갔으며, 약 50만 명이 남았습니다. 남은 사람들은 비교적 일본 체류 기간이 길고 생활 거점이 일본이었던 사람들이며, 역으로 한반도와 관계가 약한 사람들이 많았다고 알려져 있습니다.

　당시 일본도 한반도도 연합군의 점령 하에 있었으며, 양쪽 모두 전후 생활은 혼란 상태였고 가난했습니다만 그 정도는 한반도가 일본보다 훨씬 심했습니다. 그런 상황에서 한반도로 돌아가기를 희망하는 사람들에게 지참이 허락된 돈 역시 매우 제한적이었습니다. 한반도에 생활의 근거가 없던 사람들에게 "돌아가도 좋습니다" 혹은 "가능한 한 돌아가주세요"라고 해도 돌아가 생활할 수 있는 전망이 서지 않았을 뿐만 아니라 자칫하면 굶어죽을 위험을 감수해야 했습니다. 그런 사람들은 상황이 좋아질 때까지 우선 일본에 머물려고 했으며, 그런 사람이 전체의 약 4분의 1인 50만 명에 달했던 것입니다.

　일본 정부는 1952년 4월 샌프란시스코 평화조약이 발효되고 일본이 독립을 회복함과 동시에 앞에서 말한 대로 한국인과 대만인 모두의 일본 국적을 상실하게 하는 조치를 취했습니다. 정부는 이것을 '과거의 침략주의의 반성'이라고 정당화했습니다. 이때까지 한국인은 일본 침략주의의 결과 '일본 국민'이 되어 일본의 대인주권對人主權(국민으로서 일본 국내에 있든 해외에 있든 일본의 주권 하에 놓이게 된다는 것)에 복종하게 되었습니다. 이 대인주권을 포기하는 것은 전전의 침략주의의 반성에 입각한 것이라고 일본 정부는 말했습니다.

그렇지만 그들의 국적을 상실하게 하는 조치는 실제로는 공안경찰 같은 발상에 입각한 것입니다. 즉, 재일한국인 가운데 공산주의자가 많아 그대로 일본에 살게 하면 공산주의 혁명을 수행할 수 있는 위험한 존재다, 그러나 일본 국적을 박탈하면 외국인이 된다, 국제법상 국가는 외국인을 자유롭게 추방할 수 있다, 누가 일본 정부에 바람직하지 않은 한국인인지 좀처럼 알 수 없지만 모든 한국인을 외국인으로 만들어두면 나중에 필요할 때 언제라도 강제로 퇴거시킬 수 있다는 것입니다. 언젠가 이 문제에 깊이 관련되어 있던 외무 관료와 인터뷰를 했을 때 그 사람이 솔직하게 그렇게 말하는 것을 듣고 아연실색한 적이 있습니다(상세한 것은 大沼《在日韓國·朝鮮人の國籍と人權》).

외국인이 된다는 것은 국민으로서의 권리와 의무를 상실한다는 것입니다. 국민의 의무로서 일반적으로 병역의무나 납세의무가 가장 중요한 것으로 간주됩니다만, 이 가운데 병역의무는 전후 일본에서는 헌법 제9조로 인해 위헌으로 인식되어 법제화되지 못했습니다. 납세의무는 일본에 살고 있는 이상 일본 국민이든 외국인이든 상관없이 부과되고 있습니다. 그렇기 때문에 일본에 살고 있는 일본 국민을 외국인으로 만든다는 것은 의무는 같게 하고 국민으로서 갖는 다양한 권리는 박탈하는 것에 다름 아닙니다. 어제까지 일본 국민이었던 사람이 아침에 일어나보니 "당신은 외국인입니다. 오늘부터 일본 국민이 아니기 때문에 일본 국민으로서의 권리는 없습니다"라는 것입니다.

실제로 재일한국인은 당시 뿌리 깊었던 사회적 차별이나 편견에 더해 법적으로도 다양한 차별에 직면해 있었습니다. 그것을 침략주의의 반성에 입각한 조치라고 말하는 것은 위선 이외에 아무것도 아닙니다. 그런 것을 전후 일본 정부가 행했으며, 최고재판소(대법원)가 그것을 추인하고 학자들도 그것을 본격적으로 비판하지 않았다는 것을 알았을 때, 1970년대 후반이었다고 생각합니다만 그때까지 일본이 말해온 민주주의와 인권이란 것은 도대체 무엇인가 하는 절망적인 생각이 들었습니다.

에가와 권리를 박탈당한 재일한국인이나 한국 정부로부터 비판은 없었나요?

오누마 이것은 재일한국인 지도자나 지식인의 큰 잘못이며, 한국과 북한 정부가 강하게 비판했어야 한다고 생각합니다만, 국적을 빼앗는 것은 부당하고 잘못된 것이라는 목소리는 거의 나오지 않았습니다. 일본 국적이 없어지는 것은 당연하다, 그것은 '일본 지배로부터 해방'되는 것이다, 한국 정부도 북한 정부도 재일한국인 지도자도 지식인도 모두 그렇게 말했습니다. 그러나 이것은 국제법상 대단히 잘못된 논점이라고밖에 말할 수 없습니다. 일본 국적이 없어져도 일본에 있는 이상 일본의 영역주권 아래 있는 것이기 때문에 일본의 통치권에는 전면적으로 복종해야 합니다. 더구나 이곳에서 국민이 아니라 외국인으로서 사는 것은 국민보다 권리가 제한된 취약한 법적 존재로서 생활한다는 것을 의미합니다. '해방'과는 정반대의 권리 박탈이고 제약이었던 것입니다.

일본의 출입국관리 법제는 미국 법제를 모델로 만들어졌습니다. 미국이 주체였던 연합국 점령기에 원형이 만들어지고 그것이 기본적으로 유지되어 왔습니다.

그런데 이 출입국관리 법제와 표리일체를 이루는 국적법은 미국은 출생지주의인데 비해 일본은 혈통주의입니다. 미국에서 태어난 사람은 부모가 외국인이어도 미국 국적을 취득합니다. 그래서 미국 태생의 일본계 미국인, 한국계 미국인은 미국 국민입니다. 한편, 일본의 경우 혈통주의이기 때문에 2세는 물론 4세든 5세든 외국인입니다. 귀화하는 형태로 일본 국적을 취득할 수 있지만, 그리고 실제 귀화로 일본 국적을 취득하는 재일한국인이 예전에 비해 훨씬 늘었지만 법제도 자체의 문제점은 해결되지 않았습니다.

나는 무슨 일이 있을 때마다 미국과 유럽의 사례를 들며 일본의 저것은 잘못이다, 이것은 뒤쳐졌다, 하는 식의 논의에 비판적이며, 그런 '탈아입구'적 발상으로부터 탈각할 것을 주장해왔습니다. 그렇지만 전후의 국적문제를 해결하는 방법으로서 일본은 서독을 본받았어야 한다고 생각합니다. 1938년에 독일은 오스트리아를 병합했기 때문에 독일 국내에 오스트리아인이 상당히 많았습니다. 재일한국인과 같은 재독 오스트리아인입니다. 오스트리아 정부도 한국 정부처럼 재독 오스트리아인은 오스트리아 국민이라고 강하게 주장했습니다. 한국·북한 정부처럼 재독 오스트리아인은 독일에서 외국인으로서 생활하는 것을 감수하더라도 오스트리아 국민이라는 국가중심의 사고가 강했던 것입니다. 그렇지만 재독 오스트리아인 가운데에는 전쟁 때부터 독일 국민으로서 독일에 계속 살고 싶다고 생각한 사람이 상당히 많았습니다. 서독 역시 이런 두 목소리 사이에 끼여 재판소의 판결은 서로 엇갈렸습니다. 그렇지만 최종적으로는 한편에서는 오스트리아의 체면을 살려 재독 오스트리아인은 원칙적으로 오스트리아 국민으로 처우하지만 그들 개개인의 의사에 따라 독일 국적을 보유하는 것도 가능하다는 법률을 만들어 문제를 해결했던 것입니다.

일본에서도 간단한 신고만으로 예전에 보유했던 국적을 회복할 수 있는 취지의 법안이 거의 성립단계 직전까지 갔던 적이 있습니다만, 재일한국인 민족조직인 민단(재일본대한민국민단)이 반대하고 많은 재일한국인 지식인도 적극적이지 않아 결국 실현되지 못했습니다. 재일한국인이 4세, 5세, 6세로 세대가 바뀌어도 계속 외국인으로서 일본에 산다는 것은 일본 정부만의 문제가 아니라 재일한국인 민족조직이나 지식인, 남한과 북한 정부 모두에게도 큰 문제입니다.

21세기의 재일한국인의 대부분은 언어든 생활양식이든 일반적인 '일본인'과 전혀 다르지 않습니다. 그럼에도 민단계이든 조총련계이든 자신들의 정체성을 한국이나 북한의 국적, 즉 국가의 일원이라는 점에서 찾는 인식은 —나는 이것을 속박이라고 해도 좋다고 생각합니다만— 재일한국인 사이에 여전히 뿌리 깊게 남아 있습니다. 한국어도 못하고 한국문화에 따라 사는 것도 아니며, 한국의 참정권도 없는 사람들이 한국 국적을 고집하고 있다면 그것은 아주 공허한 국적이지 않을까 합니다. 실제로 재일한국인 지식인이나 민족지도자가 무엇을 말하든지 귀화자는 매년 7천-1만 명 정도에 달하며, 예전에는 예외적이었던 일본인과의 결혼도 오늘날에는 압도적 다수를 차지하고 있습니다. 일본의 국적법은 부친이나 모친, 어느 한쪽이 일본인이면 자식은 일본 국민이 되는 양계혈통주의를 채택하고 있기 때문에 일본인과 결혼하여 아이를 갖게 되면 일본 국적자는 점차 늘어나기 마련입니다.

'재일특권'은 특권인가

에가와   일본식 '통명通名'과 한국식 본명本名을 함께 사용하는 것을 포함하여 '재일특권'이 있다고 비난하고 있는 사람들이 있습니다만.

오누마   일반적인 외국인, 즉 외국에서 일본에 와 살고 있는 사람들과 비교하여 통명을 포함하여 특권이 있다거나 없다거나 하는 것은 비교의 전제가 근본적으로 잘못된 것이며, 왜 재일한국인이 통명을 사용하게 되었는가 하는 역사 맥락을 전혀 이해하지 못한 논의입니다. 그런 사람들은 자신의 '역사인식'을 잘 생각해봤으면 좋겠습니다.

한국식 갈비집이 일본 전국에 있고, 한류 드라마와 K-POP이 인기를 모으는 21세기의 일본에서 믿을 수 없을 정도의 뿌리 깊은 재일조선인(당시는 '재일코리안'이 아니라 '재일조선인' 혹은 간단히 '조선인'이 일반적인 호칭이었다)에 대한 차별과 편견이 1960년대까지의 일본에 존재했었습니다. '마늘 냄새'가 난다며 멸시당하고 학교에서는 바보 취급당했습니다. 대기업에 취직하는 것은 불가능했으며, 은행도 돈을 빌려주지 않았습니다. 사업을 해도 여러 가지 불이익을 봤습니다. 그런 상황에서 자신을 보호하기 위해, 그리고 생활 속 불이익을 조금이라도 줄이기 위해 마치 일본인인 것처럼 속이고 살지 않을 수 없었습니다.

통명은 그렇게 차별과 편견이 지금은 상상도 할 수 없을 정도로 심했던 시대에 재일한국인이 차별과 불이익을 받지 않고 살아가기 위해 어쩔 수 없이 받아들였던 자위수단입니다. '특권'과는 말 그대로 정반대의 역사적 상황이 있었던 것이지요. 노골적인 차별과 편견의 그림자가 희미해진 21세기의 일본에서도 여전히 그런 역사에 대한 몰이해, 다른 말로 하면 역사인식의 결여가 있다는 것이 오히려 문제일 것입니다.

법적으로도 1952년에 외국인이 되어버린 재일한국인과 대만인은 일본 사회의 일원으로서 당연히 가지고 있어야 할 권리나 자격으로부터 철저하게 배제되었습니다. 예를 들면 국민연금이나 주택금융 융자 등 많은 제도에 국적 요건이 있어 그 혜택을 받을 수 없습니다. 국공립대학의 교수, 조교수도 될 수 없습니다. 아이가 초등학교 학령에 도달해도 지방자치단체에서 통지가 오지 않습니다. 국민체육대회(우리의 전국체전)에도 나갈 수 없습니다. 전후 일본의 국민 영웅으로 1977년 국민영예상을 수상했던 오 사다하루王貞治도 고등학교 때 국민체육대회에 나가지 못했습니다. 아무튼 사회생활을 하는데 모든 분야에서 제대로 세금을 납부하는 사회의 일원으로서 기대할 수 있는 서비스를 받지 못하고 권리나 자격에서 배제되었던 것입니다.

그 후 1970년대부터 조금씩 국적조항이 완화되어 주택금융이나 공영주택을 이용할 수 있게 되었습니다. 일본이 1982년부터 비준했던 난민조약에 공적부조나 사회보장 시 '자국민에게 부여하는 처우와 동일한 대우를 부여한다'는 조항이 있어서 국민연금이나 아동수당의 국적조항은 폐지되었습니다. 국민체육대회도 학교교육법에서 정하고 있는 중학교와 고등학교, 대학에 재학하는 재일외국인 자녀들은 1980년대부터 1990년대에 걸쳐 출전할 수 있게 되었으며, 그 뒤 법률로는 각종학교로 분류되는 민족학교 학생들도 참가할 수 있게 되었습니다.

대형 민간기업도 예전에는 일본인밖에 채용하지 않았습니다. 많은 재일한국인이 영세기업이나 자영업자 밑에서 일했으며, 직종도 주로 일본인이 하고 싶어 하지 않는 육체노동이나 영세기업의 점원이 대부분이었습니다. 노동조건도 열악한 곳에서 일해야 했습니다. 아사히신문이나 마이니치신문 같은 '리버럴한' 신문사에도 외국적의 재일한국인 기자는 없었습니다. 1960년대까지는 그것이 '당연'했습니다.

그런 세태가 변하게 된 계기는 1970년대 일어난 '히다치(日立) 취직 차별 사건'이었습니다. 재일한국인 2세 남성이 입사시험 때 이름을 보통 사용하던 일본식 통명을 기재하고 본적란에 고향집 주소를 써서 응모를 하고 합격을 했습니다. 입사 때 호적등본을 제출하라고 요구받아 국적을 밝히자 채용을 취소당했습니다. 이 사람은 소송을 제기해 전면 승소했습니다. 판결은 재일한국인의 역사와 처한 상황도 언급하면서 통명으로 입사시험에 응한 것도 일상적으로 사용하던 이름으로 허위 이름이 아니며 대기업이 재일한국인의 채용을 거부해서 통명을 사용한 것일 뿐이라고 지적했습니다. 히다치가 항소를 하지 않아 판결은 확정되었습니다. 이 재판은 대기업에 커다란 영향을 미쳤습니다.

사법시험 합격자가 법조 자격을 얻기 전에 받아야 할 사법연수 때에도 공무원에 준하는 자로서 국적요건이 있었습니다. 재일한국인으로 사법시험에 합격한 사람은 최고재판소의 지도에 따라 귀화하여 사법연수생이 되고 변호사가 되었습니다. 그러나 김경득이라는 재일한국인 사법시험 합격자가 이에 불복하여 한국 국적을 가지고 사법연수생이 되겠다고 강력하게 요구했습니다. 최고재판소도 법률가를 양성하는 사법연수소의 연수생으로서 불합리하다는 것을 인정하여 1977년부터 사법 연수생에 대해서 외국인 합격자도

"상당하다고 인정하는 자에 한에 채용한다"고 방침을 변경했습니다. 2009년에는 국적조항 그 자체가 철폐되었습니다.

이렇게 1970년대 이후 많은 분야에서 법적인 차별은 서서히 철폐되어 왔습니다. 1923년 관동대지진 당시 조선인 학살사건 등 전전의 차별과 편견이 뿌리 깊게 남아 있던 전후의 역사를 보면 이러한 재일한국인에 대한 법적·사회적 차별과 편견의 감소는 일본이 충분히 자랑스럽게 생각해도 좋다고 나는 생각합니다. 내가 1970년대부터 80년대에 시민운동을 함께 했던 재일한국인들과 이야기를 해봐도 그런 의견은 적지 않습니다.

그렇지만 유감스럽게도 그런 역사는 일본 사회에서 충분하게 인식되지 못하고 있습니다. 한국에서는 물론이고 나아가 미국을 비롯한 외국에서도 과거 일본의 '재일한국인에 대한 차별과 편견'이라는 이미지가 막연하게 남아 있지 않을까 생각됩니다. 한국의 대일 이미지는 21세기에 들어와 대체로 좋지 않지만, 이런 사실을 제대로 한국의 언론과 한국 국민들이 이해주기를 바라는 노력을 일본도 해야 한다고 강하게 생각합니다.

전후 일본의 성공 이야기로 '평화와 경제적 번영'을 많이 거론합니다. 저도 그렇게 생각하지만, 만화나 애니메이션, 영화나 패션과 같은 문화면에서도 일본은 세계에 자랑할 만한 것을 많이 가지고 있으며, 사회면에서도 재일한국인이나 아이누 민족에 대한 차별과 편견의 감소 같은 일들이 전후 일본에서 작지만 착실하게 개선되어 왔습니다. 그러한 눈에 띄지 않는 일들에 대해서도 언론이 관심을 가져주었으면 좋겠으며, 일본 국민이나 세계인들이 알아주었으면 좋겠다고 늘 생각하고 있습니다.

정주 외국인의 지문날인 제도 철폐 운동

에가와   1980년대 일본에 사는 외국인에게 의무화되어 있던 지문날인은 일반시민을 범죄 용의자 취급하는 것이며, 악법이라는 목소리가 높아져 커다란 사회문제가 되었습니다. 이것도 그런 변화를 촉구하는 계기였을지 모릅니다.

오누마   일본에 1년 이상 거주하는 외국인은 외국인등록법상 14세(1982년부터는 16세)가 되면 지문을 날인해야 하는 제도가 있었습니다. 그런데 1980년대에 들어와 날인을 거부하는 사람이 속출했습니다. 일본의 경우 지문을 채취하는 것은 범죄 피의자로 조사를 받을 때입니다. 왜 범죄와 관계도 없이 평온하게 살고 있는 일반시민들로부터 더구나 소년·소녀부터 고령자까지 외국인이라는 이유만으로 지문을 채취하는가, 외국인이라는 것만으로 범죄자 취급하는 것은 지나치게 개인의 존엄을 침해하는 것이 아닌가 하는 비판이 고조되었습니다. 정부는 본인의 동일성 확인을 위해 필요하다면서 제도를 지키려고 했습니다.

그러나 일본 국민의 경우도 본인의 동일성 확인이 필요한 경우가 많습니다만, 그때마다 지문을 채취하지는 않습니다. 예를 들면 참정권을 행사하여 선거에서 투표할 때 당연히 본인의 동일성 확인이 필요하지만 지문을 날인하게 하지는 않습니다. 다른 아주 중요한 행위, 예를 들면 토지를 등기할 때에도 자문날인은 하지 않습니다. 그러니 정주외국인에게만 지문 날인이 필요한가는 결국 논증할 수가 없습니다.

더구나 실태 조사를 해보니 방대한 지문이 채취되고 있지만 실제로는 거의 사용하지 않는 것으로 밝혀졌습니다. 그러니 '당신들은 언제나 감시되고 있다'는 정주 외국인에 대한 심리적 위협 말고는 지문을 채취할 명분과 근거가 없었습니다. 즉, 패전 직후의 재일한국인=공산주의자·잠재적 범죄자라는 차별적인 재일한국인관이 1980년대까지 유지되어 정주 외국인 일반(그 가운데 재일한국인이 대다수를 차지하고 있었습니다)에게 지문 날인을 요구하는 제도로서 남은 것에 지나지 않은 게 아닌가 합니다. 이런 것들이 점차 밝혀졌습니다.

지문 날인 제도의 철폐를 요구하는 운동은 풀뿌리운동의 성격이 강했습니다. 전국적인 운동을 잇는 연락협의회가 생겼습니다만, 어디가 중앙인지 파악하기 어려울 정도로 각지에서 자발적인 날인 거부자가 잇달아 나왔습니다. 각지에서 벌어진 이런 움직임은 언론에서도 크게 보도되었으며, 외국인에 대한 인권보장을 요구하는 운동 형태로 일본 사회에 가장 잘 알려진 운동이라고 할 수 있습니다.

'인권'은 오늘날 누구나 알고 있지만, 역으로 "인권, 인권이라고 말해도 의무나 책임은 어떠한가" 하는 반발이 있을 정도로 당연한 말이 되었습니다. 이 정도로 일본 사회에 널리 알려진 것은 1970년대 이후, 본격적으로는 1980년대 이후의 일이 아닐까 합니다. 일본은 1979년에 국제인권규약을 비준했으며, 1982년에는 난민조약을 비준했습니다. 앞에서 말한 대로 1980년대에는 전쟁책임이나 식민지 지배책임에 관한 인식도 조금씩 확대되어 갔습니다. 그런 흐름 속에서 '집게손가락의 자유'(지문 날인은 집게손가락의 지문을 의무적으로 날인하도록 한 제도여서 이를 철폐하라고 하면서 '집게손가락의 자유'라는 슬로건을 내걸었습니다)를 요구하는 운동은 유례를 찾을 수

없을 정도로 일본 일반시민의 공감을 얻었습니다(大沼 "人差し指の 自由'のために" "單一民族神話を超えて").

유감스러운 일이지만, 문제가 된 사례에서 재판소는 지문 날인은 평등을 정한 헌법 제14조나 비인도적 혹은 품위를 훼손하는 대우를 금하는 자유권 규약 제7조에 위반하는 것이라는 주장을 인정하지 않았습니다. 지문 날인 거부는 1년 이하의 징역 혹은 금고 또는 20만 엔 이하의 벌금에 처하게 되어 있었습니다. 실제로 기소되어 유죄판결을 받고 벌금에 처해진 사람들이 잇달아 발생했습니다. 나는 국제법 전문가로서 재판에서 증언을 했습니다. 변호인 측에서 상세한 질문이 있어 나도 상세하게 대답을 했는데 검찰 측은 반대 심문을 전혀 하지 않았습니다. 그럼에도 재판소는 검찰 측의 주장을 받아들여 유죄 판결을 내렸습니다.

그렇기는 해도 시민운동이 언론에서 크게 다루어지고 국회의원을 움직이기도 해서 1992년 외국인등록법이 개정되고 지문 날인 제도는 철폐되었습니다. 이것은 재일한국인을 포함한 정주 외국인도 일본 사회의 일원이며, 그 권리는 국민과 마찬가지로 지켜지지 않으면 안 된다는 일본 사회 전체의 의식을 반영하고 시민사회의 성숙함을 보여준 상징적인 일이었다고 생각합니다.

1992년은 호소카와 총리의 '침략전쟁' 발언이 있던 직전의 해였습니다. 앞에서 언급한 대로 인권의식이 높아지고 전쟁책임, 식민지 지배에 대한 반성이라는 의식을 사회 전체로 침투시키는 움직임이 결실을 맺었던 시기였다고 생각합니다. 그 후 일본사회에서는 그런 흐름에 대한 반발이 강해져 '역사인식'도 그때까지와 거꾸로 가는 일이 많아졌다고 말할 수 있습니다.

'보통 사람의 시선'의 중요성

에가와 어렵게 인권을 존중하는 방향으로 진보해왔는데 어떻게 해서 역행하는 움직임이 나왔던 것인지요?

오누마 전후 특히 1970년대 이후의 일본은 고도성장으로 획득한 풍요로움을 기초로 하여 말하자면 정부와 시민사회가 협력(물론 개별적으로는 많은 대립이 있을 수 있지만, 시민사회의 요구 가운데 상당 부분을 불충분하지만 정부가 수용하여 실현했다는 의미에서의 협력)하여 외국인, 여성, 장애인, 전쟁·식민지배·공해 피해자 등 그때까지 사회에서 인간으로서의 존엄이 손상되었어도 침묵해야 했던 사람들의 목소리를 제한된 것이기는 하지만 공론화하고, 그런 사람들의 존엄의 회복을 돕고 지원하는 정책을 착실하게 추진해왔다는 것은 전후 일본사회의 구성원(일본 국민 이외에 정주 외국인도 포함된다)이 자랑스럽게 생각해도 좋다고 생각합니다.

인간은 자신의 성별과 국적, 신체 조건을 선택해서 태어나지 못합니다. 자신의 힘과 노력으로는 아무것도 할 수 없는 그런 사실 때문에 다른 사람처럼 살 수 없는, 존엄이 보장받지 못하는 사람을 '인권'이라는 제도로 돕는 것은 그렇게 태어났을지도 모르는 자신의 권리, 자식이나 손자의 권리와 이익을 지키는 것이며, 앞으로도 계속 이어가야만 합니다. 그것은 다른 사람을 위한 것이 아니라 자신의 이익을 위한 것입니다.

다만, 1970년대 이후 그런 흐름에 동참하면서 느낀 것은 언론이나 일부 영향력 있는 지식인들이 조금 무리한 논의, 과도한 윤리적 주장을 하면서 그것이 '정의'가 돼버리지는 않았나 하는 것입니다.

그러나 내가 이전부터 말해왔던 것은 '보통사람'의 눈이 중요하다는 것입니다. 어느 나라든 사회를 구성하고 있는 사람들은 대부분 보통사람이기 때문에 '역사인식'이나 타자에 대한 요구는 그런 사람들이 받아들일 수 있는, 즉 '보통사람들이 할 수 있는 것인가 아닌가' 하는 기준에 따라 생각해야 한다는 것입니다. 나 자신이 보통사람이며, 전쟁책임이나 식민지 지배에 대한 반성을 주장하는 사람들도 거의 다 보통사람이기 때문에 무리한 것을 요구하지 않는 것이 좋겠습니다. 이것이 40년 이상 '역사인식'에 관한 다양한 문제에 관여해온 사람으로서, 또한 제 자신의 언동도 되돌아보는 일이 많았던 사람으로서 느낀 솔직한 생각입니다.

그렇지만 1980년대부터 소위 진보파와 좌익, 리버럴 사이에, 그리고 언론에서 전쟁이나 식민지 지배에 대하여 가해와 피해로 딱 잘라 나누는 이분법적인 주장이 두드러지게 됐습니다. 그 중에는 가해자로서 일본인은 피해국의 비판에 대해 아무런 대꾸도 하지 않고 참고 가만히 있어야 한다는 논조도 있었습니다.

특히 불편했던 것은 '끝없이 머리를 숙인다'는 말이 나왔을 때입니다. 끝없이 머리를 숙이는 일은 나도 할 수 없지만, 누구나 마찬가지일 것입니다. 그런 것은 위선 그 자체라고 생각했습니다. 전쟁책임이나 식민지 지배에 관해 가령 한국이나 북한, 중국으로부터 사실과 다른 내용을 가지고 비난을 받아도 반론해서는 안 된다는 주장은 잘못된 것입니다. 이것은 상대를 동등한 인간으로 보지 않는 것일 수도 있습니다. 아이가 무슨 말을 해도 어른이 알았다고 들어주듯이 한국과 북한 중국 사람을 어린아이 취급하는 것은 아닐까 합니다.

나는 전쟁책임, 식민지 지배 책임을 진지하게 생각하고 그로 인한 피해자의 존엄 회복을 인권 의식과 제도로 실현한다는 —1970년대부터 1990년대에 걸친— 일본 사회의 대응은 옳았다고 생각합니다. 그것이 없었다면 일본은 국제사회에서 명예 있는 지위를 얻을 수 없었을 것이라고 생각합니다. 그렇게 생각은 합니다만, 한편 그것을 주장하는 사람 자신도 거의 지키기 어려워 대부분의 보통 사람 입장에서 보면 "그렇게 좋은 말씀을 하셔도…"라는 과도하게 윤리적인 요구를 강조하는 경향이 있어 일반인들에게 그것은 마치 거짓말처럼 들리지 않았을까, 그렇게도 생각합니다.

한국이나 중국은 우리들에게 요구하는 것을 자신들은 가능하다고 생각할까요? 일본을 질책하지만 한국에도 위안부는 있지 않았는가요. 베트남전쟁 때 파병된 한국군은 베트남에서 얼마나 심한 짓을 했는가요. 중국은 난징대학살이라고 일본을 심하게 비난하지만, 중국 국내에서 엄청난 인권탄압을 하고 있지 않나요. 마오쩌둥은 대약진과 문화대혁명 때 자국민 수백만 명을 죽게 하지 않았나요. 티베트나 위구르에서의 대규모의 억압, 인권 침해는 무엇인가요. 그런 일을 하면서 일본을 비판할 수 있을까요. 혹은 미국이나 유럽의 국가들도 자신들도 열강으로서 식민지 지배를 했으면서 왜 일본에게만 설교를 하려 할까요. 자신들은 엄청난 수의 구 식민지 사람들에게 일본처럼 반성을 표하고 사죄를 했는가요. 이것은 소박한 인간으로서 가질 수 있는 아주 당연한 불공평함이라고 생각합니다.

물론 다른 나라들이 나쁜 짓을 했다고 해서 일본이 나쁜 짓을 해도 된다는 것은 아닙니다. 그런 오만한 태도는 오히려 자신을 깎아내리는 일에 다름 아닙니다. 다만 일본도 지금까지 나름 과거의 행위에 대해 반성을 해왔기 때문에 중국이나 한국도 조금은 그런 점을 제대로 봐주고 자신을 되돌아보면서 일본을 접했으면 좋겠습니다. 구미제국도 무슨 일이 있으면 '좋은 독일, 나쁜 일본'이라는 오만한 태도로 설교하려 하지 말고 자국 근현대사의 오점을 충분히 직시하고, 일본 측이 순수하게 귀를 기울일 수 있는 형태로 발언해야 할 것입니다. 그런 것은 중국이나 한국, 나아가 구미제국에 말을 해도 좋고, 오히려 하지 않으면 안 됩니다.

이 문제는 마지막 제5장에서 조금 더 자세하게 말하겠습니다.

제4장

위안부 문제와 새로운 상황

—1990년대에서 21세기까지

◀ **앞면 사진** 위안부 증언을 하는 고 김학순 할머니

왜 위안부 문제만이 주목 받는가

에가와 전시 중의 문제에는 여러 가지가 있음에도 불구하고 1990년대부터 위안부 문제가 국내외에서 주목을 받고 있지만, 일본의 태도에 대한 시선은 싸늘한 것으로 보입니다. 언제부터 어떤 과정을 거쳐 이렇게 큰 문제로 주목을 받게 된 것입니까?

오누마 1991년에 한국의 김학순 씨가 자신이 위안부였음을 밝힌 것이 계기였습니다.

그때까지는 일부 전문가들에게는 알려져 있었어도 중대한 문제로 취급되지는 않았습니다. 제가 1980년대에 재일 한국인단체의 부인회에 이것은 심각한 인권문제라고 말한 적이 있습니다만, 오히려 문제화해서는 안 된다는 반응이 돌아왔습니다. "선생님은 남자니까 그런 말을 할 수 있습니다. 제가 그런 경험을 했다면 절대로 들쑤시지 않았으면 할 겁니다"라고 하더군요. 저도 납득하고 입을 다물었기 때문에 김 할머니가 실명으로 자신의 체험을 이야기하기 시작했을 때 '용기가 대단한 분이구나'라고 생각했던 것을 지금도 기억하고 있습니다.

마침 그 무렵에 1980년대부터 힘을 갖기 시작한 페미니즘이 점차 영향력을 갖게 되고, 특히 여성의 인권문제에 주목하게 되었습니다. 1990년대 초 옛 유고슬라비아가 해체되는 과정에서 내전이 일어났고 '민족정화'라는 미명 아래 이민족을 집단으로 말살하는 일까지 일어났습니다만, 그 일환으로 적대 민족의 여성들에게 집단 성폭력이 가해졌습니다. 이것은 전시 하에 일어난 여성에 대한 인권침해로서 큰 이슈가 되었습니다. 그러한 '현재'의 사건과 연결되면서 '과거' 문제였던 위안부 문제가 중대한 문제로 부상하게 된 것입니다. 1990년대에는 위안부제도의 희생자 이외에 일본인과 같이 대일본제국의 일원으로서 전쟁에 참가했던 한국, 대만 출신의 군인·군속, 강제노동에 동원된 중국인·한국인 등도 보상을 요구하며 일본 재판소에 소송을 제기했습니다만, 언론은 압도적으로 위안부 문제를 집중 보도했습니다. 전시 하에서 발생한 동일한 인권침해 문제이지만 위안부 문제가 두드러졌습니다. 21세기인 지금도 일본과 관련된 문제에 관한 한 이 구도는 변함이 없습니다.

국제기관에서도 여성의 인권문제는 중요한 문제로 취급하기 때문에 위안부문제도 여러 번 다루어졌습니다. 일본은 위안부에 관한 법적책임을 인정해야 한다는 발언 등으로 유명한 라디카 쿠마라스와미 보고서(1996년)는 유엔 인권위원회에 제출된 특별보고입니다. 다만 이것은 정확히 말하면 '여성에 대한 폭력의 원인과 귀결'이라는 제목으로 여성에 대한 오늘날의 다양한 인권침해에 대해서 보고한 것입니다. 위안부 문제는 그 부속문서로 '전시하의 군인 성노예'로서 다루어졌던 것입니다

이 보고서에는 나중에 허위로 판명된 요시다 세이지^{吉田淸治} 씨의 여성 '노예사냥' 증언도 들어 있습니다(이 증언에 대한 하타 이쿠히코 ^{秦郁彦} 씨의 비판도 기록되어 있다). 2014년 8월 《아사히신문》이 요시다 증언 기사를 삭제한 후, 일본 정부는 쿠마라스와미 씨에게 보고서의 수정을 요구했지만, 요시다 증언만 근거가 된 것은 아니라며 응하지 않았습니다. 실제로 보고서에 제시된 근거는 요시다 증언만이 아닙니다. 그것은 맞는 말입니다. 다만 보고서의 상당 부분은 조지 힉스^{George Hicks}라고 하는 오스트레일리아 출신 저널리스트의 저서에

근거하고 있는데, 이 책은 학문적으로는 꽤 문제가 있는 책입니다. 쿠마라스와미 씨는 국제적으로 활약하고 있는 여성법률가입니다만, 위안부에 관한 보고서는 당초부터 학문적인 신뢰성이라는 점에서 문제가 있었음은 부정할 수 없습니다. 이 보고서 자체는 인권위원회에서 박수갈채를 받고 채택되었던 것 같은데, 위안부 문제에 관한 부속문서는 '유의할 것'이라는 정도의 언급에 그쳤습니다.

위안부 문제는 한일문제?

에가와　전시중의 일본이 위안부로 삼은 여성은 한반도 출신 여성만이 아니라 중국, 대만, 필리핀, 인도네시아, 네덜란드 등 여러 나라에 이릅니다. 물론 일본인도 있습니다. 그런데 지금은 한일문제로 바뀌고 만 것 같습니다. 더구나 21세기가 되어 한일 간 대립은 오히려 격화되고 있는 것처럼 느껴집니다. 왜 그렇습니까?

오누마　위안부 문제에 대한 관심은 시기에 따라 상당히 다릅니다. 1991년부터 1996년 무렵까지가 첫 번째 고비입니다. 김학순 씨의 등장으로부터 '여성을 위한 아시아평화 국민기금'(아시아 여성기금)이 만들어지고 한일 양국에서 일본 정부와 아시아 여성기금이 언론으로부터 강력하게 비판·비난을 받았던 시기입니다. 한국인 여성의 고백·규탄으로 문제가 외부로 표출된 것도 그 이유이며, 또 미야자와 기이치宮澤喜一 총리의 방한에 맞춰《아사히신문》을 비롯하여 한일 양국의 언론이 대대적으로 위안부 문제를 보도했던 것도 원인이 되면서, 이 시기에 한일 양국에서 위안부문제=한일문제라는 구도가 생기고 말았습니다.

특히 한국에서 위안부 문제는 '식민지 지배를 반성하지 않는 일본'을 상징하게 돼버렸습니다. 1965년 한일 국교정상화 이후 한일관계는 조금씩이나마 개선되고 있었습니다만, 순진무구한 처녀인 한국인 소녀들을 성적으로 학대했다는 이미지가 만들어지고, 그것이 일본의 한국 식민지 지배라는 이미지와 중첩되었던 것입니다.

일본 국내에서 이 문제는 마치 '좌파 자유주의+페미니스트 대 우파 민족주의자'의 전장이 되어버리고 말았습니다. 공교롭게도 이 시기부터 일본에서는 버블이 붕괴하고 사회가 폐색상태에 빠졌습니다. 경제적으로는 중국에 추격당해 21세기에는 세계 제2의 경제대국이란 지위마저 빼앗겼습니다. 소니, 파나소닉은 삼성에 추월당하고, J-POP은 K-POP을 따라갈 수가 없다, 이러한 폐색감이 짙어지는 와중에 중국, 한국으로부터 역사문제에 대해 사죄하라는 말을 반복해 듣다보니 일본사람들도 '어지간히 하지'하는 생각을 하게 되었습니다. 그런 경향이 강해졌습니다.

위안부 문제로 일본은 아시아여성기금을 만들어 많은 사람이 진지하게 이 문제를 생각하고, 진심으로 사죄를 하려고 노력했습니다. 그러나 유감스럽게도 그러한 마음이나 노력은 한국에서 거의 평가를 받지 못했습니다. 그 이유는 반일감정을 선동하는 일부 한국 언론이 문제였습니다. 그러자 일본 국민들 사이에 "100퍼센트 만족스럽지는 못하다 할지라도 진지하게 사죄하고, 열심히 성의를 표시했다. 그런데도 결과는 제로인가?"라는 실망감이 확산되었습니다. 나아가 "한국에 사죄를 해도 좋을 게 없다. 오히려 고자세로 나올 뿐이다"라는 분노가 표출되기 시작했습니다. 그러한 감정을 배경으로 '혐한'을 제재로 한 만화나 책이 팔리게 되었습니다.

그러던 중, 2007년에 다음 (첫 번째와 세 번째보다는 작지만) 고비가 나타납니다. 위안부 문제를 국수주의적으로 이해하고 '일본의 명예와 관련이 있다'고 생각하는 사람들의 언동에 미국이 강력하게 반발한 것입니다.

제1차 아베내각은 2007년 3월 16일 질문주의서에 대한 답변에서 정부자료 안에는 군이나 관헌에 의한 이른바 강제연행을 직접 나타내는 기술은 없었다는 취지의 각의결정을 합니다. 이것은 일반적으로 '강제성'을 인정한 것으로 해석되는 '고노담화'(1993년 8월 4일, 정부의 위안부관계 조사결과를 발표할 때, 고노 요헤이 관방장관의 담화)를 부정하는 것처럼 받아들여져, 미국의 비판을 초래했습니다. 나아가 작곡가인 스기야마 고이치 씨나 저널리스트인 사쿠라이 요시코櫻井よしこ 씨 등이 'THE FACTS'라는 제목의 '위안부는 공창이었다'는 의견광고를 《워싱턴포스트》에 실었습니다. 이것이 미국 의회관계자, 학자, 저널리스트로부터 강력한 반발을 불러일으켰습니다. 대부분 친 일본적이고 아베정권에 호의적이었던 공화당계 사람들로부터도 비판이 들끓었습니다.

그리고 2011년 이후가 세 번째 고비입니다. 이 시기에는 주로 두 가지 요소가 있습니다. 하나는 한국의 헌법재판소가 2011년 8월 위안부 문제에 대해 한국 정부가 일본과 외교 협상으로 해결하지 않는 것은 피해자의 기본 인권을 침해하는 것이며, 이는 헌법위반이라는 결정을 내린 일입니다. 이에 대해 한국 정부도 내심 곤혹스러워 했던 것 같습니다. 이 문제로 일본 정부와 다투더라도 일본이 절대로 물러서지 않을 것임을 한국 정부는 숙지하고 있었기 때문입니다.

왜냐하면 일본 정부 입장에서 보면, 한국 정부에 양보하게 되면, 샌프란시스코 평화조약, 동남아시아 제국과의 배상협정, 한일기본조약과 청구권협정, 중일공동성명 등에 의한 전후 법적처리가 전부 뒤집어지기 십상이기 때문입니다. 헌법재판소로부터 위헌이라는 판결을 받은 한국 정부는 국내법상, 일본 정부와 협상을 하지 않을 수 없게 되었습니다. 더욱이 2013년 2월 취임한 박근혜 대통령이 한국 내 강력한 여론을 의식하여 위안부 문제에서 일본의 양보를 정상회담 개최의 전제조건으로 제시했기 때문에 한일 간의 대립은 더욱 고조되고 말았습니다.

또 하나는 같은 해인 2011년 한국정신대문제대책협의회(정대협)가 서울에 있는 일본대사관 앞에 위안부 문제에 대해 일본을 비난하는 위안부 소녀상을 세우고, 재미 한국인들이 똑같은 위안부 소녀상을 미국 각지에 세우는 운동이 시작된 것입니다. 일본 정부는 철거를 요구했지만 한국 정부는 응하지 않았습니다. 미국에 대해서도 일본의 일부 사람들이 분노하며 소녀상의 설치를 인정한 미국의 시장 등에 엄중 항의하러 갔습니다. 항의를 받은 미국에서는 '위안부=용서할 수 없는 성노예'라는 이미지가 확립되어, 한국계 주민들의 힘도 강력했기 때문에 오히려 "일본은 도대체 무슨 생각을 하고 있는가?"하는 반응이 나왔습니다. 더구나 일본에서는 2014년에 《아사히신문》을 둘러싼 문제가 발생합니다. 자사의 검증을 통해 위안부와 관련된 과거의 기사를 삭제한 것을 계기로 《아사히신문》의 위안부 보도를 중심으로 우파 논객 및 언론이 기회를 잡은 듯 비난하기 시작했습니다.

어느 시기이든 위안부 문제는 한일문제로서 다뤄져 왔습니다. 그러나 위안부는 한국인만이 아니라 일본인, 중국인, 대만인, 인도네시아나 네덜란드, 필리핀 사람도 있었습니다. 일본은 제2차 세계대전 중에 당시 인도네시아를 지배하고 있던 네덜란드의 군인, 민간인을 강제수용하거나 여성을 강제적으로 위안부로 삼았기 때문에 네덜란드의 시각은 엄중했습니다. 네덜란드에서는 아시아여성기금에 의한 보상을 많은 위안부 출신들이 수용했지만 그래도 네덜란드 정부는 일본 정부의 말에 무척 신경을 곤두세우고 있었습니다. 필리핀은 아시아여성기금에는 협조적이어서 보상이 순조롭게 이루어졌지만, 그때 일본이 자신의 대응을 번복하지 않기를 바라는 입장에서 네덜란드와 마찬가지로 일본의 동향을 예의주시하고 있었습니다. 이 문제에서 일본의 대응을 주시하고 있던 것은 한국만이 아닙니다.

강제연행이 문제의 핵심?

에가와 강제연행이 있었는지 없었는지에만 시선이 집중되어 있습니다만, 위안부 문제의 본질은 어디에 있는 걸까요? 벌써 70년도 지난 일이고 현재의 일본인이 직접 관련된 일도 아닌데, 최근에 더욱 비판을 받고 있으니 달갑지 않게 생각하는 사람도 적지 않을 것으로 생각합니다.

오누마 위안부 문제의 '본질'이란 표현을 저는(다른 여러 문제에서도) 쓰지 않고 있고, '위안부'라 해도 다양한 실태가 있을 수 있지만 굳이 한마디로 말하면, 중국 침략 후인 제2차 세계대전 중에 일본군 관리 아래 성적 봉사를 강요받은 상태에서 일정기간 생활할 수밖에 없었던 여성들의 문제라고 말할 수 있지 않을까요?

'강제'에 대해 말하자면, 한반도로부터 모집과 관련하여 물리적인 힘으로 강제적으로 연행된 경우는 지금까지의 실증연구를 보는 한 예외적인 것 같습니다. 이 점에서 한국에서 일반적으로 갖고 있는 위안부에 대한 이미지는 정확하지 않다고도 말할 수 있습니다. 다만 위안부 제도는 한국만의 문제가 아닙니다. 실제로 인도네시아의 네덜란드인 여성의 경우에는 인도네시아를 점령한 일본군에 강제로 잡혀가, 수용소에서 강제로 위안부가 되었습니다. 필리핀에서는 전장이 된 마을 등에서 일본군이 여성을 강간하고, 그대로 끌고 가서 위안부로 삼은 사례가 적지 않습니다. 중국에서도 그러한 사례가 있었다는 연구가 있습니다. 위안부를 강요당한 네덜란드인의 경우는 분명히 강제가 있었고, 한반도에서도 민간업자의 배후에는 일본 관헌의 존재가 있었던 사례가 많았다고 생각할 수 있습니다.

강제성을 인정한 고노담화를 취소하라는 목소리가 있는 것 같습니다만, 문서로서 인용된 고노담화 그 자체는 "위안부 모집에 대해서는 군의 요청을 받은 업자가 주로 이 일을 했는데 그 경우에도 감언, 강압에 의하는 등 본인의 의사에 반해서 모집된 사례가 다수 있으며, 더구나 관헌 등이 직접 이 일에 가담한 일도 있었다는 것이 밝혀졌다"고 되어 있어, 어떤 문제점도 없습니다(발표 당시의 기자회견에서 고노 관방장관의 구두 설명에 오해를 불러일으킬 만한 표현이 있었던 것은 사실이지만). 고노담화는 국제사회에서도 일본이 사실을 깨끗이 인정했다고 평가받고 있습니다. 이제 와서 취소하게 되면 일본은 비겁하고 깨끗하지 못하다는 역평가를 받게 되겠지요.

한반도에서는 감언이설로 속여서 끌고 간 사례가 매우 많았다는 사실이 지금까지의 조사연구로 밝혀졌습니다. 민간업자가 간호사나 가사 도우미로 일하는 것이라고 거짓말을 하고 데려갔는데, 막상 도착해보니 그곳이 '위안소'였고, 성적봉사를 강요당했다고 하는 식입니다. 이 경우 군이 직접 강제 연행한 것이 아니라 하더라도 본인의 의사에 반하여 성적봉사를 강요한 것은 부정할 수 없습니다. 군의 관리 하에 놓여 있었고 도망칠 수 없었으므로 그녀들이 자유의사에 근거하여 그런 환경에 있었다고는 말할 수 없습니다.

위안부 출신 중에는 조사받을 때마다 상당히 다른 내용을 말하는 사람도 있습니다. 그래서 그녀들의 증언은 모두 믿을 수 없다는 사람도 있습니다만, 이것은 극단적인 꼬투리잡기입니다. 인간이므로 50년 전 일을 잘못 기억할 수 있지요. 그러나 지금 말한 것과 같은 위안부 제도에 공통된 많은 증언이 아시아 각지에서 들립니다. 이 무게를 부정할 수는 없습니다. 일본인으로서 이러한 행위에 일본이 관여했다는 것을 인정하고 싶지 않을지 모릅니다. 그러나 그러한 역사적 사실로부터 눈을 돌리는 것은 스스로를 모욕하는 행위입니다. 우리들의 부모나 조부모 세대가 저지른 죄라는 것을 인정해야 합니다. 전후 세대에 직접적인 책임은 없습니다. 그러나 전전부터 이어온 일본이라는 국가가 관여한 이상, 그 일본이라는 나라의 일원인 우리 국민들이 전후 세대라고 해서 관계가 없다고 말할 수 있을까요? 전후 세대는 전 세계 200여 개국 중에서도 톱클래스에 속하는 풍요롭고 평화롭고 안전한 일본이란 국가의 일원으로서 일상생활을 영위하고 있습니다. 경제 불황이 계속된 1990년대 이후에도 이 기본적인 사실은 변함이 없습니다. 그런 생활의 기반은 전쟁을 경험한 우리들의 부모, 조부모 세대가 쌓아준 것입니다. 그 세대는 패전으로 불타버린 일본을 훌륭하게 부흥시켜 지금의 풍요로운 일본의 기초를 닦아 주었습니다.

그런 긍정적인 유산은 계승하지만, 부정적인 유산은 우리와는 관계없다고 말하는 것은 공정하지 않습니다. 긍정적 유산을 계승하여 살고 있다면 부정적인 것도 받아들여 그 부정적인 부분을 가능한 줄여서 다음 세대에 물려주고, 지금 현 세대에서 과거 문제가 밝혀졌다면 가능한 현 세대에서 해결하고 다음 세대에게는 조금이라도 제대로 된 일본을 물려주어야 하지 않을까 싶습니다. 그것이 내 생각입니다.

책임져야 할 것은 무엇인가

에가와 그러기 위해서는 지금 일본이 져야 할 '책임'이란 무엇일까요? '책임'이라 하면 법적 책임이 있는가 하면 도의적 책임도 있겠습니다만.

오누마 과거에 발생한 위안부 문제에 대해 현재의 일본에 법적 책임이 있는가? 이것은 매우 어려운 문제로 법 전문가들 사이에서도 의견이 나뉩니다. 그럼에도 위안부 출신자들을 지원해온 많은 사람들은 일본이 법적 책임을 인정하지 않는 한 문제해결은 없다는 완고한 태도를 유지하고 있습니다. 이것이 문제해결을 곤란하게 한 요인입니다.

제2차 세계대전과 식민지 지배와 관련된 여러 문제에 대해서는 제2장에서 말씀드린 대로 일본은 샌프란시스코 평화조약, 한일기본조약과 한일 청구권협상, 중일평화조약과 중일공동성명, 동남아시아 제국과의 배상·준배상 협정 등을 통해 법적으로는 문제를 해결했습니다. 이것이 일본 정부의 입장이며, 상대국가 정부도 기본적으로는 인정해온 내용입니다.

이러한 '해결'이 있었기 때문에 위안부 출신자들이 일본 정부에 사죄와 보상을 요구하는 재판을 해도 승소할 수 없었던 것입니다. 일본만이 아니라 미국도 그렇습니다. 법적 책임을 일본 정부로 하여금 인정하게 하려면 얼마나 시간이 걸릴지 모릅니다. 시간을 들여도 재판에서 승소할 가능성은 지극히 낮습니다. 그리고 재판에서 다투는 사이에 피해자들은 돌아가시고 맙니다.

예전부터 위안부 문제를 선입견 없이 생각했을 때, '법적 책임을 묻는' 것이 과연 최선의 방법인지 나는 의문이었습니다. 가해자에게 재판에서 법적 책임을 인정하게 하고, 속마음은 어떻든지 간에 억지로 손해배상을 하게 하는 것이 정말 좋은 해결책이라고 말할 수 있을까? 오히려 해를 끼친 쪽이 마음으로부터 깊이 반성하고, 죄송했다고 명확히 사죄하고, 피해자에게 정신적·물질적 배상을 하는 편이 좋지 않을까? 일본이 법적 책임을 인정하지 않는 한 문제해결은 없다고 주장해온 사람들은 법적 책임을 인정하는 것이 도의적 책임을 인정하는 것보다 훌륭하다는 편견을 갖고 있는 것은 아닌가? 나는 법을 연구하는 사람으로서 법의 의의와 한계, 법의 해악을 오랫동안 생각해본 결과, 그렇게 생각합니다.

위안부 문제에 국한하지 않고, 제2차 세계대전과 식민지 지배에 관련된 여러 문제에 대해서 일본은 법적 책임을 인정하지 않는데, 독일은 인정했다는 말도 자주 합니다. 그러나 이것은 오류입니다. 독일이 인정해 온 것도 도의적 책임입니다(이에 대해서는 제5장에서 언급합니다). 독일도 일본도 과거의 죄에 대해서 공식적으로 도의적 책임을 인정해 왔습니다. 일본 총리가 위안부 출신 피해자 분들에게 보낸 사죄의 편지도 내각총리대신이라는 직함으로 하시모토 류타로^{橋本龍太郎} 총리 이후 역대 총리가 서명한 공적 문서로서 일본은 명확하게 도의적 책임을 인정하고 있습니다.

한국 헌법재판소 판결의 의미

에가와 　법적으로는 해결이 끝났다고 주장하는 일본 정부의 입장을 한국 정부도 인정했을 텐데, 왜 한국의 재판소는 그런 정부의 대응을 '헌법 위반'이라고 판단했을까요? 국가와 국가가 합의해서 결정한 것을 사법기관이 사후에 뒤집는 일이 있어도 되는 것입니까?

오누마 　국제관계에서 타국과 체결한 조약에 대해 자국의 재판소가 위헌이라고 판단했다고 해서 일방적으로 그 조약의 효력을 부정할 수는 없습니다. 다만 많은 나라가 '법의 지배'라는 관점에서 사법부에 법률이나 조약이 헌법에 적합한지를 심사하는 권한을 부여하고 있습니다. 그 때문에 스스로 체결한 조약에 대해 사법부로부터 위헌이라는 판결을 받은 나라의 정부는 조약 상대국의 정부와 그 조약에 대해서 교섭할 필요가 생깁니다.

　　2011년 이후 한국 재판소가 내린 판결의 배경에는 제2차 세계대전 후, 특히 1980년대 이후 각국에서 민주화가 이루어지고, 또 인권의 중요성에 대한 인식이 비약적으로 고조되었다는 점이 있습니다.

전전의 국제법에는 인권법이라는 분야가 없었지만, 전후에는 국제경제법, 국제환경법과 함께 국제인권법이 매우 중요해졌습니다. 그 때문에 국제인권법의 중요성이 낮았던 시대에 이루어진 강화나 국교 정상화에서는 인권을 침해당한 개인의 구제가 이루어지지 않았습니다. 문제가 아직 해결되지 않았다고 하는 논란이 유력해진 것입니다. 이런 움직임은 한국의 민주화, 중국에서의 공산당 권력에 대한 비판의 분출 동향과도 어느 정도 겹치고 있습니다.

1991년의 김학순 씨의 위안부 증언 이후, 한국과 일본의 위안부 출신 여성 지원단체들은 목적을 공유하는 구미의 NGO와도 협력관계를 맺고 여러 인권기관에서 효과적으로 위안부 문제를 제기해왔습니다. 1990년대 이후, 페미니즘이 부상하는 세계적 조류 속에서 이 운동은 위안부 문제에 대해서 확고한 국제여론을 조성하는 데 성공합니다.

한국 헌법재판소의 결정은 그러한 흐름 속에서 나온 것입니다. 한국의 법학자 사이에서도 비판의 목소리는 있으며, 한국 정부도 내심 곤란했을 것입니다. 일본 정부 입장에서 보면 한국과 일본에서 오랫동안 축적해온 것을 뒤집어버리는 말도 안 되는 판결로 보이겠지요. 그러나 20세기 말부터 분명해진 인권의 주류화, 그 중에서도 여성인권의 주류화라는 관점에서는 높은 평가를 받는 결정이라고 말할 수 있을 것입니다.

나도 재일 한국·조선인 차별철폐나 일본의 전후책임 문제에 대해 오랫동안 시민운동이라는 형태로 관여하고 있으므로 법으로 개인의 존엄을 회복하는 것은 매우 중요하다고 생각합니다. 그럼에도 법학자로서는 법을 과거문제로 소급해 적용하는 것에는 매우 신중

해야 한다고 생각합니다. 적어도 형사법 분야에서는 실행할 때는 적법했던 행위를 나중에 제정된 법률을 적용해 처벌하는 것을 금하는 '사후법 금지'가 근대법의 가장 중요한 원칙 중 하나입니다.

제2차 세계대전 전쟁범죄를 다룬 재판에서는 나치가 자행한 유대인 대량학살(홀로코스트)을 계기로 '인도人道에 대한 범죄'가 생기고, 이에 대해서는 과거의 죄도 재판할 수 있으며 시효도 없어졌습니다. 이것은 '사후법 금지'의 특별한 예외이며, 홀로코스트 같은 대량학살에만 적용된다고 당초에는 생각했습니다. 그런데 그 후 적용 범위가 점차 확대되어 강간, 강제매춘, 성적노예 등과 같은 행위에 대해서도 '인도에 대한 범죄'로서 과거 행위를 소급하여 소추할 수 있다는 생각이 등장하였습니다.

2000년에 이루어진 여성국제전범법정에서는 그러한 생각에 의거하여, 쇼와천황이나 일본 정부를 위안부 문제에 대해 유죄로 인정하는 판결을 내렸습니다. 정식 재판이 아니라 민간이 개최한 모의법정이었지만, 이것은 피해자의 감정에 응답하여 피해자에게 큰 카타르시스(심리적 정화)를 제공했다는 점에서는 큰 의미가 있지 않을까 생각합니다. 다만 국가의 재판소가 실제로 강제력이 있는 권한행사로서 과거를 소급하여 법적구제를 꾀하는 것은 설령 과거행위에 대한 소급처벌을 포함하지 않는다 하더라도 국가 간의 조약에서 결정한 것을 뒤집는 것이므로 극히 제한적이지 않으면 안 됩니다. 한국 헌법재판소의 결정에 대해서는 이러한 관점에서 의문을 제기할 수 있으며, 앞에서 언급한 대로 한국 국내에서도 일부 비판이 있습니다.

아시아여성기금의 활동과 의의

예가와 위안부 문제를 해결하기 위해서 '여성을 위한 아시아평화국민기금(아시아여성기금)'이 만들어졌습니다. 이에 대해서는 당시부터 찬반이 있었습니다. 21세기인 오늘날에도 의미가 없다는 사람도 있고, 이전에는 비판적이었지만 이것이 있음으로 해서 일본도 피해자에게 성의를 가지고 임해왔다고 국제사회에 주장할 수 있게 되었다고 평가하는 목소리도 있습니다. 왜 이 기금을 만들게 되었는지, 그 경위와 의의에 대해 말씀 부탁드립니다.

오누마 1994년에 만들어진 무라야마 내각은 자민당(고노 요헤이^{河野洋平} 총재), 사회당(무라야마 도미이치^{村山富市} 위원장), 신당 사키가케(다케무라 마사요시^{武村正義} 대표)의 연립정권이었습니다. 자민당이 의석 수는 많지만, 총리(무라야마)와 관방장관(이가라시 고조^{五十嵐広三})은 사회당이었습니다. 1995년이 전후 50년이라는 해였기 때문에 산적해 있던 전후책임 문제를 해결하고자 하는 마음이 이가라시 관방장관을 비롯하여 사회당 의원들에게는 강렬했습니다. 나는 1980년대부터 사할린 잔류 한국인의 한국 귀환운동을 하면서 이가라시 의원과는 이른바 동료 비슷한 관계였습니다. 이가라시 의원과 참의원 의장을 맡았던 자민당의 하라 분베이^{原文兵衛} 의원(1995년부터는 아시아여성기금 이사장)이 열심히 관여한 결과 사할린 잔류 한국인 문제는 해결을 향해 크게 움직였습니다.

그 이가라시 씨가 내각관방장관으로서 위안부 문제를 해결하고 싶다고 말했습니다. 나는 정말 어려운 문제라고 생각했지만, '전후책임과 관련된 문제는 정부와 국민이 하나가 되어 해결해야 한다'는 것이 지론이었으므로 이가라시 씨에게 그렇게 말했습니다. 외무성이나 대장성 간부 가운데 "이 문제는 일본의 명예와 관련된 문제이므로 오누마 선생님, 어떻게 해서든 해결 합시다"라고 말하는 분도 있었지만, 관료기구 전체적으로는 저항이 매우 강력했습니다. 이미 평화조약이나 국교정상화조약 등에서 처리가 끝난 일이므로 정부로서는 사무국을 만들 때까지만 지원하겠다, 이후는 국민모금으로 돈을 모아달라고 했습니다.

이가라시 관방장관은 후루카와 데이지로古川貞二郎 관방 부副장관의 조언을 얻어 어렵게 설득하여 최종적으로 ①국민으로부터 모금한 돈에 의한 보상금, ②총리의 사죄편지, ③역사의 교훈으로 삼는 사업을 국가가 행할 것, ④국가에 의한 의료복지사업이라는 4개의 큰 축을 확보해 주었습니다. 저는 앞의 세 가지의 안이 이가라시 장관으로부터 제시되었을 때, "이것만으로는 피해자분들도 지원단체도 설득할 수 없다"고 말하고 협력해달라는 부탁을 거절했습니다만, 네 번째 의료복지사업을 이가라시 장관이 확답했을 때는 '이렇게까지 장관이 힘을 써주니 사실상 국가보상이라고 말할 수 있을 만큼 왔다. 이런 호기는 두 번 다시 찾아오지 않을 것'이라고 생각하고 '아시아여성기금'을 만들어 있는 힘을 다해 보자고 생각했던 것입니다.

이 의료복지사업의 의미는 매우 큽니다. 이미 고령이 된 위안부 출신 여성들이 의료나 간호 서비스를 받는다는 의미도 있고, 한국과 대만과 네덜란드의 피해자에게는 1인당 3백만 엔, 필리핀에는 1인당 120만 엔이 국고에서 지급하도록 했습니다(필리핀이 적은 것은 물가수준의 차이에 의함). 이로써 기금사업이 실질적인 국가보상이란 성격을 갖게 되었습니다. 여성기금은 민간사업이라는 비판도 있지만, 이것은 정당한 평가라고 할 수 없습니다.

우선, 피해자에 대한 '보상금補償金'(1인당 200만 엔)은 국민으로부터 모금한 것인데, 만일 이것이 부족한 경우에는 정부가 국고에서 보전하기로 하시모토 총리와 하라 분베이 기금 이사장이 합의했습니다. 둘째, 독일은 나치 독일이 실시한 강제노동의 피해자에 대한 보상으로서 '기억·책임·미래' 기금을 만들었습니다. 이것은 일본에서도 국제사회에서도 높은 평가를 받고 있습니다. 피해자 1인당 보상액은 최고 80만 엔 정도이며, 수령하면 독일 정부나 기업에 사죄와 보상을 요구하는 재판은 불가능합니다(다만 이 점에 대해서는 해석이 나뉩니다).

여성기금의 경우, 보상을 실시하는 과정에서 피해자로부터 "보상은 받고 싶지만, 재판을 걸 권리는 빼앗기고 싶지 않다"는 의견이 나왔습니다. 정부는 당초 이러한 피해자의 목소리에 대응하는 것에 소극적이었습니다. 그러나 기금에 의한 보상은 도의적 책임에 근거해서 하는 것이니 법적인 문제와는 별개라고 정부 스스로 말하고 있지 않은가라고 관료들과 논의를 거듭했습니다. 정부도 최종적으로 기금 측의 주장을 받아들여 보상 받아도 재판을 할 수 있다는 문서를 피해자 측에 전달했습니다. 이런 점에서 아시아여성기금의 보상은 독일의 기금보다 피해자의 입장에 더욱 가까이 다가간 것이라고 생각합니다.

'국가보상'에 매달리는 지원단체의 잘못

에가와   각국에서 보상사업은 어떻게 진행되었습니까?
오누마   처음 보상을 실시한 곳은 필리핀입니다. 필리핀에서도 처음에는 위안부 지원단체가 국가 차원의 보상이 아니라고 비판하고 반대했습니다. 그러나 위안부 중에서 보상금을 받고 싶다는 사람이 나왔습니다. 필리핀 지원단체들 사이에서 논란이 있었습니다만, 피해 당사자들이 원한다면 협력해야 한다고 생각하는 사람이 다수를 차지했습니다. 필리핀 정부도 협조적이어서 사업은 비교적 순조롭게 진행되었습니다.

필리핀에서 최초로 자신을 드러낸 로사 헨슨$^{Rosa\ Henson}$ 씨는 보상을 받았을 때 기자회견을 하고 총리의 편지를 들어 올리면서 "지금까지 불가능할 거라 생각했던 꿈이 실현되었습니다. 너무 행복합니다."라고 했습니다. 어느 기자로부터 "이것으로 용서하느냐?"는 질문을 받은 헨슨 씨는 "용서합니다. 그리하지 않으면 신이 저를 용서하지 않을 것입니다"라고 대답했습니다.

네덜란드에서는 피해자를 지원해온 NGO가 취지를 납득해 꽤 이른 시기부터 위안부 한 명 한 명의 의사를 존중하기로 결정하고 지원단체가 창구가 되어 총리의 사죄와 의료복지금을 전달할 수 있었습니다. 네덜란드의 경우, 국민들로부터 모금한 보상금을 전달하지 못한 것은 매우 유감이지만, 총리의 사죄편지를 피해자가 높게 평가한다고 했습니다. 지원단체의 이해와 총리의 사죄편지는 네덜란드에서 보상이 순조롭게 진행된 큰 요인이었습니다.

한국에서도 보상금을 받고 싶다는 위안부 출신 할머니들이 다수 계셨습니다. 우선 7명의 피해자가 그런 의사를 밝혔기 때문에 보상금, 총리의 편지, 나아가 의료복지금을 전달했습니다. 실제로 전달한 가네히라 데루코金平輝子 이사는 "우선 총리편지를 전달했을 때, 받으신 할머님들이 눈물을 흘리셨습니다. 이것이 총리 편지냐 하시면서 계속 보고 계셨어요."라고 보고하고 있습니다. 1997년 1월 11일의 일입니다.

그런데 가장 큰 지원단체인 정대협(한국정신대문제대책협의회) 등이 이에 대해 크게 반발하였습니다. '피해자의 존엄의 회복은 일본정부가 법적 책임을 인정한 뒤에 국가가 보상을 함으로써 이루어져야만 한다. 국민 참가 보상이라는 것은 속임수'라는 것이 그들의 주장이었습니다. 정대협의 지도자는 "일본으로부터 보상금을 받으면 피해자는 지원해서 간 공창이 된다"고까지 말하며, 보상금을 받지 않도록 피해자 할머니들을 강하게 압박했습니다. 한국 언론은 그것을 대대적으로 보도하였습니다.

본래 당시(21세기인 오늘날에도 그렇습니다만)의 아시아여성기금의 이념도 형태도 한국에서는 제대로 보도된 적이 없습니다(이는 유감스럽지만 일본에서도 그렇습니다). 그 때문에 일부 위안부 출신 여성들은 처음부터 기금에 의한 보상에 반대하였고, 한국 지원단체와 언론은 그런 위안부 할머니들을 전면에 내세워 반反 일본정부, 반反 아시아여성기금 캠페인을 반복했습니다. 이처럼 일본의 보상을 받지 말라는 한국 내 목소리가 강력했기 때문에 7명의 할머니를 지키기 위해서 그 분들의 이름을 밝히지 않고, 사전에 공개하지 않고 전달했습니다. 다만 한국 정부와 한국 국민에게는 이야기해야 한다고 생각하고 사후에 공개했더니 "우리를 제쳐두고 비밀리에 전달하는 일은 있을 수 없다"는 비난이 일제히 나오면서 엄청난 사태로 발전해버렸습니다. 당시의 김영삼 정권은 기금 설립 초기에는 일본의 보상은 긍정적인 것이라고 했는데, 이후 여론을 본 후 태도가 달라져 '그만두라'고 주장해 상황은 더욱 악화되었습니다.

그러나 그 후에도 50명이 넘는 피해자가 보상을 받고 싶다는 의사를 표명해 왔습니다. 기금은 위안부 출신 할머니들에게 보상을 하는 것이지 한국정부를 위해서 하는 것은 아니므로 그 분들의 희망에 부응하고자 보상을 실시했습니다. 다만 상황이 그래서 받은 분들은 정대협이나 언론으로부터 받게 될 비난을 피하고자 보상받은 걸 공표하지 말라고 강력히 요구했고, 기금도 그것은 반드시 지키기로 했습니다. 그 때문에 한국 내 보상에 대해서는 인원수도 발표하지 않았습니다. 인원수를 밝히면 "누가 받았는가?" 하며 '범인수색'이 시작될 테니까요. 그 후 결국 2014년에 61명이라는 인원수만 밝혔습니다.

아시아여성기금이 보상을 실시했던 당시, 한국 정부가 인정한 피해자는 200명이 약간 넘었으니, 3분의 1에 해당하는 수입니다. 엄청난 비난이 있는 상황에서도 그 정도에 해당하는 할머니들이 보상을 원했고 받아들였습니다. 그러한 사회적 압력이 없었다면 대부분의 위안부 출신 할머니들이 일본의 보상을 받지 않았을까, 그렇게 생각하면 지금도 우리들의 무력함이 한스럽기만 합니다.

대만에서도 타이페이 시 부녀구원사회복리사업기금회(부원회)라는 한국의 정대협과 비슷한 강경한 위안부여성 지원조직이 있는데, 여성기금에 반대하는 태도를 꺾지 않았습니다. 이 단체는 대만 정부의 위안부 출신 여성에 대한 생활지원금의 지불창구였기 때문에 지원단체의 미움을 받게 되면 그녀들은 생활을 할 수 없게 됩니다. 그래서 대만에서도 보상을 받고자 하는 피해자들은 몰래 받겠다고 요구를 해왔고, 기금은 그것을 존중했습니다. 그런 상황에서 대만에서는 라우하우민^{賴浩敏}이라는 일본 유학경험이 있는 변호사가 '피해자의 의사가 제일 중요하다'며 협력해주었습니다. 그래서 기금은 그의 사무실을 거점으로 보상을 실행할 수 있었습니다. 그 외에도 피해자에게 다가가 보상사업에 협력해 준 사람이 있었습니다.

한반도와 마찬가지로 일본의 식민 지배 아래 있었던 대만에서는 위안부 문제 이외에도 다양한 피해가 있었고, 미해결 문제도 적지 않습니다. 다만 한국과 달리 국제사회에서는 대만을 국가로서 인정하지 않았고, 언론의 관심도 한국보다 훨씬 낮기 때문에 일본에서도 국제사회에서도 거의 알려지지 않았습니다. 전반적으로 일본에 호의적인 대만에서도 식민 지배와 관련한 문제가 해결되지 않은 채 남아 있는 것은 일본 국민으로서 기억해 두어야 합니다.

아시아여성기금이 보상대상으로서 생각한 마지막 사례는 인도네시아 출신 위안부 여성입니다만, 인도네시아 정부가 피해자의 특정에 소극적이어서 개인에 대한 보상은 실시할 수 없었습니다. 결국 인도네시아 정부의 요청에 따라 각지에 노인복지 아파트를 세우고, 위안부 출신 여성들을 우선적으로 입주시키는 생활기반 보상이 되었습니다. 저도 4곳 정도 아파트를 돌아보면서 입주한 분들을 만났습니다. 일반적인 인도네시아의 생활수준에서 보면 훌륭한 시설이었지만 역시 개별 보상을 하지 못한 것은 마음에 걸립니다.

에가와 　받은 분들의 반응은 어땠습니까?

오누마 　다양했지요. 글자를 읽을 수 있는 많은 분들이 총리대신의 사죄편지는 정말 기뻤다, 고마웠다고 말씀하셨습니다. 방에다 걸어둔 분도 계셨습니다. 또 제가 인상 깊게 느꼈던 것은 "총리의 편지는 어땠습니까?"하고 물어봐도, "네?"하는 반응밖에 돌아오지 않은 분이었습니다. 물론 편지는 도착했지만 본인은 전혀 기억을 못했습니다. 그러나 보상금에 대해서는 "돈을 많이 받아 기뻤다. 그 돈으로 집짓고, 손자들에게도 나를 비웃던 친척에게도 용돈을 주었다"고 말하며 기뻐했습니다. 저는 그때 "그렇게나 힘들게 만들었던 사죄편지인데" 하며 마음속으로 실망스러웠지만, 나중에 깨달았습니다. 인간이라는 존재는 정말 다양하구나라고 말입니다. 총리의 편지를 평가해 줄 것이라는 건 우리들의 일방적인 생각일 뿐이지 그렇지 않은 분도 있을 수 있다, 그런 분이 계시는 것도 당연하다는 것을 나중에 절실하게 깨달았습니다.

이처럼 위안부 출신 여성분들은 결코 한 가지 모습이 아니었습니다. 일본에서도 한국에서도 다른 나라에서도 처음 이름을 드러낸 김학순 씨나 한국의 일본대사관 앞에서 일본 비판 데모의 선두에 선 위안부 할머니들의 이미지가 강할지 모릅니다. 그러나 김학순 할머니와 같이 자신을 정확히 표현할 수 있는 분만 계신 것은 아닙니다. 물론 그녀는 예외라고 해도 좋습니다. 농촌의 가난한 집 출신으로 읽고 쓰기가 불가능한 여성도 적지 않습니다.

'위안부'라는 표현은 속임수라고 하여 'sex slave(성노예)'라고 불러야 한다는 사람들이 있습니다. 구미의 주요 언론이 이 말을 사용해서 해외에서는 상당히 유포되어 있는 호칭입니다. 그러나 피해자 중에는 그러한 호칭은 정말 싫다, 그것은 2차 강간에 버금간다고 하는 분이 적지 않습니다. 지원단체와 함께 TV에 나오거나 세계 각지에서 열리는 집회에 나가 증언하는 소수를 빼면 오히려 그런 피해자가 많은 게 아닐까요? 그러나 주요 지원단체는 그 점을 인정하지 않았고 언론도 그런 목소리를 보도하지 않았습니다.

기금의 이사 중에도 오타카 요시코^{大鷹淑子}(옛 이름은 야마구치 요시코^{山口淑子})씨는 돌아가시기 전에 한국의 위안부 출신 여성과 깊은 인연을 맺고 있었습니다. 그 중에 정대협의 선전탑 같은 역할을 맡았던 분이 있었습니다. 예전에 리샹란^{李香蘭}(야마구치 요시코. 배우이자 가수) 시대의 로케이션 현장을 본 적이 있다고 해서, 그 이야기를 계기로 친해졌다고 합니다. 그 분은 다리가 아파서 가고 싶지 않은데 정대협 데모에 가야 하는 것이 너무 싫다고 전화로 불만을 말하거나 고민을 상담해서 오타카 씨가 위로하고 상의하면서 계속 관계를 유지했습니다.

저는 간혹 한국에 갈 일이 있을 때 그이가 낙심해 있다는 이야기를 오타카 씨로부터 들었기 때문에 오타카 씨에게서 편지와 선물을 건네받아 서울에서 그분을 만났습니다. "집에 오신 게 정대협에 알려지면 큰일 나니, 절대로 오지 말라"는 말을 전해 듣고 호텔로 오시게 해서 3시간 정도 이야기를 들었습니다.

그분은 위안소에 있을 때 중병에 걸렸던 이야기를 해주었습니다. 일본군 군의관이 열심히 치료해주었다고 합니다만, 그때 그분이 말한 것을 잊을 수 없습니다. "오누마 선생님, 나를 지옥에 데려간 것은 일본인이었어. 그렇지만 지옥에서 꺼내준 것도 일본인이었지"라고 말입니다.

필리핀의 전 위안부 여러분들로부터도 여러 이야기를 들었습니다. 앞에서 말씀드린 총리의 사죄편지에 대해 아무 것도 기억하지 못하는 분도 그 중 한 분입니다. 인도네시아에서는 전후 인도네시아에 머물러 있던 일본군 병사와 결혼한 여성이 남편 성묘를 오래 가지 않았다고 하여 밀림 속에 있는 묘를 찾아 왕복 5시간을 걸려 동행한 적이 있습니다. 소중히 보관하던 단 한 벌의 정장을 입고 무척 기뻐하시더군요.

일본이 저지른 죄와 얽히게 된 한 분 한 분의 인생에는 당연하지만 여러 다양한 굴곡이 있습니다. 결코 단순하고 단편적인 것이 아닙니다. 같은 사람이라도 시기에 따라 마음이 바뀌는 경우도 있습니다. 그 점을 잘 이해하면서 서로 가까워지는 것이 중요하다고 생각합니다.

'새로운 공공'의 시점에서 생각한다

에가와   아시아여성기금은 국고 지원을 받아 의료복지사업을 하는 한편, 국민이 갹출한 돈을 보상금으로 삼았습니다. 국가의 돈만으로 할 수는 없다는 사정이 있었다고 해도, 국가배상도 아니고 민간기업만 돈을 낸 것도 아닌 21세기형 '새로운 공공'이라는 이념과도 상통하는 공적인 활동이었다고 생각합니다. 지금은 복지 등 공적 분야도 국가의 대책만 기다리고 있어서는 문제가 방치될 수 있다 해서 젊은 사회사업가가 기업을 일으켜 해결하려고 하는 시대입니다. 기금을 만드신 오누마 선생님은 이 구조를 어떻게 생각하고 계십니까?

오누마   아시아여성기금은 언론에 계속 '민간' 기금이라고 알려져 왔습니다. 그러나 그렇지 않습니다. '국민' 기금입니다. 정식 명칭 자체가 이 이념을 표현하여 '여성을 위한 아시아평화국민기금'이라고 명명되었습니다. 그렇다면 '국민'이란 무엇인가요.

저는 자주 선거를 예로 들어 이야기합니다. 우리는 근처 편의점에서 물건을 살 때는 '민간인'으로서 물건을 삽니다. 그러나 국회의원 선거에는 '민간인'으로서 가는 것이 아니라 '일본 국민'으로서 가는 것입니다. 당신이 정부의 일원이 아니라고 해서 그 행동이 모두 '민간인'으로서 하는 것은 아닙니다. 그런데 대부분의 언론은 '관'과 '민'이라고 하는 흔한 이분법으로 정부 조직이 아니니까 '민간'이라고 생각합니다. 안타까운 일입니다.

고령자 간호 등의 복지서비스는 사회구성원 전체와 관련되는 공적인 문제입니다만, 그런 모든 것을 정부가 하면 비효율적이고 예산도 막대하게 들게 됩니다. 그래서 민간 사업자가 합니다만, 일정 부분 공적 감독 하에 보조금을 내는 것과 같은 구조를 생각해서 '민간'이 공적인 역할을 담당합니다. 인권이나 환경 등 사회에 필요하지만 정부 관료기구에만 맡겨서는 폐해가 생길 수 있는 분야에서는 시민사회의 구성원들이 다양한 지식과 노력을 통해 사회적·공공적 역할을 담당합니다. 그러한 영역이 확대되고 있습니다. 새로운 공공부문 담당자가 정부와 역할을 분담해가는 것이 21세기 사회의 모습이 되겠지요. 위안부 문제도 그렇게 해결해가려고 생각했습니다. 그것이 아시아여성기금이었습니다.

사무국은 정부예산으로 운영하고, 의료복지사업 외에 여성인권계발 활동이나 인권 NGO 보조(위안부 문제를 역사의 교훈으로 삼으려는 대응) 등은 국비로 실시합니다. 한편 국민으로부터는 약 6억 엔에 달하는 기금을 갹출하여 그것을 보상금으로서 피해자에게 전달하였습니다. 국민으로부터는 돈 만이 아니라 많은 사죄의 편지가 첨부되었습니다. 군인수당에서 돈을 빼서 보냈다는 분도 있었으며, 이런 사연을 한국어 등 각국의 언어로 번역하여 문자를 읽을 수 있는 피해자들에게 전달했습니다. 네덜란드의 어느 여성은 보상금을 받는 것에 소극적이었습니다만, 일본 국민으로부터 받은 사죄편지를 읽고 보상금을 받을 생각을 하게 되었다고 들었습니다. 이런 일을 포함하여 아시아여성기금은 21세기 공공을 담당하는 모습을 선구적으로 보여준 것이었다고 나는 생각합니다.

위안부 문제와 '역사인식'

에가와   다만 그것이 좀처럼 전달되지 않는 답답함도 느껴집니다. 세계는 물론이거니와 한국 사람들에게도 전달되지 못하고 있는 것 같고, 일본 국민에게도 전달되지 못한 채 '역사인식'의 대립이 생겨났습니다. 또한 일본이 오해받고 있다는 불만도 확대되고 있습니다. 현 상황을 어떻게 봐야 하는 것인지, 그리고 일본은 어떻게 해야 한다고 보시는지요?

오누마   이 문제는 과거에 비해 좋아진 면과 거꾸로 걱정스러운 상황, 양면이 있습니다. 일본에 대해 말하자면, 1995년 무렵에는 대부분의 지원단체가 재판에서 이길 수 있다, 혹은 특별입법이 되고 국가보상이 이루어지는 비현실적이고 공상적이라고 말해도 좋을 논의를 하고 있었습니다. 언론도 그에 이끌려 관념적인 국가보상론이나 법적 책임론을 논하는 경향이 강했습니다. 그것이 재판에서는 패소로 이어지고, 민주당 정권에서도 특별입법은 불가능하다는 현실에 직면하고, 그런 한편 국민·시민을 포함한 새로운 공공이념에 대한 이해도 생겨나 사람들은 위안부 문제에 대해서 이전보다 훨씬 다면적이고 문제의 핵심을 파고드는 인식이 가능하게 되었습니다. 예전에는 아시아여성기금에 비판적이었던 사람도 그 의의를 높이 평가하게 되었습니다. 20년 전에 비해서 이 점에 관해서는 일본 시민사회가 분명 성숙해졌음을 보여주고 있다고 생각합니다.

한편 《아사히신문》을 비롯한 '진보적' 언론이 자신들의 '정의'를 내세우며 일방적으로 편향된 보도를 해온 것에 대해 1990년대부터 일본 국민의 불만이 쌓여온 것으로 생각합니다. 그 불만이나 비판은 어느 정도는 타당한 것이라고 생각합니다만, 그것이 지나쳐 감정적인 혐한, 반중의 논조가 잡지나 인터넷상에서 증가하게 되었습니다. 자신에게 유리한 사실만 모아 극히 편향적인 제목으로 기사를 씁니다. 도저히 듣고 있을 수 없는 저열한 표현으로 한국이나 중국에 대한 비난을 반복합니다. 본래는 정당한 근거를 가진 불만이나 분노가 악의와 편견으로 가득 찬 말로 발신됩니다. 역사적 사실을 인정하려 하지 않는 언설도 과거 이상으로 광범위하게 난무하는 듯합니다.

한국은 어떠한가? 21세기가 되어 한국은 위안부 문제에 대해 더욱 강경해진 것 같습니다만, 그렇다고 특별히 전 국민이 일치단결하여 강경한 태도를 취하고 있는 것은 아닙니다. 예를 들어 세종대의 박유하 교수는 《화해를 위해서》와 《제국의 위안부》라는 책을 내고 아시아여성기금의 보상을 높이 평가하며 냉정한 논의와 자기비판이 필요함을 강조하고 있습니다. 그것을 냉정하게 받아들인 서평도 한국 신문에 게재되었습니다.

한국에서 위안부 문제를 둘러싸고 극단적인 반일 논조가 일어났던 1990년대 후반 저는 오랜 지인이자 동아일보 사장과 부총리를 지낸 한국의 저널리스트 권오기 씨에게 "한국 언론이 좀 더 냉정하게 문제를 다루고 보상을 수락하고자 하는 위안부 여성들의 의사를 존중하도록 당신이 글을 써주었으면 좋겠다. 당신처럼 한국 국민으로부터 존경받는 저널리스트 중진들이 글을 쓰면 언론 논조도 조금은 바뀌지 않겠는가"라고 간원한 적이 있습니다. 그렇지만 "이렇게 반대여론이 격해지면 저도 어쩔 수가 없습니다."라며 거절하더군요. 권오기 씨도 불가능하구나 하는 절망감을 느꼈던 것을 지금도 뚜렷이 기억합니다. 그런 만큼 박유하 교수의 책을 보고 한국도 조금은 바뀔지도 모른다는 생각을 가졌습니다.

그러나 박유하 교수는 《제국의 위안부》 서술을 둘러싸고 소송을 당했고, 민사소송만이 아니라 형사고소까지 당했습니다. 이 문제에 대한 박근혜 정권의 태도도 한국 언론의 태도도 1990년대보다 더욱 경직되어 있음을 알 수 있었습니다. 한국 국민도 일본의 식민지 지배나 전쟁을 아는 세대가 감소하면서 오히려 관념적이고 민족주의적인 반일론이 늘고 있는 듯이 보입니다. 이는 일본에서 역사적 사실을 무시한 관념적인 혐한론이 인터넷이나 일부 잡지, 서적을 통해 범람하고 있는 것과 짝을 이루는 관계에 있습니다.

본래 대부분의 위안부 출신 여성과 그이들을 둘러싼 지원단체, 한일 양국의 정부, 학자, 언론, 다양한 한일 국민, 나아가 국제사회를 모두 만족시킬 만한 '진정한 해결책'이란 것은 있을 수 없습니다. 한일 양국 정부가 교섭을 거듭하고, 서로 조금씩 양보하여 정부 간의 해결책을 합의하는 것이 생존해 계신 분들의 숫자가 매우 적어진 위안부 할머니를 위해서도, 한일의 우호적 관계를 위해서도 물론 중요합니다. 그러나 그럼에도 그러한 '해결책'을 격렬히 비난하는 사람은 일본에도 한국에도 반드시 있을 것입니다.

또 위안부 문제를 오로지 한일관계의 틀 속에서만 생각하는 것도 잘못된 이야기입니다. 그것은 하나는 앞에서 말씀드린 것처럼 위안부 출신 여성은 한국만이 아니라 일본에도 인도네시아에도 중국에도 필리핀에도 대만에도 네덜란드에도 있기 때문입니다. 또 하나는 위안부 문제란 무엇보다도 전쟁 중의 일본인이 저지른 죄를 전후의 일본 국민이 어떻게 받아들이고, 어떤 자세로 바라보고 다음 세대에 조금이라도 제대로 된 일본을 물려줄 수 있는가, 하는 문제라고 생각합니다. 즉 문제는 한국을 만족시킬 수 있는가 없는가 하는 사실보다 위안부 제도와 그 희생자에 대한 일본 스스로의 문제인 것입니다.

그와 같이 생각하면 저희들이 취할 태도도 보이지 않을까요? 지나치게 편향적인 강경론을 제외하면, 위안부가 되셨던 분들의 대부분이 속아서든 강제로든 성적 희생을 강요당했다는 사실은 학문적으로 거의 실증되었습니다. 강제는 없었다거나 위안부는 공창이었다고 격하게 주장하는 것은 일본이나 다른 외국에서 거의 실증된 학문적 성과를 정면으로 부정하는 것입니다. 그것은 부끄러워해야 할 태도이며, 일본의 국제적 평가에도 상처가 될 수 있습니다. 그런 것이 아니라 과거에는 분명 나쁜 짓을 했지만, 현재의 일본은 진심으로 반성하고 있다고 하는 일본 국민의 생각, 그리고 태도를 확실히 보여 주여야 합니다.

실제로 한국이나 기타 외국에는 충분히 전달되지 않았지만, 일본 정부와 국민은 그런 태도를 표시해 왔습니다. 첫째로 위안부 출신 여성들에게 보낸 총리의 사죄서한과 아시아여성기금이 국민에게 보상을 호소한 발기문을 꼭 읽어보기를 바랍니다(권말 자료 참조). 총리의 편지는 예를 들어 전쟁 중에 강제 수용된 일본계 미국인에 대한 미국 대통령의 편지와 비교해 봐도 그 의미를 잘 알 수 있습니다. 미국 대통령의 무미건조한 편지에 비해 조금은 내용이 있는 편지입니다. 기금의 보상을 받아들인 위안부 할머니들도, 필리핀의 로사 헨슨 씨를 비롯해 많은 분들이 마음으로부터 기뻐하고 평가해 주신 편지입니다.

각의의 결정이 없으니까 공문서가 아니라고 비난한 NGO나 학자도 있습니다만, 내각총리대신이라는 직함을 쓰고 그 아래 총리가 서명한 것을 피해자 한 사람 한 사람에게 전달했습니다. 더구나 무라야마 내각이 퇴진한 후에도 무라야마 담화가 계승된 것과 마찬가지로, 총리의 편지는 그 후의 하시모토 류타로, 오부치 게이조小淵惠三, 모리 요시로森喜朗, 고이즈미 준이치로小泉純一郎 자민당·공명당 정권의 총리대신이 서명해서 피해자 분들에게 전달해왔습니다. 영국과 프랑스를 비롯한 유럽의 여러 나라는 일본과 마찬가지로 식민지 지배와 제국주의적 외교·전쟁이라는 과거의 죄를 안고 있습니다만, 이렇게까지 한 나라는 없습니다.

또 기금의 발기문은 위안부 출신 여성들에 대한 보상을 단순히 정부에 맡길 것이 아니라, 일본 국민 한 사람 한 사람의 문제로서 인식하고, 자기 책임으로서 참여해야 하는 것은 아닌가 하고 호소했던 것입니다. 실제로 그 호소에 응답하여 매우 많은 국민이 보상에 참여했습니다(보상금 모금활동은 관청, 지방공공단체, 민간기업, 자위대, 경찰, 노조, 학교, 병원, 가두, 해외 일본 대사관과 그곳을 통한 해외 진출기업의 직장 등 다양한 형태로 실시되었기 때문에 갹출금을 낸 사람 수는 산출할 수 없지만, 수십만 명의 규모가 아니었을까 생각된다). 이것도 식민지배, 위법적인 전쟁을 일으킨 구미 선진국은 하지 않았던 일입니다.

한국인에게 총리편지와 발기인들의 호소문을 보여주면 거의 모든 사람들이 깜짝 놀라며, "왜 이런 걸 그렇게까지 반대했던 것일까?"라고 말합니다. 이런 것이 나온 줄도 모르고, 당연히 읽은 적도 없는 것이죠. 미국을 비롯한 다른 나라의 일본 연구자나 저널리스트들도 이런 기본문서를 읽지 않고, 보상사업 활동의 내용을 모르면서 비판적인 코멘트나 보도를 하고 있는 사람이 많습니다.

일본이 실시한 보상의 이념과 실제 활동이 거의 알려지지 않은 이유 가운데 하나는 일본 정부와 아시아여성기금의 홍보력의 부족, 그런 노력이 부족했기 때문입니다. 이 점에 대해서 당시의 일본 정부와 아시아여성기금 관계자는 저를 포함해서 그 책임을 피할 수 없습니다. 다만 정부와 기금이 상세한 홍보를 하지 않은 가장 큰 이유는 한국에서 활동실태가 알려지면 격렬한 비난을 받게 될 위안부 피해 할머니들을 보호하기 위해서였습니다. 앞에서 말씀드린 것처럼 한국의 적지 않은 위안부 피해 할머니들은 일본의 보상을 받아들이면 '배신자'로 낙인 찍혀 지원단체와 언론으로부터 비난을 받고 한국사회에서 살아갈 수 없게 된다고 총리의 사죄편지, 보상금, 의료복지금을 비밀리에 받을 것을 강력하게 희망하였습니다. 기금은 그 희망에 따라 보상을 실시한 것입니다. 받은 분들의 이름은 물론, 인원수조차 2014년까지 밝히지 않은 것은 그 때문입니다.

그러나 기금이 실시한 보상은 한계는 있지만, 충분히 세계에 내세울 만한 것이었다고 믿고 있습니다. 21세기가 되어 한국 국내에서도 기금의 이념과 실제행동이 조금씩 알려지자, 아직은 소수이기는 합니다만 그것을 평가하는 목소리도 나오고 있습니다.

'해결'이란 무엇을 말하는가

에가와 앞으로 일본은 이 문제에 대해서 어떻게 대응해가는 것이 좋을까요? 원래 어떤 상태를 '해결'이라고 말할 수 있습니까?

오누마 조금 전에 말씀드린 것처럼, 어딘가 딱 하나뿐인 절대 정답이 있는 것이 아닙니다. 도대체 누구를 위한 '해결'인지를 생각해야 합니다. 우선은 피해자에게 '해결'이 필요하겠지요. 둘째, 한일 간에 이 정도로 큰 정치문제가 돼버린 이상 한일이라는 국가 간의 '해결'도 생각해야만 합니다. 셋째, 이 문제에서 일본의 국제적 명예가 실추되는 것은 분명하므로 그것을 불식시키는 것도 필요하겠지요. 이와 같이 일단은 나누어 생각해야 하고, 각각 절대 '해결'은 없다 하더라도 한일 정부가 가능한 것, 해야 하는 것은 있을 겁니다. 한일 쌍방의 언론과 NGO가 그것을 이해하고 협력하지 않으면 또 실패할 수밖에 없습니다.

한 단어로 '피해자'라 칭해도 한 사람 한 사람 개성도 생각도 다르고, 위안부가 된 경위, 거기에서의 체험, 그 후의 생활도 다양하므로 모든 사람을 만족시키는 '해결'이라는 것은 어렵습니다. 이 점은 여러 번 반복해서 말씀드렸습니다만, 아마도 대부분의 피해자가 평가해주신 것은 일본 정부가 결단을 내려서 상징적인 행동을 취하는 것이겠지요. 저는 이전부터 일본 총리가 전 위안부 분들이 사는 곳을 방문하여 깊이 머리를 숙이고 손을 잡고, 그런 모습이 언론을 통해 널리 전해지면 위안부 피해 여성들도 만족하고 한국에서도 국제사회에서도 위안부 문제로 상처받은 일본의 명예가 크게 회복될 것이라고 말씀드려 왔습니다. 다만 이것은 유감스럽게도 현실 가능성이 매우 낮겠지요.

그렇게까지는 기대할 수 없다 하더라도, 지금껏 반발이 강해서 기금의 보상을 받아들이지 못하고 있는 한국 내 위안부 피해자들이 소수입니다만 분명 생존해 계십니다. 그런 분들에게 총리의 사죄 편지와 보상금, 의료복지금을 함께 전달하는 것도 생각해볼 수 있습니다. 이러한 수준으로 위안부 피해자들이 어느 정도 만족해하실지는 여전히 의문이 남으며, 이 문제에 관한 일본의 국제적 평판이 극적으로 개선될 것이라고도 생각되지 않습니다.

아시아여성기금에 협력하여 한국에서 보상 활동에 종사한 일본의 NGO와 기타 몇몇 분들은 아시아여성기금이 해산한 뒤에도 한국, 필리핀, 대만에서 일정 기간 일본 정부의 자금 지원을 받아 위안부 피해자들에 대한 지원을 계속해왔습니다. 이러한 지원 체계와 예산을 충실하게 하는 것도 대부분 언론에서 보도조차 되지 않는 소소한 것이지만 '위안부 문제 해결'의 중요한 일부분이라고 생각합니다.

제5장

21세기 세계와 '역사인식'

rence letters of the Prime Minister and the AWF President were shown by
nson, Anasatasia Cortez and Rufina Fernandez.

◀ **앞면 사진** 하시모토 류타로 총리의 사죄 편지를 들어보이고 있는 필리핀의 일본군 위안부 피해자인 마리아 로사 루나 헨슨(좌)

19세기까지의 전쟁관과 식민지관

에가와 전쟁이나 식민지 지배가 위법도 아니고 윤리적으로도 비난받지 않았던 시대도 있었습니다. 전쟁에 대해서 예전의 국제법이나 국제사회가 공유하는 윤리·가치관은 어떤 것이었습니까?

오누마 인류 역사는 전쟁의 역사이기도 합니다. 전쟁은 고대로부터 끊임없이 이어져 왔습니다만, 현대를 사는 우리들과 직접 관계가 되는 근대에 한정하여 말씀드리겠습니다.

17세기부터 19세기 무렵의 유럽에서는 전쟁에도 정의가 필요하다는 '정전론正戰論'이 지배적이었습니다만, 실제 전쟁이라는 것은 정의를 실현하는 쪽이 이긴다고 할 수 없습니다. 오히려 결국에는 승자가 정의였다고 사후에 정당화하는 논리가 되어버렸습니다. 식민지 지배를 위해서 현지 사람들을 무력으로 제압하는 것도 '야만인을 기독교화 한다'는 논리로 정당화되었습니다.

19세기가 되자, 유럽 사회에서 기독교의 권위가 떨어졌습니다. 과학의 발전에 따라 성서의 기술에도 오류가 있다고 지적하는 일도 생겨났고 세속화가 진행된 것입니다. 종교적 가치관이 쇠퇴해감에 따라 정전론도 사라지는 한편, 국가를 절대시하는 경향이 강해졌습니다. 전쟁은 전시 국제법이 허용하는 범위에서 국가가 자유롭게 할 수 있다는 생각이 강해졌습니다. 전쟁은 이른바 국가 간의 결투이고, 결투를 규율하는 절차법은 필요하지만 그 이상의 윤리나 정의는 요구되지 않았습니다. 전쟁 그 자체는 위법이 아니고, 전쟁이 일어나는 것을 전제로 비전투원을 죽여서는 안 된다, 포로를 학대하지 마라, 중립국의 배를 공격해서는 안 된다는 정도의 규칙을 제공하는 것이 국제법의 역할이었습니다. 전쟁 자체를 위법화하려는 움직임이 나온 것은 제1차 세계대전 후의 일입니다.

에가와　식민지 지배에 대해서는 어떻습니까?

오누마　유럽제국이 세계 곳곳에 진출해서 식민지를 만들어갔던 역사는 15세기에 시작됩니다. 개인적인 명예욕과 물욕, 이슬람교도와 대항하기 위해서 동맹을 찾고, 나아가 기독교의 포교라는 사명감을 가졌던 혼성집단이 아프리카, 중남미, 아시아로 진출했던 것입니다. 포르투갈의 '항해왕자' 엔리케가 아프리카 서안의 탐험을 원조하여 1492년 크리스토퍼 콜럼버스가 '신대륙'을 '발견'했으며, 1498년에는 바스코 다 가마가 '인도항로'를 '발견'합니다. 스페인, 포르투갈 두 나라가 중남미제국을 식민지화하고 강제노동과 물질적 착취를 하였습니다.

한편 기독교 선교사들이 포교하러 갔다가 너무나도 비인도적인 상황을 목격하고 목소리를 높이기 시작합니다. 그 대표적 인물이 라스 카사스^{Las Casas, Bartolomé de}입니다. 그는 스페인 출신 지배자의 착취와 현지인들의 학살이 일상화되어 있는 실태를 보고서로 정리하여, 그 같은 학대는 중단해야 한다고 왕실에 호소합니다. 16세기 전반 스페인 국내에서 큰 논쟁이 되었고, 최종적으로는 기독교 정신에 입각해 현지인을 혹사해서는 안 된다는 신법이 만들어집니다. 그러나 실제로 그러한 법령은 실효가 없었고, 혹독한 지배와 착취가 이어졌습니다.

스페인, 포르투갈에 이어서 네덜란드, 영국, 프랑스, 벨기에, 독일, 러시아 나아가 미국도 세계 각지를 식민지로 만들었습니다. 이 국가들은 식민지 지배를 악이라고 생각하는 관념이 거의 없었으며, 그런 나라들이 만들어서 운용한 국제법도 식민지 지배를 인정하고, 오히려 그 도구로서 기능하였습니다. 19세기 후반에는 구미의 백인들 사이에 자신들의 뛰어난 문명을 아시아나 아프리카의 '미개', '야만적인 민족'에게 전파해야 할 존엄한 의무가 있다는 생각이 퍼져 있었습니다. '문명(화)의 사명', '백인의 책무'라는 말이 유행하고, 식민지 지배는 윤리적으로 올바른 것, 성스러운 책무로 여겨졌습니다.

일본이 청일전쟁에서 승리하고 대만을 식민지화한 것이 1895년, 조선에 강한 압박을 가해 최종적으로 식민지화한 것이 1910년입니다. 당시에는 구미열강도 아프리카를 비롯하여 세계 각지를 대대적으로 식민지화하고 있던 시대였으므로 일본의 행위가 법적으로 비난받을 일은 없었습니다. 이처럼 제1차 세계대전 이전의 국제법은 식민지 지배를 위법적인 것으로 보지 않았고, 구미열강도 일본도 식민지에서는 인종적·민족적 편견에 근거한 차별적 지배를 행했습니다.

에가와　세계적으로 일어난 유럽의 식민지 지배 중에서도 아시아는 타 지역과 비교해 식민지화가 비교적 늦었던 것인가요?

오누마　중남미와 아프리카, 남태평양의 도서 지역에서는 유럽 열강에 대항할 수 있는 강대한 국가조직이 거의 없었습니다. 아메리카 대륙에는 잉카제국 등이 있었지만, 내전이나 전염병의 만연으로 인해 약화되어 있었기 때문에 비교적 소수의 스페인이나 포르투갈의 군사력에도 지배당하고 말았습니다. 한편 아시아에는 중국의 명·청조, 인도의 무굴 제국, 터키를 중심으로 하는 오스만 제국 등 유럽 제국보다 훨씬 강대한 왕조국가가 존재하고 있었습니다. 그 때문에 유럽 열강은 이러한 아시아의 강대한 왕조국가의 규칙에 따라 무역을 하고 있었던 것입니다.

그런데 18세기부터 19세기에는 유럽 열강과 아시아의 여러 왕조와의 역학관계가 역전됩니다. 오스만 제국은 가까스로 독립은 유지했지만, 17세기 말에는 유럽 열강에 종속되는 위치로 전락했고, 무굴 제국도 19세기에는 대영제국의 식민지가 되었습니다.

최후까지 남은 중국 청나라도 쇠퇴기에 접어들어 영국과 벌인 아편전쟁(1840-42년) 이후 유럽 열강에 패배해 19세기 말에는 완전히 몰락합니다. 마침 그 시기에 일본은 미국의 페리가 이끈 함대의 압력 하에 '개국'하게 되며 서양화 정책을 폈으며, 당시까지 중국을 중심으로 한 동아시아 문명권에서 벗어나 구미중심의 국제사회 체제에 합류합니다. 그리고 구미열강을 모델로 하여 대만과 조선을 식민지화한 것입니다.

제1차 세계대전과 전쟁의 위법화

에가와   그 후 제1차 세계대전으로 그때까지의 전쟁관은 바뀌었습니까?

오누마   19세기부터 21세기 초의 구미 중심의 국제사회에서는 전쟁이란 국가정책의 하나로 생각되어 왔습니다. 외교의 연장선상에 전쟁이 있고, 외교와 전쟁을 조합하여 국가이익을 실현하는 것이 유럽의 고전적인 국제관계였습니다. 제1차 세계대전 발발 시점에서 유럽의 지도자들은 그렇게 생각했고, 적당한 때에 외교교섭을 시작하여 강화로 끝날 것이라고 생각했던 것으로 알려져 있습니다. 그런데 과

학기술의 진보로 무기의 살상능력이 높아지고 전차, 독가스도 사용하게 되고, 군대뿐만 아니라 국민까지 총동원하는 총력전이 되면서 그때까지의 전쟁과는 전혀 다른 대규모의 살육전이 되었습니다. 전쟁으로 부모와 친척, 친구를 잃은 사람들이 엄청난 숫자에 이르게 되고, 언론이 부추기면서 전 국민 규모로 적국에 대한 증오감이 폭발하는 사태가 되었습니다. 지도자가 적당한 시점에서 손을 써 중단하려 했지만 민중이 그것을 허락하지 않습니다.

군사적으로도 독일, 오스트리아·헝가리 동맹군과 영국, 프랑스, 러시아 등의 연합국 군대가 힘을 결집하고 있었으므로 서로에게 결정적인 타격을 가할 수 없었습니다. 미국이 참전하여 군사력의 균형이 서서히 연합군에게 유리해지면서 독일은 1917년 러시아에서 일어난 사회주의 혁명을 목도한 후, 자국의 사회주의 혁명 가능성에 심각한 우려를 하게 되었습니다. 전쟁은 이미 지도자의 통제 아래 있는 정책 수단이 아니라, 지배자가 더 두려워 하는 혁명을 초래할 수도 있겠다는 인식이 확산되면서 1918년 마침내 전쟁이 끝나게 됩니다.

종전 후에도 전승국, 특히 영국과 프랑스 국민의 독일에 대한 분노는 가라앉지 않아서 실현 불가능할 정도로 가혹한 배상금을 독일에게 요구합니다. 전쟁이 끝났을 당시 영국과 프랑스의 지도자는 그것이 독일이 지불할 수 없는 요구라는 것을 알면서도 민중의 분노를 잠재울 수 없어 무리한 배상을 독일에 청구하지 않을 수 없었습니다. 실제로 제1차 세계대전의 희생자 수는 그때까지의 유럽 전쟁과 비교했을 때 엄청난 수에 이르렀습니다. 유럽에서 가장 근접한 시기에 일어난 대규모 전쟁은 1870년의 보불전쟁입니다만, 그때의 희생자가 약 25만 명. 너무 비참하여 적십자운동이 생겨난 계기가 된 크림전쟁(1853~56년)도 희생자는 약 77만 명이었습니다. 그런데 제1차 세계대전에서는 약 2,600만 명의 희생자가 발생한 것으로 알려져 있습니다.

이런 사실로부터 구미열강조차도 전쟁을 외교와 병행되는 국가정책의 한 수단으로 보던 발상에서 벗어나 어쨌든 전쟁을 부정하는 방향으로 가려고 하였습니다. 그 첫번째가 국제연맹입니다. 제1차 세계대전의 강화조약인 베르사유 조약의 일부로서 국제연맹규약이 체결되고, 그에 의거하여 설립되었습니다. 이것은 모든 연맹 가맹국이 서로에게 무력행사를 하지 않을 것을 약속하고, 그 조약에 반하여 전쟁을 일으킨 국가에게는 다른 모든 가맹국이 협력하여 제재를 가하기로 하는 집단안전보장체제로 위협함으로써 전쟁을 억제하고자 했던 것입니다.

두 번째는 전쟁의 위법화입니다. 국제연맹에서도 전쟁은 어느 정도 위법으로 규정했지만, 연맹체제에는 몇 가지 결함도 있었습니다. 그래서 1920년대에 전쟁을 위법화해야 한다는 운동이 활발해지고, 1928년에 부전조약不戰條約이 체결됩니다. 이로써 전쟁이 국제법상 처음으로 원칙적으로 금지되었습니다. 세계가 전쟁을 위법한 것으로 만들기 위해 국제법상 획기적이라고 해도 좋을 만한 성과를 낸 것입니다. 그러나 그로부터 3년 뒤, 일본이 만주사변을 일으키고 말았습니다.

에가와   전쟁은 위법이었지만, 식민지 지배는 위법이 아니었습니까?
오누마   그렇습니다. 제1차 세계대전 중, 소련의 초대 최고지도자였던 레닌과 미국의 윌슨 대통령이 차례로 민족자결이라는 슬로건을 내걸었습니다. 각 민족은 다른 민족이나 국가의 간섭을 받지 않고 스스로 정치조직이나 귀속을 결정하는 권리를 갖는다는 생각입니다.

다만 제1차 세계대전 후 민족자결은 유럽에서만 적용되었습니다. 아시아, 아프리카 등 방대한 비유럽 식민지에 적용하는 것은 전승국인 영국과 프랑스가 절대로 인정하지 않았습니다. 패전국 독일과 오스트리아·헝가리는 1918년 전선에서 이탈한 러시아(소련)의 지배 아래 있던 동유럽, 중부 유럽의 여러 민족이 민족자결의 당사자가 되어 독립하였습니다. 그러나 영국과 프랑스 식민지의 국민들은 그 혜택을 받을 수 없었습니다.

그래도 민족자결이라는 이념은 아시아나 아프리카 지도자의 머리에 뚜렷이 뿌리내렸습니다. 아시아, 아프리카의 지도자들은 유럽의 여러 대학에 유학하여 그러한 새로운 시대의 사상을 접했으며, 그것을 가지고 자국 민족에게 돌아갔습니다. 아시아에서도 19세기 후반부터 일어난 민족독립운동은 20세기 전반에 활발해졌습니다. 아시아 독립운동 지도자는 구미만이 아니라 일본 대학에도 유학하면서 민주주의와 민족자결이란 이념을 접하게 됩니다.

중국은 독립국이었습니다만, 청조의 황제는 만주족으로 중국인의 대다수를 점하고 있는 한족에게는 이민족의 지배로 받아들여졌습니다. 이리하여 1911년 한족을 중심으로 하는 신해혁명이 일어납니다. 19세기 말부터 20세기 전반에는 아시아의 여러 민족이 민족자결에 눈을 뜨고, 식민 지배와 싸우기 시작합니다. 일본은 그러한 시대 흐름에 역행하여 제국주의·식민지주의 정책을 취하고 있던 구미 열강을 모델로 삼아 제국주의적 정책을 추진해 대만과 조선을 식민지로 지배했던 것입니다.

시대를 읽지 못한 '탈아입구脫亞入欧'의 일본

에가와   그 시기 일본의 대응에는 어떤 문제점이 있었습니까?

오누마   그 시대는 인종주의가 심하게 창궐하였던 시대로 '황색인종'인 일본에 대한 구미의 편견은 강했습니다. 그 시대를 살았다면 저도 구미에 대해 강한 반발심을 갖지 않았을까 생각합니다. 그런 가운데 일본인은 구미제국을 따라잡으려고 눈물겨울 정도로 열심히 일했습니다.

다만 그 시대의 일본에 무척 아쉬운 점이 있다면, 하나는 시대의 조류를 읽지 못했다는 것입니다. 약육강식의 제국주의 시대는 제1차 세계대전 후의 전쟁의 위법화와 민족자결의 조류 속에서 서서히 변하려 하고 있었습니다. 제국주의와 식민 지배에 반항하는 아시아, 아프리카 민족들의 민족주의가 분출하기 시작했습니다. 시대는 변하고 있고, 일본에도 이시바시 탄잔石橋湛山이나 니토베 이나조新渡戶稻造처럼 그런 조류를 이해하는 사람들이 있었지만 일본 전체로서는 역사의 전환을 인식하지 못했습니다.

또 하나는 메이지 이래 일관된 '탈아입구'(정체한 구습인 아시아의 일원임을 포기하고 '발전한', '강한' 유럽의 일원이 되고자 하는 일본의 정책과 의식)의 일환으로서 아시아, 아프리카 사람들에 대한 차별의식입니다. 일본은 파리강화회의 때 국제연맹 규약에 인종차별 철폐조항을 넣을 것을 제안했습니다. 이 제안은 미·영, 오스트레일리아 등의 강한 반대로 채택되지 못했습니다만, 인종차별 철폐를 요구했다는 사실 자체는 높이 평가해야 하겠지요. 다만 인종차별 철폐를 제안한 바로 그 일본이 중국인에 대해 민족적 편견을 가졌으며,

조선을 식민 지배하고, 남양제도의 사람들을 '시민의식이 낮은 토인(미개인)'으로 보고 있었습니다. 이시바시 탄잔은 인종차별 철폐 요구를 강력히 지지하면서 "우리는 우리 국민이 실제로 행하고 있는 바를 보고 부끄러워 그것을 입에 담을 수 없어 극히 유감스럽다"(《동양경제신보》 1919년 2월 15일호 사설)고 말했습니다만, 실로 그러하다고 말할 수밖에 없습니다.

제1차 세계대전까지 일본은 문명국으로 인정받기 위해 열심히 국제법을 준수했습니다. 구미열강의 인종차별은 분명 정의에 반한 것이며, 그 철폐를 주장하는 것은 구미제국도 정면에서 반대할 수 없었고, 비 구미제국은 오히려 지지하는 편이었습니다. 그때 일본 스스로가 자기주장에 합치하는 행동을 취하고, 당시의 인종차별적 국제질서를 바꾸려는 노력을 쌓아갔다면 일본은 여러 나라로부터 존중받고, 중국과 벌인 진흙탕 같은 전쟁(개별 '전투'에서는 아무리 승리를 한다 해도 중국의 전 국민을 대상으로 한 '전쟁'에서는 결코 이길 수 없는)에 빠지는 일도 없었을지 모릅니다.

그러나 일본은 중국이 도저히 받아들일 수 없는 21개조 요구라는 부당한 요구를 들이대고, 한국에서는 가혹한 무단통치를 강행하였습니다. 그 결과 일본이 인종평등조항을 연맹규약에 삽입하고자 각국을 설득하던 바로 그 시기에, 한국에서는 일본의 식민지배에 저항하는 3·1 독립운동이 일어났고, 2개월 후에는 중국에서 구미열강이나 일본의 제국주의 정책을 비판하는 5·4운동이 일어났습니다. 아이러니라고밖에 표현할 길이 없습니다.

더불어 일본의 군인교육이 내부로 향해 있던 것도 문제였습니다. 야마모토 이소로쿠山本五十六처럼 세계를 잘 이해하고 있는 군인은 예외이지만, 도조 히데키東條英機를 비롯한 대부분의 고위급 군인들이 국제사회의 모습이나 추세에 대해 무지했습니다. 당시 일본은 뒤늦게 출발한 제국이었으며, 구미열강과 어떻게든 경쟁해보려고 가랑이가 찢어질 정도로 무리하고 또 무리했습니다. 일본은 열강의 일원으로서 아시아의 맹주가 되고자 했습니다만, 구미열강과 어깨를 나란히 할 수 있는 유일한 분야가 군사력뿐이었기 때문에 무리해서라도 거기에 방대한 국가자원을 쏟아 부었습니다. 그러자 민생을 위해 자원을 분배할 수 없게 되었고 경제는 점차 심각해져서 1929년 세계대공황에도 대응할 수 없었습니다.

사회가 경색된 상태에서 부조리한 것을 광신하는 정신세계가 대두했습니다. 제2차 세계대전에서도 무조건 정신력이 있으면 이길 수 있다는 발상으로 밀어붙이고 말았습니다. 일본은 아마테라스 오오미카미 이래 만세일계의 천황을 받드는 선택된 민족이며, 그런 민족으로서 적의 포로가 되는 일 따위는 당치도 않은 일이다, 깨끗하게 싸우다 죽어야 한다는 발상이 '전진훈戰陣訓'에서는, '살아서 포로가 되는 굴욕을 당하지 말자'는 말로 상징적으로 나타났습니다. 그렇게 되면 포로라는 것은 애초부터 존재할 수 없는 것이 되고, 적의 포로를 소중히 다뤄야 한다는 것도 생각하지 못합니다. 포로의 적절한 처치를 규정하는 전시 국제법을 무시하게 되었던 것입니다.

청일, 러일, 제1차 세계대전 때 발표된 천황의 조칙에는 '싫어도 국제법으로 돌아가지 않을 수 없다'거나 '무릇 국제조규의 범위에서' 등 '국제법을 준수하여 싸운다'는 취지의 문구가 들어 있습니다(그렇지만 중국에 대해서 전쟁법을 준수하여 청일전쟁을 하였는지 의문시하는 학자도 있습니다). 그런데 진주만 공격 직후에 발표된 미·영

양국에 대한 개전조서에는 국제법에 관한 내용이 전혀 없습니다. 그것은 1941년 시점의 전쟁과 국제법에 대한 일본의 자세를 상징한다고 할 수 있으며, 당시부터 일부 지식인은 이것을 우려하고 있었습니다.

만주사변과 국제연맹 탈퇴

에가와 　전쟁을 위법화한 부전조약이 성립되고 3년이 지난 1931년 일본은 만주사변을 일으켜 국제사회로부터 비판을 받습니다. 리튼 조사단의 보고에 의거하여 국제연맹이 만주국을 일본의 괴뢰정권이라고 단정하자 일본은 연맹으로부터 탈퇴하고 맙니다. 그때의 비판은 상당히 엄중한 것이었나요?

오누마 　당시 국제사회의 존재방식을 주도하고 동아시아 질서에 중대한 관심을 갖고 있던 영·미·불, 특히 영국은 만주사변이 일어났을 때 어떻게든 일본을 달래서 일본과 중국을 화해시켜 잡음 없이 해결하고자 하였습니다. 1929년에 대공황이 시작되자 세계는 심각한 경제위기에 봉착해 수많은 실업자가 발생하고 국정도 혼란스러워졌습니다. 특히, 독일의 타격이 심각해 베르사유 체제에 대한 반감이 커지자 나치는 국민의 지지를 확대해갔습니다. 이탈리아에서는 파시즘이 힘을 얻고 있었습니다. 그런 가운데 위법한 전쟁을 일으켰다고 해서 일본과 군사적으로 대립하는 것은 영·미·불로서는 피하고 싶었던 상황입니다. 일본이 국제연맹을 이탈하는 것도 난처했습니다. 애초부터 상원이 반대한 미국은 국제연맹에는 참가하지 않았으며, 영국과 프랑스도 국제연맹이 약화되는 것은 피하고 싶었기 때문입니다.

한편 미국 내에서는 제1차 세계대전이 끝나고 제2차 세계대전이 일어나는 소위 전간기에 미국이 참전한 것은 잘못이었다는 의식이 고조되었습니다. 독일만이 아니라 영국과 프랑스 측에도 문제가 있던 제국주의 국가 간의 이권 다툼이었는데, 순진무구한 미국의 청년들이 머나먼 대서양을 건너가 싸우다 수많은 사상자가 나왔다는 비판이 커져갔습니다. 건국의 아버지, 워싱턴이라면 유럽과는 엮이지 말라고 하지 않았을까 하는 고립주의와 연결된 평화주의 경향이 매우 강해져 있었습니다. 그 때문에 미국도 일본의 만주사변을 군사력을 사용하면서까지 위협해 저지하려고는 하지 않았던 것입니다.

그런 상황에서 국제연맹이 파견한 리튼 조사단은 구미 열강의 뜻에 따라 아주 미온적인 보고서를 제출합니다. 일본의 행동에 대해 국제법상 분명히 문제가 있다고 하면서도 일본의 경제적 권익에 중국 측도 배려해야 한다는 등 결코 일본에게 불리한 내용은 아니었습니다. 그런데 국내에서 극단적인 민족주의적 감정이 고조되어 있던 당시 일본은 리튼 조사단의 타협적인 보고서조차도 단연코 거부하자는 목소리가 커서 결국에는 국제연맹을 탈퇴하고 맙니다.

만주사변은 명백하게 관동군의 음모로 발생한 무력행사여서 부전조약, 나아가 당시의 동아시아 국제질서의 틀을 형성했던 9개국 조약에 위반하는 위법적인 전쟁이었음은 분명합니다. 그럼에도 불구하고 일본 정부와 군부는 자위권의 행사라고 고집하였습니다.

극히 일부입니다만, 일본에서도 그것을 비판하는 지식인이 있었습니다. 예를 들어 도쿄제국대학에서 국제법을 가르치고 있던 요코다 기사부로橫田喜三郞 교수가 그렇습니다. 전후 최고재판소 장관(우리의 대법원장)이 된 인물입니다만, "자위권의 행사가 아니다. 국제법에 위반된다"고 비판하였습니다. 그것이 우익의 반발을 불러일으켜 '매국노', "국가의 불온한 역적, 각오하라"는 문서가 몇 통씩이나 자택으로 배달되었으며, 결국 그 후에는 침묵하지 않을 수 없었습니다. 그런 상황에서 어떤 국제법학자도 만주사변이 국제법상 위법한 무력행사라고 정면으로 비판하지 않았습니다.

저널리즘도 《카호쿠河北 신보》 같은 지방신문이 육군에 끌려가는 듯한 외교를 해서는 안 된다고 비판했으며, 이시바시 탄잔도 "중국의 모든 국민을 적으로 돌리고, 나아가 세계열강을 적으로 돌려 놓고 과연 그 거래에서 우리에게 이익이 있는가?"(《동양경제신보》 1931년 10월 10일호 사설)라 하면서 만몽포기론滿蒙放棄論을 주장했습니다. 그러나 주요 신문이나 많은 저널리스트들은 군부, 정부를 추종하고 오히려 만주사변을 지지하는 목소리를 부채질하고 말았습니다. 그런 언론에 이끌렸던 일본 국민은 국제연맹을 탈퇴했을 때 "잘했다!"고 박수갈채를 보냈습니다. 당시의 일본 지도자가 잘못된 정책을 채택하고, 그것을 언론이 선동하자 국민도 박수갈채를 보냈습니다. 장기적으로 보면 그것은 나라를 위태롭게 한 전형적인 사례였습니다.

이처럼 만주사변은 위법한 무력행사라는 국제사회의 평가와 달리 일본 국내에서는 이를 단호하게 지지하는 평가로 큰 격차가 생기고 말았습니다. 중국 국민 대다수에게는 일본 군대가 음모를 꾸며 중국 동북지방을 일거에 점령하고는 자신들이 혁명으로 무너뜨린 청나라의 푸이(愛新覺羅溥儀)를 황제로 삼아 만주국이라는 괴뢰

국가를 만든 도저히 용서할 수 없는 행위였습니다. 민족주의를 자극하여 반일감정은 점점 더 고조되어 갑니다.

그 후 사변은 소강상태가 되었습니다만, 이번에는 1937년 루거우차오蘆溝橋 사건으로 중·일 양국 군대가 충돌해 중일전쟁으로 발전해 갔습니다. 이때 참모본부는 조기에 전쟁을 종결하고 싶어 했습니다만, 오히려 정부가 강경해서 고노에近衛 총리가 "제국정부는 이후 국민정부를 상대하지 않겠다."는 성명을 내고 말아 전면적인 전쟁으로 빠져 들어갑니다.

일본의 행동을 비난하면서도 일을 크게 벌이지 않고 조용히 처리하고자 어느 정도 유화적인 정책을 취했던 미국도 결국 1941년 8월, 중국에서 철병하지 않으면 석유 수출을 전면금지하겠다고 일본에 통고합니다. 일본은 중국에서 철수하거나 미국과 일전을 치러야 하는 갈림길로 내몰렸습니다. 중국에서 철군은 결코 없다, 미국에서 석유가 공급되지 않으면 남방에서 확보하고자 하는 생각에서 프랑스령 인도차이나의 남부로 진군해갔습니다. 이것은 미국 입장에서 보면 완전히 선을 넘은 행동이었으며, 미국은 중국 및 인도차이나에서 일본군의 전면철군을 요구하는 '헐 노트Hull Note'를 내밀었습니다. 이를 받아들이지 않은 일본이 진주만을 공격하는 상황으로 전개되었던 것입니다.

에가와   일본 언론이나 국민은 국제연맹 탈퇴를 대대적으로 환영하였습니다. 그런 중에도 연맹탈퇴는 좋은 전략이 아니라는 논조를 펼친 사람으로부터 배울 부분도 많겠군요.

오누마   이시바시 탄잔이 그 대표입니다만, 소일본주의·만몽포기론을 주장하고, 경제적인 번영이야말로 추구해야할 방향이며, 군사력으로 타민족을 위압하는 것은 안 된다고 조목조목 끊임없이 이야기하였습니다.

이 이시바시 탄잔의 삶의 방식에서 현대를 사는 우리가 배울 점이 크다고 생각합니다. 그는 바른 말을 하면서도 체포되지 않고 끝까지 살아냈습니다. 영웅적 행위로 탄압받거나 혹은 어설프게 탄압의 구실을 주지 않고 굳세게 살아남았습니다. 그것은 학자이건 저널리스트이건, 일반시민이건 중요한 것이지요. 권력의 개입을 초래할 것 같은 재료를 저널리즘이 제공하는 것은 어리석은 일이며, 예전 지식인 사이에서 옥중에서 몇 년간 버텨낸 공산당원의 이야기가 영웅이야기로서 구전되기도 했지만, 감옥에 들어가 버리면 주장도 할 수 없게 됩니다. 이시바시 탄잔처럼 탄압받을 구실을 주지 않으면서도 제대로 자기 일을 해서 국민의 귀에 전달되게 하는 형식으로 주장을 계속하는 것, 그것은 무척 중요한 것이 아닐까요?

그 이시바시가 말했던 것은 철저한 실리 추구입니다. 그것은 결코 근시안적인 실리가 아니라, 장기적인 전망을 가진 실리입니다. 그의 실리주의를 생각해보면 저는 제 아버지나 할아버지가 말씀하셨던 '상인의 도'가 떠오릅니다. 저는 장사치 집안에서 태어났습니다만, 아버지나 할아버지는 "상인은 돈을 버는 것이 중요하다. 그러나 거기에도 상도라는 것이 있다. 다른 사람을 속이거나 나만 돈을 벌면 된다 하는 식의 행동은 종국에는 신용을 실추시키고, 긴 안목에서 보면 손해가 된다"고 자주 말씀하셨습니다.

이시바시 탄잔이 말하는 것은 실로 이러한 상도였다고 생각합니다. 실리를 말하면서 도덕적·윤리적 의미를 포함한 실리, 그러한 실리는 장기적인 이익에 버금가는 현명한 실리이며, 실로 이것이 보수주의의 지혜라고 생각합니다. 그런데 21세기 일본에서는 전전이나 전쟁 중의 일본의 행동에 대한 진지한 반성에 입각해 전후 일본의 모습을 부정하고, 메이지헌법 하의 가치관의 부활을 주장하는 복고 혹은 반동적 사고양식을 보수주의라고 말하게 되었습니다. 거기에는 장기적인 역사적 관점에서 실리를 말하는 보수주의의 지혜가 느껴지지 않고, 보수주의라는 명목 아래 편협하고 배타적인 감정과 울분의 발산이 일어나고 있는 상황은 아닌지 우려스럽습니다. 그것은 사회를 왜곡하고 국가경영을 위험하게 만듭니다.

국제법 위반이 빈번했던 제2차 세계대전

에가와   제2차 세계대전이 그전까지의 전쟁과 다른 점은 어떤 점이었습니까?

오누마   제2차 세계대전은 문자 그대로 세계전쟁이었습니다. 제1차 세계대전도 미국이 참전하여 연합국을 승리로 이끌었으며, 일본도 중남미 제국도 참전했지만 기본적으로는 유럽의 전쟁이었습니다. 제2차 세계대전은 일반적으로는 1939년의 독일에 의한 폴란드 침략으로 시작되었다고들 생각해왔고, 1941년까지는 역시 기본적으로는 유럽의 전쟁이었지만 일본의 참전 이후 중남미제국, 에티오피아, 리비아, 터키, 이집트 등의 아프리카, 서아시아 제국도 포함된, 문자 그대로 세계전쟁으로 확산되었습니다(형식적으로는 일본·독일 등의 추축국에 대해 전쟁 선포만 하고 실제로는 전쟁을 하지 않은 나라도 있습니다). 다만 세계전쟁이라 해도 일본, 독일, 이탈리아가 중심인 추축국은 가장 많았을 때에도 8개국에 그쳤으며(만주국 등 괴뢰국가는 제외), 1943년 이후 이탈리아를 비롯한 5개국이 이탈해 1945년에는 일본·독일과 태국 3개국만 남았습니다. 일본과 독일은 세계 혹은 국제사회 전체와 싸운 형국이었던 것입니다.

또 제1차 세계대전의 경우, 전쟁 원인은 독일 측과 영·불 측 양쪽에 있었지만, 제2차 세계대전에서는 일본은 만주사변으로부터 진주만공격과 같이 국제법을 위반한 정당하지 못한 군사력의 행사가 있었고, 독일도 1939년 9월 1일 전격적으로 폴란드를 침공했습니다. 일본과 독일은 분명 스스로에게 잘못이 있는, 변명의 여지가 없는 싸움을 하고 말았습니다. 제1장에서 말씀드린 대로 도쿄재판은 '승자의 재판'이고 여러 불공평함이 분명 있었지만, '승자'인 연합국은 국제사회를 구성하는 대부분의 나라였던 것입니다. 그런 의미에서 도쿄재판이란 '국제사회가 심판한 재판'이기도 했습니다. 샌프란시스코 평화조약으로 일본은 도쿄재판의 판결을 수용했습니다. 조약에 참가하지 않았던 중국, 인도, 소련, 한국 등도 1931년~45년 일본이 도발한 전쟁이 위법적인 침략전쟁이었다는 인식을 모두 공유하고 있다고 해도 좋을 것입니다.

엄청난 수의 일반시민이 희생되었다는 것도 제2차 세계대전의 특징입니다. 이 대전에서는 소이탄을 사용한 공중폭격이 대규모로 있었습니다. 이것은 그때까지의 전쟁법에 위반하는 행위였지만, 적군의 전의를 상실케 하는 유효한 전술로서 연합국과 추축국이 모두 사용했습니다. 독일군이 감행한 런던대공습에서는 4만 3천 명 이상의 민간인이 사망했으며, 독일은 V1비행폭탄, V2로켓 등의 공격도 감행했습니다. 일본군도 충칭^{重慶}을 폭격했습니다. 반면 연합국은 독일의 드레스덴과 일본의 도쿄를 비롯한 추축국의 여러 도시에 훨씬 큰 규모의 공습을 하였습니다. 전쟁 말기 일본의 방공력은 거의 제로에 가까운 상태였기 때문에 연합군은 히로시마와 나가사키에 대한 원폭을 포함하여 철저한 공중폭격을 단행해 일반시민의 희생은 실로 말할 수 없었습니다.

집단안전보장체제의 확립과 한계

에가와 　민간인까지 끌어들인 그런 처참한 전쟁은 전후 국제법 혹은 국제사회의 윤리관에 어떤 영향을 미쳤나요?
오누마 　국제사회라 해도 가치관이나 역사적 경험을 달리 하는 나라들로 이루어진 사회이기 때문에 제2차 세계대전을 이해하는 방식도 국가에 따라 매우 다릅니다. 예를 들어 일본에서는 절대평화주의가 고조되고 헌법 제9조를 만들고 그것을 유지해왔으며, 전후 70년이 지나도록 평화주의 사조는 그 뿌리가 꽤 깊습니다.

전후 국제질서 형성을 주도한 미국 중심의 연합국은 더욱 철저하게 전쟁을 위법화함으로써 평화를 지향한다는 점에서는 일본과 같습니다만, 그 평화를 담보하는 수단으로서 절대평화주의와는 다른 사상에 입각한 집단안전보장체제(국제연맹도 마찬가지)의 강화라는 길을 걸었습니다. 즉, 위법한 전쟁(엄밀히 말하면 무력행사)을 하려는 나라에 대해 국제사회의 모든 국가들이 제재를 가하겠다는 위협을 제도화함으로써 전쟁을 방지하려는 제도이며, 이것이 유엔입니다.

다만 유엔은 미·영·불·중·러로 이루어진 상임이사국의 견해가 일치하지 않으면 제재가 불가능한 구조로 되어 있어 실제로는 좀처럼 제대로 기능하기 어렵습니다. 냉전시대 미·소 대립으로 안보리가 기능부전에 빠졌다는 비판을 받았으며, 냉전 종결 후에도 중·러와 미·영·불이 대립하는 구도는 그다지 변하지 않았습니다. 국제사회의 대리인으로서 안보리가 위법한 무력행사를 한 나라에 대해 무력으로 제재를 가하는 행동은 현실적으로는 기대할 수 없습니다.

나아가 애초부터 유엔은 미·영·불·중·러 5대 군사대국 가운데 한 나라가 위법한 무력행사를 해도 그것을 제재하고 중단시킬 수 없습니다. 실제로 소련의 헝가리, 체코, 아프가니스탄 무력행사, 미국의 베트남, 카리브해 제국에 대한 무력행사 및 위협, 영·불의 이집트 무력행사, 중국의 베트남 무력행사 등 미·영·불·중·러는 자신들이 주도해 만든 유엔헌장에 위반하는 무력행사를 빈번하게 해왔습니다. 그렇지만 그런 위법한 무력행사를 했던 국가는 대부분 이익을 얻지 못하고 철군하지 않을 수 없었습니다. 이들 군사대국이 무력행사로 아무런 이익 없이 철군했던 것은 유엔의 집단안전보장체제가 제대로 기능했기 때문이 아니라, 침략당한 국가의 끈질긴 저항과 그런 위법한 무력행사를 비판하는 국제·국내 여론의 고조에 의한 것이었다고 말할 수 있습니다.

그렇다면 그런 위법한 무력행사에 대한 국제·국내 여론의 고조가 이들 군사대국에 대해 강한 압력으로서 작용한 것은 왜일까요? 그것은 국제연맹의 규약 이후의 일관된 전쟁 위법화의 흐름 속에서 자위 이외의 무력행사를 금지하고 전쟁을 위법한 것으로 생각하는 인식이 보급되어, 세계 각국 국민이 규범의식으로 공유하고 있다는 사실이 큽니다.

또한 신도 천사도 아닌 인간이 제2차 세계대전 이후 70년에 걸쳐 세계대전을 일으키지 않았다는 것은 높이 평가해야 할 부분입니다. 제1차 세계대전 종료부터 일본의 만주사변까지의 10여 년, 독일의 폴란드 침공으로 제2차 세계대전이 본격적으로 시작될 때까지 제1차 세계대전 후의 세계평화는 20년밖에 유지되지 않았습니다. 수천만 명의 희생자를 낸 제2차 세계대전의 교훈(동서진영이 본격적인 핵전쟁을 일으키면, 제2차 세계대전 당시의 희생자를 훨씬 뛰어넘는 희생자가 생길 것이다, 무슨 일이 있어도 막아야 한다는 인식)은 전후 미·소의 최고지도자를 포함하여 세계의 지도자들, 그리고 많은 시민들 사이에 공유되고 있었던 것입니다.

다만 20세기 후반부터 세계에서 심각한 문제가 되고 있는 것은 내전, 제노사이드(대량학살), 테러입니다. 내전과 제노사이드는 종종 서로 연계되어 있습니다. 예를 들어, 캄보디아 내전을 거쳐 권력을 장악한 폴 포트 정권은 1975년부터 79년 사이에 100만 명에서 150만 명에 이르는 국민을 학살한 것으로 알려져 있으며(정확한 통계는 산출 불가능), 1994년 르완다에서는 후투족과 투치족의 민족 간 대립으로 인해 후투계 정부와 그에 동조하는 후투 과격파가 50만 명에서 100만 명의 투치족과 후투의 온건파를 살해한 것(역시 정확한 숫자는 알 수 없음)으로 알려져 있습니다. 어느 쪽이든 전 국민의 10% 이상이 희생된 것으로 추정되고 있습니다. 테러 공격도 규모가 커지고 지역적으로도 확산되고 있습니다. 테러 피해상황도 그 실상이 매우 처참하여 21세기 국제사회가 직면한 심각한 문제라고 할 수 있습니다.

국제형사재판소란 무엇인가

에가와   전쟁범죄를 재판하기 위해 국제형사재판소라는 상설기관이 만들어졌습니다. 이것은 어떻게 만들어진 것인가요? 그 의의와 문제점을 설명해 주시기 바랍니다.

오누마   제2차 세계대전 후 국제사회는 뉘른베르크재판이나 도쿄재판 등을 통해 일본과 독일의 위법한 침략전쟁과 제노사이드, 나아가 통상적 전쟁범죄에 대하여 지도자와 실행자의 책임을 물었습니다만, 그것은 어디까지나 패전국의 지도자와 전범을 재판하기 위한 것이었습니다. 유엔 총회는 1946년에 뉘른베르크재판의 제 원칙을 확인하는 결의를 채택하고 1948년에는 대량학살한 자를 처벌하는 제노사이드 조약을 채택했지만, 그런 범죄의 책임을 묻는 재판소는 오랫동안 존재하지 않았습니다.

1990년대 유고슬라비아가 해체되면서 이 나라를 구성하고 있던 공화국 내에서 또는 공화국 간에 민족대립이 격화하여 상황이 변합니다. '민족정화'라 부르는 학살, 집단 강간을 포함한 잔혹 행위가 유럽의 일각에서 일어나고 있다는 사실에 구미 제국의 국민들은 강한 충격을 받았습니다. 전투 종결 후, 이런 잔혹행위의 책임자·실행자를 국제법정에 세워야 한다는 목소리가 강해졌습니다. 다만 이해관계가 다른 많은 국가 간에 조약을 만들어 국제형사재판소를 만들기까지는 시간이 너무 걸린다는 이유로 1993년 유엔은 안보리결의로써 옛 유고슬라비아 국제형사재판소를 설치했습니다. 좀 전에 언급한 르완다의 집단살해에 대해서도 안보리는 책임자를 재판하는 국제형사재판소를 설치했습니다. 이 두 법정에서는 매우 제한된 범위이기는 하나 책임자가 실제로 소추되었습니다.

그러나 사법재판소를 안보리라는 정치적 기관의 결의로 설치하는 것은 피고인의 인권보장이라는 관점에서 바람직하지 않아 여러 나라가 참가하는 조약으로 '인도에 대한 (범)죄' 등 중대범죄를 재판하는 항구적인 국제재판소를 만들어야 한다는 목소리가 높아져 1998년에 국제형사재판소 설립을 위한 로마규정이 체결되었습니다. 2003년 네덜란드의 헤이그에 상설기관으로서 개설되었고, 실제로 콩고 내전과 수단 학살사건 등의 책임자를 소추하고 판결을 내렸습니다.

그러나 과제는 여전히 매우 많습니다. 우선 참가국이 아직 전 세계의 60%에 그치고 있으며, 미국, 중국, 인도, 러시아, 이스라엘 등은 참가하지 않고 있습니다. 유럽과 중남미의 여러 나라들의 참가는 많지만, 아시아에서도 일본, 한국, 필리핀 등이 참가할 뿐입니다. 더구나 아프리카에서 발생한 대규모 인권탄압이나 잔혹행위의 책임자를 소추하고 있지만, 대통령급의 '거물'은 다른 나라의 비호를 받아 좀처럼 재판까지 가지 않습니다.

더구나 내전상태의 국가도 일단 싸움이 종결되면 그때까지 서로 증오하고 죽이던 사람들이 협력하여 국가재건을 해야 하는데, 개인에 대한 형사책임을 추궁하는 것은 그런 화해와 협력을 저해하는 것이 아닌가 하는 문제도 있습니다. 분명 책임자를 처벌하는 것은 피해자의 마음을 어느 정도 위로하고 정의를 실현하는 것이 될 것입니다. 그러나 대립하고 있는 전투당사자의 화해에 반드시 도움이 된다고는 말할 수 없습니다.

또 아프리카 독재자 중에는 민중의 반서구·반식민주의 감정을 선동하는 자가 적지 않습니다. 그런 지도자는 국제형사재판소는 서구의 가치관을 강요하는 '현대판 식민지주의'라고 비판하고 있으며, 이런 비판은 아프리카를 중심으로 한 개발도상국 사이에서 어느 정도 힘을 발휘해 확산되고 있습니다. 국제형사재판소가 침략전쟁, 제노사이드, 중대한 전쟁범죄를 일으킨 자에 대한 위협효과, 예방효과가 어느 정도나 있는지를 포함해 국제형사재판소를 평가하는 것은 상당히 어려운 일입니다.

서구의 '역사인식'에는 문제가 없는가

에가와   서구제국과 개발도상국의 관계를 보면, 아프리카나 중동은 예전의 종주국으로 이민을 가서 그곳에서 태어난 2세, 3세가 그 나라 국민임에도 불구하고 차별당하고 편견의 대상이 되자 점차 불만이 커지면서 테러에 가담하게 되는 사례가 줄을 잇고 있습니다. 또한 팔레스타인 문제도 원래는 제1차 세계대전 중에 아랍인에게는 오스만제국 지배 하의 아랍인 거주지 독립을 지지해줄 것을 약속하고, 유대인에게는 팔레스타인에서의 건국을 인정하고 프랑스와는 중동 분할의 비밀협정을 체결한 영국의 모순된 외교가 원인입니다. 이 문제가 계속 해결되지 않음으로써 이슬람 과격파가 그것을 이용합니다. 그런 사례를 보고 있으면 과거의 식민지 지배, 제국주의를 반성하지 않은 결과가 쌓이고 쌓여 현 사태에 이른 것이 아닌가 하는 생각도 듭니다.

오누마   거기에 서구제국의 '역사인식'의 중대한 문제가 있습니다.

2001년 9·11 동시다발 테러사건 후, 부시 미국 대통령은 대테러전쟁을 '십자군'이라고 말했습니다. 서구 입장에서 십자군은 이교도의 지배로부터 성지를 빼앗는 성전일지 모르지만 아랍제국, 무슬림에게는 각지에서 잔혹행위를 한 침략이라는 '그쪽에서 바라본 역사'일 뿐입니다. 이 구도를 이해하지 못하고 있는 것입니다. 서구제국의 이러한 순진하고 자기중심적인 역사인식은 식민지 지배에 관해서도 뚜렷합니다.

일본은 전후 패전국의 입장에 있었으며, 중국, 한국 기타 여러 나라로부터 비판을 받으면서이기는 하지만 나름대로 전쟁과 식민지 지배를 반성하고 사죄를 해왔습니다. 그에 비하면 예전의 서구열강은 일본과 독일을 비판하기는 했어도 자신들의 식민지 지배 책임이나 제국주의 정책, 타국에 대한 침략행위에 대해서는 거의 반성의 뜻을 표한 적이 없습니다. 전형적인 예는 미국입니다. 베트남전쟁에서 그토록 고엽제를 쓰고, 그 결과 수많은 장애아가 태어나게 되는 잔혹한 짓을 했으면서도 전혀 사죄하지 않고 있습니다. 필리핀을 식민지 지배했다는 인식도 없습니다. 프랑스도 영국도 식민지 지배에 대한 책임의식, 제국주의적 외교에 대한 반성은 일반 국민뿐만 아니라 지식인도 거의 없으며, 과거의 식민지 지배국에 대한 사죄 역시 일본에 비해 극히 제한적입니다.

즉, 일본과 독일은 분명한 침략국이며, 패전국이어서 전후 엄청난 반성을 요구받고 실제로 반성을 해왔습니다. 그러나 독일 이외의 서구제국은 전승국이었기 때문에 식민지 지배와 제국주의 외교를 뒷받침했던 비서구 제민족에 대한 우월의식을 진지하게 반성하고, 식민지 지배라는 악과 정면으로 마주할 기회를 지금까지도 갖고 있지 않습니다. 서구의 지도자·지식인은 인권이나 환경, 민주주의 등의 이념에 대해 자신들이 교사라는 무의식적인 우월감을 갖고 일본이나 타국에 설교를 합니다. 이런 교만함을 느끼니까 서구에서 자라 서구의 고도의 민주주의와 인권보장을 접했을 무슬림 2세 등이 테러에 가담하는 일면이 있는 것이겠지요. 이처럼 독일 이외의 서구의 대국이 인정해오지 않은 전쟁책임, 식민지 지배 책임에 대해 일본이 비판을 받는 것은 분명 불공평하고 불쾌한 일입니다. 그러나 그렇기 때문에 일본이 서구가 빠져 있는 교만함으로부터 조금은 벗어나 있다고 말할 수도 있을 것입니다.

인간이란 매우 자기중심적이며 교만하기 쉬운 존재입니다. '역사인식'을 둘러싸고 일본이 비판의 대상이 되는 것은 자신을 되돌아보는 데 좋은 기회가 되었다, 스스로의 과거를 되돌아보고 그렇게 하도록 서구제국에 촉구한다, 그것이 보다 나은 21세기의 국제사회의 모습으로 이어질 것이다, 그런 발상이 필요하지 않을까 합니다.

독일의 대응은 왜 평가 받는가

에가와 　같은 패전국이면서도 전쟁을 바라봄에 있어 독일은 국제사회로부터 좋은 평가를 받고 있는 것 같습니다. 어떤 점이 평가받고 있는 것일까요?

오누마 　독일은 제1차 세계대전에서 패전국이 되었고 식민지를 거의 빼앗겼습니다. 그래서 제2차 세계대전 때에는 식민지 지배 책임을 지라는 요구는 받지 않았습니다. 독일이 지금까지 사죄한 것은 주로 홀로코스트에 대해서입니다. 독일의 침략전쟁 그 자체에 대한 독일의 반성은 그다지 명확하지 않습니다. 그 점에서는 일본과 그다지 차이가 없습니다.

또한 독일은 법적 책임을 인정하고 있지만 일본은 인정하고 있지 않다는 지적이 있습니다만, 이것도 정확하지 않습니다. '법적 책임을 인정한다'고 말할 경우, ①그런 내용의 조약을 체결한다든가 법률을 만든다, ②내용은 '위로금' 등의 도의적 책임에 근거한 것이지만, 그것을 조약이나 법률을 만들어 시행한다, ③'법적 책임을 인정한다'는 취지의 총리나 대통령의 문서를 발표한다(그 문서의 법적 성질도 문제가 된다), ④피해자에 대한 배상 혹은 보상('보상'의 경우도 법적인 것인가 그렇지 않은가가 문제가 된다)을 국가 혹은 정부예산에서 지출하는 등 여러 형태들이 충분히 구별되지 않고 이야기되고 있습니다. 실제로는 독일도 일본도 여러 형태의 시책을 실시하고 있어 "독일은 법적책임을 인정했지만, 일본은 인정하지 않았다"고 말할 수 없습니다. 또한 《위안부' 문제란 무엇인가》에서도 강조했지만 일률적으로 법적 책임을 인정하는 것이 도의적 책임을 인정하는 것보다 나은 것도 아닙니다.

그럼에도 불구하고 분명 독일은 일본보다 전쟁책임에 대해 국제사회에서 높은 평가를 받고 있습니다. 왜일까요? 하나는 독일의 국가 지도자가 알기 쉬운 형태로 자기반성과 사죄를 표명해왔기 때문입니다. 빌리 브란트 서독 총리가 1970년 폴란드의 바르샤바를 방문했을 때 게토(유대인 격리시설)에서 유대인 무장봉기를 기념하는 영웅기념비 앞에서 무릎을 꿇고 묵도를 했습니다. 이때 브란트가 무릎을 꿇고 진지하게 묵도하는 모습이 사진을 통해 전 세계로 보도되었습니다. 그 효과가 매우 컸다고 생각합니다.

바르샤바의 게토가 있던 자리에 건립된 영웅기념비 앞에서 무릎 꿇고 묵도하는 브란트 서독 총리

 전후 40년을 맞이했던 1985년 리하르트 폰 바이츠제커 서독 대통령은 연방의회 연설에서 "한 민족 전체가 유죄다 무죄다 하는 식의 일은 없습니다"라고 하면서 "과거에 대해 눈을 감는 자는 결국 현재에도 맹목적이 됩니다. 비인간적인 행위를 마음에 새기려고 하지 않는 자는 또 다시 그러한 위험에 빠지기 마련입니다"라고 말했습니다. 이 연설도 많은 사람들에게 감동을 주었습니다. 브란트의 무릎 꿇는 모습도 그렇고 바이츠제커의 연설도 그렇고 독일은 자기반성을 나타내는 상징적인 행위를 국제사회에 인상 깊게 남길 수 있었습니다. 1990년대 후반 유대인의 강제노동에 관여했던 독일 기

업을 상대로 한 집단소송이 미국에서 제기되었을 때 독일 정부는 이에 대응하기 위해 기업을 설득하여 2000년에 '기억·책임·미래' 기금을 만들어 동유럽의 강제노동 피해자들이 소송을 포기하는 대신 일정한 보상을 했습니다.

국내에서는 철저한 비나치화 정책을 추진하고, 인종차별이나 나치의 칭송 등을 형사처벌 대상으로 하고 있습니다. 표현의 자유를 일정 정도 제한하면서까지 나치가 두 번 다시 영향력을 갖지 않도록 억제하는 법제를 취해 왔습니다. 교육에서도 어두운 역사를 다음세대에 전달하는 노력이 계속되어 왔습니다.

독일은 특별히 도덕적·윤리적 관점에서만이 아니라 '홀로코스트'라는 오명을 뒤집어쓴 독일인이 전후 세계를 살아가기 위한 국민적 이익이라는 관점에서 이러한 행동을 취해왔던 것입니다. 다만 브란트나 바이츠제커 같은 상징적 언동, 홍보라는 측면에서는 분명 일본보다 앞서 있습니다.

일본이 전후 일관되게 평화주의를 유지해 온 것은 잘못된 전쟁을 했다는 깊은 반성에 입각한 것이었고, 전쟁배상을 포기해준 중국을 비롯해 전쟁으로 피해를 입은 동남아시아 여러 나라, 식민지 지배를 한 한국에 대해서도 거액의 경제협력을 통해 이들 나라의 경제 발전에 공헌해 왔습니다. 일본 총리는 반복하여 반성과 사죄의 뜻을 밝혀왔고, 사할린 잔류 한국인들의 영주 귀국 및 재한 피폭자에 대한 수당, 위안부 피해자에 대한 아시아여성기금을 통한 보상 등 반성에 입각한 행동을 축적해왔습니다. 다만, 정치 지도자의 상징적 행위나 홍보라는 점에서는 독일에 훨씬 뒤떨어져 있음을 부정할 수 없습니다.

상징적인 행위의 중요성이라는 점에서는 외무성이나 총리 주변 사람들이 좀 더 효과적인 조언을 할 수 없었나 하는 생각도 듭니다. 예를 들어 위안부 문제로 네덜란드와 필리핀의 위안부 피해자들은 일본의 보상을 받아들이고 순조롭게 진행되었습니다만, 그 후 네덜란드나 필리핀을 방문했던 일본 총리나 외상이 위안부 피해자들을 만났다는 이야기는 듣지 못했습니다. 만나지 않았거나 만났어도 널리 보도되지 않습니다.

만약 만나 악수를 하고 나아가 그분들을 안아주는 등의 상징적 행위를 했더라면, 그런 모습이 세계로 전달되었더라면 네덜란드나 필리핀은 물론 그런 보도를 접한 다른 나라 사람들로부터도 높은 평가를 받았을지 모릅니다. 한국의 위안부 피해자 중에도 대일강경파인 정대협과 선을 긋고 있는 분들이 적지 않게 있기 때문에 일본 정부 지도자는 그런 상징적 행동을 진지하게 검토해야 한다고 생각합니다.

영국과 프랑스에게는 왜 식민지 책임을 묻지 않는가

에가와 영국은 매우 많은 지역에서 식민지 지배를 했지만, 그에 비해 과거에 대한 비판을 받지 않습니다. 왜 그럴까요?

오누마 영국은 사례가 매우 다양하여 좀처럼 일반화해서 말할 수가 없습니다. 예를 들어 식민지가 되기 전에 고도로 발달한 국가조직이 거의 존재하지 않았던 아프리카 여러 나라와 무굴 제국이 존재했던 인도의 경우 지배당한 사람들의 의식이 다를 것입니다. 원래 무굴 제국은 북방에서 온 무슬림 왕조로 원래부터 인도에 살던 사람들 입장에서는 이 왕조도 외래세력이기 때문에 지배자가 무굴 제국에서 대영제국으로 바뀌었을 뿐 별 차이가 없다고 생각하는 사람이 많았을 것입니다. 본래 이민족 지배 그 자체가 악이라는 의식이 고조된 것은 민족주의가 중요한 의미를 갖게 된 19세기 이후의 일입니다. 그 이전에는 이異'민족'('민족'이란 의식 자체가 기본적으로 근대 이후의 것입니다) 지배는 세계 어디에서나 있던 현상이었습니다.

다만 중국에 관해 말하자면, 현재 중국의 뚜렷한 피해자 의식에 책임이 있는 것은 일본에 이어 영국이겠지요. 중국의 '국치백년'이란 생각은 아편전쟁의 패배로부터 시작됩니다. 경위는 상당히 복잡하여 청과의 무역이 적자상태였던 영국이 인도산 아편을 중국에 팔기 시작한 것이 본래의 계기입니다. 아편 중독자가 증가하자 청은 아편의 사용을 금지하고 영국의 무역상이 보유하고 있던 아편을 몰수함으로써 이를 계기로 전쟁을 하게 됩니다. 영국 의회에서는 전쟁에 대한 반대 목소리가 강력했습니다. 전쟁 비용의 지출을 승인하는 예산이 근소한 차로 통과되는 등 영국에서도 역시 아편무역을 위해 전쟁을 하는 것에 대한 강력한 비판이 쏟아졌습니다. 전쟁에 승리한 영국은 홍콩을 할양받고 주룽九龍 반도 남부를 빼앗았으며, 북부 지역은 99년간 조차할 권리를 중국으로부터 받아냅니다.

홍콩은 1997년에 중국에 반환됩니다만, 당시 서구식 가치관이 지배적이었던 국제사회의 관심은 오로지 "영국이 키운 홍콩의 민주주의가 공산당 독재 하의 중국에서 유지될 것인가" 하는 것이었습니다. 일본의 언론도 그런 논조였습니다. 거의 유일하게 작가 진순신陳舜臣 씨만이 이것은 '역사의 청산'이며, 식민지 지배의 종언이라고 지적했습니다(《아사히신문》 1997년 7월 1일). 저는 바로 이것이다, 하며 무릎을 친 기억이 있습니다.

　반환식에서도 아편전쟁의 유혈이나 식민지 지배에 대한 영국의 사죄는 없었습니다. 마지막 총독이었던 크리스토퍼 패튼은 기자회견에서 "(영국이 홍콩의) 민주제도를 발전시켰다"고 언급하고, 과거 1세기 반에 걸친 식민지 지배에 대해 사죄하지 않는가라는 질문을 받고 "아편무역까지 정당화할 생각은 없지만, 도대체 무엇을 사죄하라는 것인가. 이 미래지향적인 도시에서 19세기 이야기를 하다니 놀랄 일이다"라고 말했습니다.

　이런 사실을 떠올리면 "서구는 일본을 비판하기 전에 자국의 모습을 되돌아보는 게 어떻겠는가"라는 의견이 나오는 것도 무리는 아니라고 생각합니다. 오늘날의 중국인도 아편전쟁이 굴욕의 근대사의 시점이라는 의식은 굳게 갖고 있습니다. 일본과의 문제가 크기 때문에 드러나지 않고 있습니다만, 중국은 영국에게 받은 '국치'를 잊지 않고 있습니다.

에가와　프랑스도 영국 다음으로 많은 식민지를 갖고 있었는데요. 역시 사죄하지 않았지요?

오누마　하지 않았습니다. 프랑스는 자국문화의 우월성에 대한 자부심이 강해서 종종 '프랑스 문화'가 아니라 '프랑스 문명'이라고 부릅니다. '프랑스 문명'은 보편적이며 그것을 확대하는 것이 자신들의 사명이라는 생각을 프랑스인은 예전부터 갖고 있으며, 오늘날에도 그런 생각이 어느 정도 남아 있습니다. 흑인이건 황색인종이건 프랑스어를 마스터하고 프랑스의 명석한 사고방법을 배우면 누구나 '프랑스 문명'의 책임자가 될 수 있다고 생각합니다. 따라서 프랑스 식민지에 태어났지만 프랑스 교육을 받은 시인이나 소설가가 프랑스어로 작품을 쓰고 높은 평가를 받는 일이 왕왕 있습니다. 엘리트들은 프랑스에 유학하여 공부를 마친 후 조국에 돌아가서 정치가가 됩니다. 프랑스에 대한 동경도 강하지요.

게다가 프랑스의 경우 아프리카에 식민지가 많았습니다. 아프리카는 원래 국가로서의 일체성이나 공유하는 전통문화 없이 소규모의 민족 집단이 나뉘어 살고 있던 식민지로서 유럽 열강이 만든 국경 안에서 지배를 받고, 그렇게 인위적으로 만들어진 지역의 사람들이 하나의 '국가'로서 제2차 세계대전 후에 차례차례 독립한 경우가 많습니다. 그런 나라들은 국민의 일체성을 가져다줄 경제적 기반도 없고, 옛 종주국의 원조 없이는 국가가 성립할 수 없는 상태였습니다. 더구나 이민족 간에 서로 통하는 공용어라고는 프랑스어밖에 없었습니다. 이러한 상황 하에서는 프랑스의 식민지 지배책임을 추궁해야겠다는 의식이 좀처럼 생겨나기 어렵다는 사정이 있습니다.

아시아 국가 중에서 프랑스령 식민지의 예로 베트남의 사례에 대해서 말하자면, 베트남은 식민지화되기 전에는 대월^{大越}이라는 독립 국가였습니다. 중국에 조공을 바치기는 했지만 오랫동안 독립국가로서의 역사가 있었습니다. 19세기에 프랑스의 식민지가 되고 그 후 제2차 세계대전 때 일본의 점령 하에 놓이고 흉작에 대한 일본군의 잘못된 대응 등의 문제가 겹치면서 약 2백만 명이 사망한 것으로 알려져 있습니다. 일본 패전 후에는 프랑스가 식민지 지배국으로서 복귀했으며, 프랑스와 싸워 독립을 달성한 후에는 미국의 무력 개입으로 일어난 베트남 전쟁에서 다수의 국민이 목숨을 잃었습니다. 나아가 베트남 국경을 침범한 캄보디아의 폴 포트 정권을 타도하기 위해 캄보디아에 침공하자 폴 포트 정권을 지원했던 중국이 '징

벌'이라 칭하면서 베트남을 침공합니다. 21세기에는 중국이 확장주의 정책으로 남중국해로 진출하자 자위를 위해 과거에 싸웠던 프랑스, 일본, 미국에 기댈 수밖에 없었습니다. 그런 사정이 있어 구 식민지 지배국이었던 프랑스에 대해서도 점령으로 큰 피해를 입힌 일본에 대해서도 고엽제 작전이나 손미 마을 학살사건 등 비인도적이며 국제법 위반의 의혹이 강한 행위를 자행했던 미국에 대해서도 사죄를 요구하고 싶지만 국제사회의 엄중한 현실 때문에 불가능한, 그런 상황에 있었던 것으로 생각됩니다.

에가와 그렇다면 과거의 식민지로부터 식민지 지배 책임을 추궁하는 목소리는 없었고, 앞으로도 없을까요?

오누마 영국령이든 프랑스령이든, 과거 식민지였던 아시아나 아프리카의 여러 나라로부터 식민지 지배의 책임을 요구하는 움직임이 지금까지 전혀 없었던 것은 아닙니다. 2001년 유엔 활동의 일환으로 남아프리카 더반에서 개최된 '반인종주의·인종차별 철폐 세계회의'에서 식민지 지배 문제를 본격적으로 다루었습니다. 회의에서 채택된 더반선언에도 "식민지주의가 인종주의, 인종차별, 외국인 배척 및 불관용을 초래"했다고 지적되어 있습니다. 다만, 이 회의에서 이스라엘에 대한 비판이 있을 거라 하여 준비모임에는 참가했던 미국이나 독일 등은 참가하지 않았고, 이란이 서구제국을 '차별주의자'라고 강력하게 비난했으며, 프랑스 등 유럽 국가들도 자리를 떴습니다. 더구나 이 더반회의 직후 9·11 동시다발 테러가 발생했으며, 그 후의 국제사회의 최대관심은 미국의 '테러와의 전쟁'으로 옮아가게 되었습니다. 서구열강의 식민지 지배의 책임을 진지하게 생각하는 시도는 이렇게 좌절된 것입니다.

'법적으로 해결 완료'로 끝나는 것인가

에가와　일본 정부는 지금까지 전쟁과 식민지 지배의 희생자에 대한 보상청구에 대하여 '법적으로 해결되었다'는 말을 반복하고 있는데, 그것으로 끝난 것인가요? 중국의 재판소는 일본에 강제연행되어 노동을 강요받은 사람이나 유족이 소송을 제기한 경우 이전에는 받아주지 않았지만 '역사인식'을 둘러싼 중일 간의 대립이 깊어지면서 소송을 인정하고 있습니다. 한국에서도 일본의 식민지 시대의 강제징용에 대해 일본기업을 상대로 손해배상을 요구하는 소송에서 일본 기업의 패소 판결이 내려졌습니다. 서구로부터도 특히 위안부 문제와 관련해 일본에 대해 따가운 시선을 보내고 있습니다. 이대로 가면 일본은 언제까지나 전쟁과 식민지 지배 문제에 끌려 다녀야 하는 것은 아닌지요? 예전 위안부 문제에 대해 아시아여성기금으로 대응했던 것처럼 강제노동 문제에 대해서도 적극적으로 대응하는 것이 좋지 않을까요?

오누마　늘 비교대상이 되는 독일을 살펴보지요. 독일은 전후 '나치의 잘못된' 행위에 대해 여러 형태의 보상을 실시했습니다만, 앞에서 언급했듯이 2000년에, 나치 독일이 강제노동을 강요했던 동유럽 사람들에게 도의적·정치적 책임을 다하기 위해 100억 마르크의 '기억·책임·미래' 기금을 만들었습니다. 기금은 1인당 약 30만~80만 엔, 총 약 170만 명의 피해자에게 총액 약 7천억 엔의 보상금을 지불한 것으로 알려졌습니다. 이것은 피해자가 미국에서 독일기업을 상대로 집단소송을 제기하고 제품 불매운동이 격화될 위험이 있었기 때문에 독일 정부와 기업이 반반씩 기금을 조성해 미국 정부와도 협정을 맺었으며, 이러한 소송을 기각하는 것이 미국의 국익에 부합하다는 성명을 미국 정부가 발표함으로써 독일기업이 미국 내에서 안심하고 기업 활동을 할 수 있게 한 것입니다. 이 기금은 피해자 1인당 보상액이 적고 또 받게 되면 더 이상 소송이 불가능하게 되는(이 점에 대해서는 다른 해석도 있을 수 있지만) 등 문제가 있었지만, 일반적으로는 높게 평가받고 있습니다.

일본 기업에게 중국은 앞으로 미국 이상으로 중요한 시장이 될 가능성이 높습니다. 그런 의미에서 독일의 기금방식에 따른 '해결'은 어느 정도 참고가 되겠지요. 다만 미국에서의 독일의 '성공 사례'가 그대로 일본에 적용된다고는 말할 수 없습니다. 좀 전에 말씀드린 정부가 해야 할 일에 더해 언론이나 학자, 저널리스트도 '훌륭한 독일, 형편없는 일본'이라는 스테레오 타입의 편견(이것이 '탈아입구' 신앙 바로 그것입니다)에서 탈피하는 등 일본 사회 전체의 의식변화가 중요하다고 봅니다.

언론과 저널리즘의 책임

에가와 오누마 선생님은 언론의 공공성과 책임을 일관적으로 주장해 오셨습니다만, 저널리즘이나 출판에 관계하는 사람은 어떤 자세로 '역사인식' 문제를 바라봐야 할까요?

오누마 위안부 문제에 대해서는 일본 정부와 국민이 보상을 하려 했을 때 한·일 양국의 많은 언론, 특히 한국 언론이 '일본으로부터 보상償い을 받아서는 안 된다'는 캠페인을 대대적으로 벌였습니다. 그

것은 피해자의 자유로운 선택권을 박탈하고, 나아가 일본으로부터 보상을 받은 피해자가 그런 사실을 공개적으로 드러내고 한국 내에서 살아가는 것을 곤란하게 만들었습니다. 한국 언론은 그 점에 대해서 반성해야 하며, 언론의 권력성을 충분히 자각하고 활동하기를 바라는 바람은 제4장에서 말씀드린 대로입니다.

중국 언론의 경우에는, 공산당 독재정권의 정보 통제라는 문제가 있습니다. 그런 억압적 체제가 영원히 지속되지는 않을 테니 중국에서도 보도의 자유가 실효적으로 보장되는 날이 반드시 올 것입니다. 그러나 몇 년 안에 기대할 수 있는 일은 아닙니다. 단기적으로는 사실을 왜곡하고 불리한 사실은 보도하지 않는 중국 언론에 대해서 그런 사실을 냉정하게 지적하면서, 가능하면 중·일의 언론 관계를 복선화 혹은 복복선화하여 중국 언론이 조금이라도 정확하고 공평한 대일인식을 갖고 중국사회 전체의 변화를 선도할 수 있도록 끈기 있게 노력을 해가는 방법밖에 없을 것입니다.

이때 과거 일본의 침략으로 중국에 막대한 피해를 주었던 사실을 바탕으로 자기억제적인 태도를 취하는 배려가 역시 필요하다고 생각합니다. 저는 중국에서 여러 차례 '역사인식' 문제에 대해 강연이나 강의를 했는데, 그때마다 중국의 과도한 민족주의, 역사문제를 대일 외교카드로 악용하는 중국 정부의 태도, 중국 보도의 편향성과 사실왜곡 등을 솔직하게 비판해왔습니다. 또한 1931-45년의 전쟁이 일본의 침략전쟁이었고 중국인들에게 막대한 피해를 주었다는 사실도 반드시 언급하도록 주의를 기울이고 있습니다.

역사해석을 둘러싸고 중국 측과 날카로운 설전이 여러 번 있었지만 감정이 격화되어 토론이 깨진 일은 한 번도 없습니다. 베이징의 칭화대학에서 '역사인식'과 관련한 강연이 예정되어 있을 때 고이즈미 총리가 바로 전날 야스쿠니신사를 참배하고 말았습니다. 대학 당국은 한때 강연을 중단하려 했던 것 같았으며(결국 엄중한 경계 하에서 강연은 할 수 있었습니다), 청중도 예민해져서 아주 긴박한 분위기였습니다만, 그때도 청중은 조용히 제 강의를 듣고 날카롭지만 예의 바르게 질문을 하고, 의견을 말하고 저의 반론도 냉정하게 들어주었습니다.

일본의 언론과 세계 전체의 동향에 큰 영향을 미치는 서구 언론의 문제에 대해서는 《문예춘추》 2014년 11월호와 《중앙공론》 2015년 3월호에서 언급했지만, 여기서는 간단히 말씀드리겠습니다.

일본 언론에 대해서는 이전보다 확실히 불신감이 커졌습니다. 위안부 문제를 보도할 때 《아사히신문》을 비롯한 상당수의 신문들이 중대한 허위를 포함하고 있던 요시다 세이지^{吉田清治} 씨의 말을 사실인양 보도하고, 허위임을 안 뒤에도 오랫동안 수정하지 않은 문제나 TV가 '각본대로 짜고 만든 프로' 등 선정적인 프로그램을 계속 만들고 있는 것이 이러한 불신감의 뿌리가 되고 있습니다. 자신의 생각과 일치하는 사실만을 끄집어내 이용하고, 불리한 사실은 언급하지 않거나 나아가 사실을 왜곡하고 자신의 '스토리'에 맞춰 잡지·신문·방송을 만드는(많은 주간지와 TV의 경우 특히 그런 경향이 강합니다) 방법이 언론의 신뢰감에 상처를 주고 있습니다. 언론 관련자들은 이 점에 대해 진지하게 생각해보았으면 합니다.

저를 포함하여 많은 사람들이 그런 선정적 스토리에 약하고, 결국 '재미있어 보이는데' 하면서 읽고 사게 되는 것이 현실입니다. 언론도 장사이므로 그런 독자가 있으니 그런 잡지와 방송을 만들고 있다는 사실을 부정할 수는 없습니다. 그러나 그런 방식이 장기적으로 봐서는 대중 매체에 대한 신뢰감에 상처를 입히고 스스로 자기 목을 조르는 결과를 초래하는 것 또한 분명합니다.

다만 신문의 경우, 저는 일본 신문은 전국지든 지방지든 국제적 기준에서는 상당히 괜찮은 편이라고 생각해왔고 지금도 그렇게 생각합니다. 일본의 전국지로는《요미우리신문》,《아사히신문》,《마이니치신문》,《일본경제신문》,《산케이신문》등 5개 신문이 있고, 거의 현마다 한 개의 지방지, 나아가 복수의 현에 걸쳐 발행되는 블록지가 있는데, 국제적으로 비교해서 보도의 질과 공평성, 객관성은 전체적으로 매우 높은 수준에 있습니다.《요미우리신문》이나《아사히신문》처럼 수준 높은 신문은 다른 나라에서는 두 개 신문의 겨우 몇 퍼센트에서 20% 정도밖에 발행되지 않습니다. 미국 지방지는 일본 지방지보다 일반적으로 국제성과 전체적 질에서 뒤떨어지며, 그나마 점차 사라져서 지방지가 없는 지역이 늘고 있습니다.

한국 신문에 대해서는 어느 재일한국인이 "한국의 3대신문(조선일보, 중앙일보, 동아일보)은 일본의《산케이신문》같다."고 말한 적이 있습니다만, 이 말은 묘하게도 맞는 것 같습니다.《산케이신문》은 종종 일방적이고 지나친 한국 비판으로 유명하지만, 발행부수로는 전국지 가운데 5위(스포츠신문 제외)입니다. 이에 비해 한국에서는 발행부수로 최상위를 점하는 3대 신문이《산케이신문》같은 격렬한(일방적이고 지나친) 대일비판을 하고 있는 것입니다. 한국에도 물론 이런 한국 언론의 극단적인 반일 태도를 우려하는 학자나 정부 관계자가 적지 않습니다.

저는 20세기말부터 점점 격렬해지기 시작한 한국 언론의 강경한 반일 태도는 비정상적이며, 앞으로도 계속될 것으로는 생각하지 않습니다(근거 없는 낙관론이라는 비판이 있을지도 모르겠습니다). 다만 저와 같은 생각을 단순한 낙관론으로 치부하지 않기 위해서라도 일본 언론은 한국 언론에 대해 계속 영향을 줄 수 있도록 노력했으면 합니다.

예를 들면, 일본의 《아사히신문》, 《마이니치》, 《일본경제신문》은 각각 《동아일보》, 《조선일보》, 《중앙일보》와 제휴관계를 맺고 있습니다. 이런 3대지를 비롯하여 일본의 언론은 한국 언론과 협력하여 넓은 의미의 한일관계에 관련된 다양한 테마(안전보장, '역사인식'과 같은 딱딱한 문제부터 J-POP, K-POP, 한류 드라마, 한국 요리와 일본 요리, 도요타와 삼성과 같은 양국의 대표 기업의 비교, 환태평양경제동반자협정(TPP)이나 중국 주도의 아시아인프라투자은행(AIIB)과 같은 경제문제, 나아가 사회의 고령화, 복지, 자살, 수험제도와 같은 공통되는 사회문제 등 주제는 얼마든지 있습니다)에 관한 한일 공동 심포지엄을 개최하여 양국의 학자, 정치가, 기업인, NGO관계자, 저널리스트들이 함께 논의하도록 하고, 그 내용을 반드시 한일 양측에서 보도하는 일들을 지속적으로 축적해갔으면 좋겠습니다.

과거에는 그렇게 했었습니다. 저도 《아사히신문》과 《동아일보》가 공동개최했던 심포지엄에 참석한 적이 있는데, 이미 30년이나 지난 이야기입니다. 지금처럼 한일관계가 악화되어 있는 시기야말로 양국의 언론은 그러한 노력을 계속해가야 하지 않을까 합니다. 한일의 다양한 목소리를 전달하는 그런 보도가 축적됨으로써 서로의 생각, 감정, 이해, 인식의 공통점과 차이점이 명확해지고 상대방의 언동의 배후에 있는 것이 무엇인지 하나하나 이해할 수 있게 될 것입니다.

물론 동의는 불가능하더라도 "아, 그래서 그랬구나!" 하는 이해는 적어도 가능하지 않을까 합니다. 그런 사람을 한 사람이라도 늘려나가는 것, 그것이 지금까지 한일관계에 상처를 입혔던 한일 양국의 언론이 스스로의 사회적 책임으로서 해야 할 일이라고 생각합니다.

'역사인식' 문제는 극복할 수 있는가

에가와 21세기에 들어서서 일본 내에서는 과거의 침략을 부정하는 목소리까지 나오는 상황이며, 중국이나 한국은 일본을 더욱 거세게 비판하면서 '역사인식'을 둘러싼 대립은 이전보다 심화되었습니다. 이런 상황을 극복하여 일본이 '역사인식'에 대해 중국이나 한국과 응어리 없는 관계를 맺는 것은 과연 가능한 일일까요? 그를 위해 저희들은 일본 내에서 혹은 중국이나 한국에 대해서 나아가 국제사회 전체를 향해 어떤 자세로 임해야 하겠습니까?

오누마 일본의 '역사인식'이 문제가 된 것은 대부분 1931-45년의 전쟁에서 일본이 중국을 비롯한 많은 국가에서 국제법에 위반하는 침략전쟁을 일으키고, 그 과정에서 학살 등의 비인도적 행위와 심각한 인권침해를 자행했다는 것, 1910~45년의 한국 식민지 지배에서 중대한 인권침해를 행하고 한민족에게 엄청난 굴욕감을 주었다는 것과 관련이 있습니다. 이러한 행위에 대해 일본은 도쿄재판의 판결을 수용하고, 일련의 강화조약, 배상협정, 국교정상화 조약, 성명 등을 통해 피해를 입은 국가에 배상금 지불 혹은 배상을 대신하는 경제협력을 했습니다. 그런 나라들의 정부도 국내 피해자에 대한 부분적 보상을 하거나 기타 정책으로 피해자의 불만을 해소하면서 일본과의 외교관계를(국교정상화가 되지 않은 북한 제외) 맺어왔습니다.

그런데 1980년대 이후 일본을 포함한 많은 국가에서 개인의 인권을 중시하는 생각이 정치나 외교 면에서 힘을 얻어왔으며, 특히 21세기에는 '인권의 주류화'라 부르는 경향이 뚜렷해졌습니다. 또한 민주화와 정보화가 진전됨에 따라 언론을 통한 인권 피해자의 목소리가 사례에 따라서는 아주 큰 힘을 갖고 정부의 활동에도 큰 영향을 미치게 되었습니다. 이런 조류에 따라 예전에 피해자나 일반시민의 소리를 억누르고 정부 간에 합의되었던 '해결'이 사후에 문제로 부상하게 되었습니다.

'역사인식'이 문제가 되고 있는 일본과 여러 나라의 강화나 국교정상화는 1950년대부터 70년대 초(특히 문제가 된 한일정상화는 1965년, 중일공동성명은 1972년)에 이루어졌으며, 그 당시에는 피해자의 인권은 거의 무시되었습니다. 그때 일본과 관계국 정부가 합의한 협정은 법적으로는 모든 문제를 포괄적으로 해결한 것으로 되어 있습니다만, 실은 전시와 전쟁 중에 혹은 식민지 시대에 심각한 인권침해를 당한 피해자에게는 큰 불만과 원망이 남아 있었던 것입니다. 그런 사람들이 목소리를 높여도 예전에는 자국 정부도 일본도 무시했었고 무시할 수 있었지만, 인권이 '주류'로 떠오른 오늘날에는 그럴 수 없게 되었습니다. 신문이나 TV 등 언론이 대대적으로 보도하거나 인터넷상에서 크게 화제가 되면 정부로서도 관여하지 않을 수 없습니다.

일본 정부의 관료들은 매우 유능한 사람들입니다만, 이런 유형의 문제에 대한 대응은 매우 서툽니다. 또 한국에서는 '운동권'이라

부르는 재야 활동가나 NGO 등이 강력한 힘을 갖고 있어서 —위안부 문제 등에서는 정부를 향해 당사자 능력이 없다고 말해도 좋을 정도로— 사회적 영향력이 매우 큽니다. 중국도 공산당과 정부가 절대적으로 민중을 복종시키던 시대는 먼 옛날이야기이어서 21세기인 오늘날에는 인터넷상에서 공산당·정부의 대일 '소극적인' 자세에 대한 비판·비난에 신경을 쓰지 않을 수 없습니다.

여러 국가의 정부는 어느 정도는 스스로 공적 존재이고 공공의 책임을 지고 있음을 자각하고 있지만(그런 자각이 전혀 없는 정부도 있으나 적어도 선진국 정부는 자각하고 있다), 언론이나 사회 활동가, NGO가 매우 강력한 사회적 영향력을 발휘하여, 때로는 정치적 동향을 좌우하기도 합니다. 그런 거대한 힘을 갖게 된 것은 극히 최근의 일이며 자신의 권력성에 대한 자각이 부족하다는 지적도 있습니다. 이런 재야의 주장을 보도하는 언론은 아무래도 '정의'라는 이름으로 무슨 일이든 남의 탓으로 돌리는 보도나 주장을 하는 경향이 있으며, 인터넷상의 언설은 익명성 때문에 매우 선정적이고 남 탓을 하는 내용이 만연하곤 합니다. 특히, 한일과 같이 민주주의가 제도화되고 언론의 자유와 정치적·사회적 활동의 자유가 보장되고, 언론과 재야의 세력들이 강한 힘을 갖게 된 사회에서는 그런 재야단체들도 자기를 약자라고만 생각하지 말고 사회적 영향력을 갖는 강자이며, 정부와 마찬가지로 큰 공공의 책임을 지고 있다는 자각을 갖는 것이 매우 중요하다고 생각합니다.

'역사인식' 문제가 21세기에 새삼 주목받는 또 하나의 이유는 일부 개발도상국이 20세기 후반부터 21세기에 걸쳐 경제발전을 이루면서 현재 선진국이 된 식민지 종주국에 대한 경제적 의존상황으로부터 서서히 탈피하고 있기 때문입니다.

20세기 후반 대부분의 개발도상국들은 매우 빈곤했기 때문에 국민들이 먹고 사는 문제에 치중하였습니다. 또 국가로서도 경제력이 약하다는 이유로 현재 선진국이 된 과거의 열강, 제국주의 국가로부터 전쟁이나 식민지 지배로 인해 중대한 피해를 입고 그 후에도 불평등한 관계로 굴욕을 당했지만, 선진국을 상대로 보상이나 사죄를 요구하고 싶어도 할 수 없었던 것입니다. 그런데 국가로서 어느 정도 경제력이 갖춰지면 경제적 불이익을 당할까봐 요구하지 못할 일이 없어집니다. 국민도 자기가 입은 피해를 '인권침해'라고 생각할 수 있게 되었습니다. 과거에는 일본보다 훨씬 가난하고 경제적 약자 입장에 있었던 중국과 한국이 일본을 상대로 강력한 주장을 하고, 한국이나 중국 국민이 '인권침해'를 이유로 일본이나 자국정부를 비판하고 소송을 제기하게 된 이유 중 하나가 이러한 양국의 경제적 지위의 향상, 국민의 인권의식의 고조입니다.

이 점은 향후의 세계를 생각하는 데 있어 시사하는 바가 큽니다. 영국과 프랑스가 점령했던 옛 식민지의 대부분, 특히 아프리카 국가들은 경제적으로 아직 매우 취약한 상태이며, 국민들도 먹고 사는데 바쁜 나라가 적지 않습니다. 한편 영국과 프랑스를 비롯한 과거의 서구열강은 제2차 세계대전의 전승국이며 선진국으로서 20세기 후반 세계를 리드하고 국제사회의 운영을 담당해 온 나라들로서 서구중심의 발상을 기본적으로 유지하면서 오늘날에 이르고 있습니다. 그러한 상황에서는 한국이 일본에 대해 강력히 주장하고 있는 것 같은 옛 종주국의 식민지 지배 책임 문제는 애초에 일어나지 않습니다. 이렇게 하여 제2차 세계대전 후 '역사인식'에 관련된 문제는 일본과 독일의 '전매특허'라는 양상을 띠게 된 것입니다.

그렇지만 21세기가 되면서 20세기 서구중심의 세계질서는 분명히 흔들리기 시작했습니다. 중국은 급속히 강대국이 되고 있고 현재 세계 제2의 경제대국이며, 가까운 장래에 미국을 능가하는 세계 1위의 경제 초강대국이 될 것이라고도 예상되고 있습니다. 물론 당분간은 1인당 국민소득이 일본이나 미국보다 훨씬 낮은 수준에 머무를 것이며, 세대별 인구의 불균형한 구성, 공산당 독재체제의 붕괴 가능성 등 다양한 예측도 존재합니다. 그만큼 저도 가볍게 중국의 장래를 예견하는 일은 피하는 게 좋을 것입니다.

다만 중국을 포함한 몇몇 나라의 예측은 물론이고, 이러한 경제발전·대국화 현상은 인도, 인도네시아, 터키 등 중국 이외의 비서구 국가들에서도 나타나는, 21세기의 두드러진 현상입니다. 상대적으로 봐서 미국이나 서구제국이라는 제2차 세계대전 전에는 열강으로서, 전후에는 선진국으로서 20세기 세계를 주름잡던 국가들의 영향력은 약화되고, 과거 식민지 지배나 열강의 군사적·경제적 간섭에 고통 받던 나라들이 서구선진국과 경제적으로 어깨를 나란히 하고 있다는(장기적으로는 능가할 가능성도 있다) 것은 인류사의 전체적 추세라 생각됩니다.

이처럼 서구제국 이외의 국가들이 경제력을 갖게 되고 국제적 발언권이 높아지는 가운데 지금까지 일본이 중국이나 한국으로부터 비판받은 것과 같은 구도가 이러한 나라들과 과거의 식민지 지배국이었던 서구 선진국 사이에서 나타날지도 모르겠습니다. 영·불이 옛 식민지 제국으로부터 과거의 지배나 그 시기에 있었던 심각한 인권침해에 대해서 사죄나 보상을 요구받을지도 모르겠습니다.

미국이 반복해 온 군사적·경제적 간섭에 대해서 중남미제국으로부터, 식민지 시대에 일어난 악행에 대해 필리핀으로부터, 고엽제 사용과 일반시민의 학살 등에 대하여 베트남으로부터 그런 책임을 추궁당할 일이 있을지도 모르겠습니다. 중국은 일본과 관계에서 '역사인식' 문제를 외교카드로 사용했을 때의 유효성을 숙지하고 있기 때문에 중국에 불평등조약을 강요하여 조차나 다양한 권익을 획득했던 서구 선진국을 상대로 앞으로 이를 외교카드로 활용할 가능성이 높습니다.

일본만큼은 아니지만, 서구제국도 구식민지 국가나 국내로부터의 비판에 대해 어느 정도 식민지 지배 시대의 잔학행위에 대한 반성을 하게 되었습니다. 2013년 인도를 방문했던 캐머런 영국 총리는 식민지 시대에 영국군 장교가 다수의 인도 국민을 사살한 현장을 방문하여 헌화·묵도하고 "영국 역사에서 매우 부끄러운 사건이며, 여기에서 일어난 것을 결코 잊어서는 안 된다"고 말했습니다. 이를 평가하는 목소리가 있는 한편, 사죄하지 않은 것에 대한 비판도 있습니다. 그 외에도 유사한 경우가 있으며 이러한 경향을 '사죄의 시대'의 시작이라고 해석하는 학자도 있습니다.

일본 내에도 똑같이 식민지 지배를 했는데 왜 일본만 비난받는가, 일본 이외에는 고작 독일이 '가해자'로 거론되고 있는데 항상 "독일은 잘 하는데 일본은 아직 반성이나 사죄가 부족하다"고 평가받는 것은 납득할 수 없다는 불만이나 불공평감이 이전부터 있었습니다. 21세기가 되어 '역사인식'이 점차 쟁점이 됨에 따라 이러한 불공평감은 더욱 강해지고 있습니다. 저는 이러한 불공평감은 당연하고도 올바른 감정·인식이라고 생각합니다. 일본 국민은 일본을 비판하면서 식민지 지배, 베트남, 중남미제국에 대한 군사간섭, 국내에서의 비인도적인 탄압 등 자신들이 과거에 저지른 부정적 측면을 직시하지 않은 서구나 미국, 중국이나 러시아를 비판해도 좋고 비판해야 한다고 생각합니다. 저 자신 그러한 작업을 1980년대부터 이어오고 있습니다.

에가와　비판을 하면서 서구도 나쁜 짓을 했으니 일본이 한 게 뭐가 나쁘냐고 말하기 쉽습니다.

오누마　그것은 좋지 않습니다. 그렇게 말하자마자 비판에 귀를 기울이려 했던 서구 사람들도 "요컨대 자신들의 과거를 정당화하고 싶으니까 우리를 비판하고 있는 것"이라고 단호해질 것입니다. 그렇게 되면 모처럼의 정당한 비판이 설득력을 잃고 맙니다. 그리고 "네가 나쁘다" "아니다. 네가 더 나쁘다"하는 식의 아이들 싸움, 끝도 없는 진흙탕에 빠지고 맙니다. 시간이 아깝습니다. 조금 참는 게 나을 것입니다. '끝없이 머리를 숙이는 것'은 불가능하더라도 그대로 잠시 유지하는 정도의 인내는 에가와 씨나 나는 가능할 거라 생각합니다.

　　대부분의 일본 국민은 전후, 20세기 전쟁은 일본이 저지른 중대한 잘못이며, 그로 인해 자신들 부모나 조부모 세대 300만 명 이상이 죽었기 때문에 그것을 교훈삼아 전후 평화롭고 경제적으로 번영한 나라를 만들자고 필사적으로 노력했습니다. 그리고 그런 생각을 바탕으로 겨우 반세기 만에 다른 나라가 경탄할 정도로 평화롭고 안전하고 풍요로운, 그리고 가난한 나라에 경제협력·기술협력을 해주어 개발도상국의 경제발전, 보건위생의 향상, 다양한 문화의 향유를 돕는 훌륭한 나라를 만들었던 것입니다. 1990년대부터 경제적인 부진이 이어지고 있다 하지만, 그래도 일본은 안전하고, 청결하고,

국민건강보험이나 택배, 신뢰성이 높고 친절한 은행창구 등 그 어떤 선진국도 생각할 수 없는 고도의 사회적 서비스를 향유할 수 있는 살기 좋은, 다른 외국으로부터 부러움을 받는 나라입니다.

이 정도로 훌륭한 나라라고 해서 물론 완벽하다고는 말할 수 없습니다. 결점도 부정적 측면도 있습니다. 국가가 안고 있는 막대한 부채는 중대한 문제이며, 고령화와 저출산, 예산·인원 삭감에 따른 대학의 연구와 교육의 저하, 많은 지방 마을이나 부락의 '붕괴' 등 문제는 다양합니다. '역사인식' 문제도 그런 부정적 측면의 하나인 것이지요.

일본 국민의 경제적 번영을 위해서도 국가의 안전보장 면에서도 무슨 일이 있어도 사이좋게 살아가야만 하는 이웃인 대국 중국과는 '역사인식'도 중요한 원인 중 하나가 되어, 가까운 장래 무력분쟁으로 발전할 가능성도 있는 위험한 관계가 계속되고 있습니다. 그런 중국이나 안전보장상의 또 하나의 위협인 북한과 관계에서도, 나아가 앞으로 '관광입국'이란 차원에서 경제번영의 활로를 찾아야 하는 일본이 중요시해야 하는 또 하나의 이웃인 한국과도, 이 문제가 우호적인 관계의 장애가 되고 있습니다. 더구나 앞에서 언급한 것처럼 다양한 면에서 국제사회에서 높은 평가를 받는 일본이 특히 위안부 문제를 비롯한 '역사인식'의 부정적인 이미지 때문에 그 평가가 상당히 흐려졌습니다.

기본적으로 '역사인식'과 연관된 여러 문제에 대한 전전의 일본의 대응은 매우 잘못됐습니다. 중국인이나 한국인을 멸시하여 침략과 식민지화의 대상으로 삼았고, 동남아시아 사람들도 '남양의 토착인'이라고 멸시했습니다. 전전이나 전쟁 중의 일본인은 서구열강이 갖고 있던 인종주의와 민족주의적 편견을 마음속 깊이 공유하고 있었으며, 자국의 이익을 위해서라면 타국에 무력을 행사하는 것도(이것 또한 서구열강과 마찬가지) 꺼리지 않았습니다. 그랬던 일본이 패전을 계기로 과거의 군국주의를 깊이 반성하고, 무력행사에 대해서는 일관되게 세계에서 가장 보수적인 태도를 취해 왔으며, 평화주의적인 문화를 중시하는 사회를 유지해왔습니다. 전후 일시적으로 패전국 국민으로서 자신들의 생활 재건에 몰두하여 생각할 여유가 없었기 때문에 중국을 비롯한 타국에 대한 침략을 자각하고 반성하는 것도 1970년대부터 점차 사회에 정착하고 국민 전체에 공유되어 왔습니다. 침략의 자각에 비해 늦었던 과거 식민지 지배의 자각과 반성도 서서히 공유되고 있고, 앞서 말한 것처럼 그런 자각이 부족했던 서구 선진국보다 진전된 대응을 해왔던 것입니다.

이처럼 한 걸음 한 걸음 쌓아온 뛰어난 유산을 21세기가 되어 혐한·혐중 감정의 폭발로 허물어버리는 것은 참으로 안타깝습니다. 한국(인)이 틀린 말을 하면, "그것 이상하지 않아?"라고 말하면 됩니다. 중국이 말도 안 되는 소리를 하면 "그 근거는 뭐지?"라고 물어보면 됩니다. 서구 국가들이 자신들의 일은 덮어두고 일본을 비판하는 것 같으면 "그럼 당신 나라는 자국의 과거 부정적 측면에 대해 어떻게 바라보고 있는가?"라고 물어보면 됩니다.

다만 여기서 중요한 것은 앞서 말한 것처럼 그 되물음이 단순히 자신이나 일본의 정당화를 위한 것이어서는 안 된다는 것입니다.

자국을 나쁘게 말하는 것이 싫다고 생각하는 것은 자연스러운 감정이며 결코 잘못된 감정이 아닙니다. 그러나 일본인이 일본을 좋아한다면, 한국인 역시 한국을, 중국인은 중국을 좋아할 것입니다

(여론조사를 보면, 자국을 좋아하는가는 나라에 따라 상당히 차이가 있습니다. 이는 조사의 질문방식이나 여론조사의 신뢰성 등 흥미로운 문제가 있지만, 여기서는 다루지 않겠습니다). 그리고 자국에 대한 비판이든 타국에 대한 비판이든, 그것이 얼마나 다면적인 사실에 근거한 정당한 비판인가 하는 것이 중요한 것입니다. 스스로는 옳다, 당연하다고 생각하고 있는 것이 외국 입장에서 보면 말도 안 되는 것도 많습니다. 반론 당하면 욱하고 흥분할 것이 아니라 자신의 '상식'과 상대의 '상식'을 냉정하게 비교하여 왜 그리 생각하고 있는지 검증해보면 됩니다. 나와 다른 것을 상대는 왜 당연하다고 생각하는지 서로 이해하기만 해도 '역사인식'을 둘러싼 날카로운 대립은 조금이나마 완화될 수 있을 것입니다.

'역사인식'을 둘러싸고는 일본 내에서도 감정적 논쟁으로 흐르기 쉬운데 지금 말씀드린 것은 국내 논쟁에도 해당되는 것이겠지요.

마지막으로 1970년대부터 '역사인식'에 관련된 문제에 관여하면서 실감한 것은 사회는 좋은 일도 하지만 나쁜 일도 하는 보통사람과 극히 일부의 성인聖人과 악인惡人으로 구성되어 있다는 것입니다. 저 자신 있는 힘껏 '전후책임'을 주장하고 차별은 있을 수 없다고 말해왔지만, 어차피 보통사람이기 때문에 실제로 제가 해낼 수 있는 일은 보잘 것 없습니다. 제 주위에서 정의를 외치며 정론을 토하는 사람도 거의 저와 비슷한 사람들이며, 성인은 일단 없습니다. 따라서 '역사인식'을 비롯해 사회가 나아가야 할 방식에 관련된 논의는 사회가 이러한 보통사람들로 이루어져 있으므로 성인聖人이 할 법한 행동을 요구해서는 안 된다는 인식을 머릿속에 두고 하는 것이 좋습니다. 자기 자신을 포함한 인간의 불완전함을 인식하는 태도, 그것이 '역사인식'이라는, 특히 의견이 다른 사람을 '논파하자'는 충동이 작동하기 쉬운 문제에서는 더욱 중요하다고 생각합니다.

예전에는 '성인聖人' 논의를 하는 것은 '호헌파'로 대표되는 '좌익'이나 '리버럴'이며, '보수파'로부터는 '세상을 이성으로만 움직이려 하는' '유치한' 논의, 관념적 이상론이라고 취급되었습니다. 다만, 그와 같은 '보수파' 가운데에는 건전한 사회를 만들어 가려면 이러한 유치한 이상론도 필요하며 겉으로만이 아니라 실제 사회를 운영하는 데에도 그것을 어느 정도 받아들이는 보수주의의 지혜가 있었던 것입니다. 그런데 1990년대 이후 '보수'를 칭하는 사람들 중에는 인간의 이러한 불완전함을 무시한, 역사와 사회 즉 인간에 대해 매우 무리한 요구를 주장하는 사람들이 늘어났습니다.

예를 들면 도쿄재판에 대한 평가입니다. 도쿄재판의 여러 결점에 대해서는 제1장에서 언급한 대로입니다. 그러나 수천만 명의 희생자를 낸 제2차 세계대전이 끝난 후에 책임자를 추궁하지 않는다, 처벌 없이 끝낸다는 것은 사회가 인간으로 이루어져 있는 이상 있을 수 없는 일입니다. 국제재판을 대신하는 것은 일본 스스로의 재판이거나 연합국의 즉결처형입니다. 전자가 연극으로 끝났을 것이라는 것은 정부 일각에 있었던 '자주재판' 구상이 점령군에게 재판을 받기 전에 스스로 재판을 하여 전쟁책임자들을 가벼운 형벌로 사실상 면죄부를 주려 했던 비열한 동기에 바탕을 두었다는 사실만 봐도 분명하며, 후자는 야만스러운 관행으로 역사의 역행이라고 할 수 있습니다.

일본과 연합국의 강화를 '가혹한 강화'라고 말하는 '보수파'도 있습니다만, 인류의 역사 나아가 일본과 싸운 나라들에도 우리와 같은 인간이 있다는 것을 잘 생각해보았으면 합니다. 전승국에서도 많은 가족이 살해당하고, 중상을 입고, 강간당한 국민이 있습니다. 하물며 일본이 싸웠던 1931-45년 전쟁은 일본이 공격당한 것이 아니고 일으킨 전쟁입니다. 일본군이 중국에서 전쟁을 일으키고 진주만을 공격함으로써 시작된 전쟁입니다. 일본은 약 300만 명이 죽었지만 중국을 비롯해 일본과 싸운 나라들은 아마 그 3-5배 정도의 사람들이 일본군에게 살해당했습니다.

그런 전쟁을 일으킨 일본은 샌프란시스코 평화조약에서도, 중일 공동성명에서도 기본적으로는 연합국이 대일배상을 포기하는 형태로 강화와 국교정상화를 이루었던 것입니다. 이를 '가혹'하다고 말하는 것은 연합국에 천사가 되라고 하는 것과 같습니다. 물론 연합국 측에도 여러 생각이 있어 관대한 강화와 국교정상화 방침을 취했겠지만, 그것은 별개의 문제입니다(제2장에서 자세히 말씀드렸습니다).

대부분의 인간은 보통사람이며, 국가라는 것은 '비도덕적 사회'(미국의 보수주의자·신학자 라인홀트 니버$^{\text{Karl Paul Reinhold Niebuhr}}$의 말)이기 때문에 인간보다 더 나쁜 행동을 합니다. 이 세상을 살아가면서 우리들은 '차악$^{\text{lesser evil}}$'을 추구하고 그것을 축적해나가는 수밖에 없습니다.

과거에 믿기 어려운 불의가 있었고, 그것을 알게 된 우리는 그 불의를 개선하기 위해 행동하는 것이 중요합니다. 저도 그리 믿고 1970년대부터 글을 쓰거나 사회적 발언을 하거나 시민운동에 종사하면서 불의를 개선해보려 해왔습니다.

다만 사회에서의 가치, 인간의 미덕은 정의만이 아닙니다. 여러 피해자들이 원하는 것도 반드시 '정의의 회복'만은 아닙니다. 그것은 우리 자신들이 일상을 살아가면서 정의만이 중요한 것은 아니라는 것을 생각해보면 금방 이해가 될 것입니다. 맛있는 식사, 상냥함, 미소, 정감, 유머, 상대가 말하는 것을 이해할 수 있었다는 쾌감, 동작이 아름다운 사람이나 겸허한 사람으로부터 받은 호감 등 여러 가지가 우리들의 삶을 풍요롭게 해줍니다.

'역사인식'이라는 '딱딱한 문제'도 이런 매우 당연한 생활감정 속에서 어깨에 너무 힘주지 않고 생각해보고, 서로 이야기 해보고, 자신의 생각 자체를 끊임없이 의심하면서 그 생각에 따라 행동하면 좋지 않을까요?

예전에 너무도 고지식하게 '역사인식' 문제를 '바라보았던' 제 자신이 이렇게 말씀드리는 것에 스스로도 놀라고 있습니다만.

인터뷰를 마치고

에가와 쇼코

시간이 해결해 줄 문제도 있겠지만, '역사인식'을 둘러싼 대립은 그럴 수만은 없는 것 같다. 한국이나 중국과 '역사인식'의 차이는 이전보다 지금이 더 심각하고 그 영향 또한 여기저기에서 나타나고 있다.

일본이 메이지시대의 산업혁명을 주도한 여러 시설을 유네스코 세계유산으로 등록하려 했을 때 그 시설에 강제징용된 한국인들이 강제노동을 했다 하여 한국은 당초 반대를 표명하고 유네스코 위원국에 영향력을 미치려 했다. 이러한 시설에는 많은 중국인들도 강제연행되어 노동을 강요당하고 목숨을 잃은 경우가 많다. 중국도 한국에 동조하여 유산등록 반대를 표명했다. 또한 핵확산금지조약(NPT) 재검토회의에서는 '세계 지도자들이나 젊은이들이 히로시마·나가사키를 방문하여 핵무기 사용 결과를 직접 눈으로 확인하고 피폭자의 증언에 귀를 기울인다'는 문구를 최종 문안에 넣겠다는 일본의 제안이 중국의 격렬한 반대로 인해 삭제되었다. 이 제안에는 일본이 제2차 세계대전의 가해국에서 피해국으로의 전환을 꾀하는 역사 왜곡의 의도가 숨겨져 있다는 것이 중국 측의 반대 이유였다.

중국에 관해서는 일본 측이 '잠든 아이'를 깨운 감이 있다. 2013

년 4월 참의원 예산위원회에서 아베 총리는 "침략이라는 말의 정의는 학계에도 국제적으로도 정해져 있지 않다"고 발언했다. 같은 해 말에는 야스쿠니신사를 참배하였다. 중일국교회복 때 과거의 침략은 일부 군국주의자의 책임이며, 일본 국민은 자신들과 같은 피해자라는 논리로 일본에 대한 배상 요구를 포기한 중국으로서는 그 '일부 군국주의자'로서 처형된 A급 전범을 모시는 야스쿠니신사를 일본 총리가 참배했다는 것은 '역사인식'을 둘러싼 무언의 합의를 일본이 뒤집은 것으로 비춰졌을 것이다.

그렇다 하더라도 피폭지 방문 제안까지 악의로 해석할 것까지는 없지 않은가 하는 것이 대다수 일본 사람들의 솔직한 심정이 아닐까. '역사인식'의 차이는 이처럼 점차 확산되어 가고 있는 것 같다.

일본이 과거의 부정적 역사에 빨리 종지부를 찍으려 하면 할수록 중국이나 한국은 비판을 강화한다. 전시 중에 노동을 강요당한 사람들의 미지불임금, 손해배상 등 법적으로는 '해결완료'된 문제도 각국에서 다시 일본 기업을 상대로 소송을 걸고 있어 이 또한 갑작스레 새로운 과제가 되었다.

그런 한·중의 대응에 대해 일본 내에서도 불만의 감정이 확대되고 있다. 그것은 한국이나 중국에 강한 반감을 갖고 있는 일부 사람들뿐만 아니라, 일반시민 사이에서도 엷지만 넓게 확산되고 있는 듯하다. 일본의 언론 NPO와 한국의 싱크탱크 EAI(동아시아연구원)가 2015년 4~5월에 실시한 여론조사에서는 한국에 대한 인상을 '좋지 않다'고 답한 일본인은 52.4%로 반수를 넘었다. 한국에서 일본에 대한 나쁜 감정은 더 널리 퍼져 있어서 일본에 대한 인상을 '좋지 않다'로 답한 한국인은 72.5%에 달했다.

그런 악감정의 근원은 '역사인식'을 둘러싼 대립이다. 그만큼 '역사인식' 문제는 그 중요성을 더해가고 있다. 그런 가운데 일본의 전쟁책임과 전후책임 문제에 대해 실천적으로 연구해 오신 오누마 선생님이 책을 내는 것은 매우 당연하고 누구도 이상하게 생각하지 않을 것이다. 다만 그곳에 나와 같은 문외한이 나오는 것은 왜일까? 위화감을 느끼는 사람도 있을 테니 저간의 사정을 조금 설명하고자 한다.

내가 처음 선생님을 뵌 것은 2013년 5월이다. 위안부 문제에 관한 하시모토 도루 오사카 시장의 발언을 둘러싸고 소동이 일어났을 즈음이다.

하시모토 씨는 5월 13일 낮 보도진의 취재에 대해 "침략과 식민정책이 아시아 국가의 여러분들께 큰 고통과 손해를 끼친 것은 사죄와 반성을 해야 한다"고 하면서도 "틀린 것은 틀리다고 말해야 한다"면서 위안부에 관해 다음과 같이 발언하였다.

"일본군만이 아니라 많은 다른 나라 군에서도 위안부 제도를 활용하고 있었다. 당연한 일이다. 그렇게 총탄이 폭우처럼 쏟아지는 가운데 목숨 걸고 싸울 때 정신적으로 긴장하고 있는 집단을 휴식을 하게 해주려면 위안부 제도라는 것이 필요하다는 걸 누구라도 이해할 것이다."

나아가 하시모토 씨는 "위안부 제도가 아니라도 '풍속업'은 필요"하다면서 오키나와에서 미군의 성적 욕구를 해소하기 위해 풍속업을 좀 더 활용하면 좋겠다고 미군사령관에게 '조언'한 에피소드도 밝혔다. 이 발언이 미국 측의 반발을 불렀다. 앞의 '위안부 제도는 필요' 발언을 포함해 해외로부터 비판이 쇄도하자 하시모토 씨는 외신기자협회에서 변명의 기자회견을 했으며, 예정되었던 방미도 중단하지 않을 수 없었다. 당연한 일이지만 한국의 서울을 거점으로 위안부 문제에 대해 일본의 국가배상을 요구해왔던 '한국정신대문제대책협의회'(정대협)는 격렬하게 반발했다. 하시모토 발언을 '일본 침략전쟁의 희생자에 대한 모욕'이라고 강력히 비난하였다. 일본 국내 여론조사에서는 3/4이라는 압도적 다수가 하시모토의 발언을 '부적절'하다고 생각했으며, 하시모토 씨가 공동대표를 맡고 있던 '일본유신회'의 지지율이 급락했다.

한편 하시모토 씨를 옹호하는 목소리도 있었다. 당시 하시모토 씨와 함께 '일본유신회'의 공동대표를 하고 있던 이시하라 신타로 씨는 "군과 매춘은 뗄 수 없는 관계이다. 그다지 틀린 말은 아니다"라고 하시모토 씨를 옹호하였다. 다만 일본의 침략이 아시아에 손해를 끼친 사실을 인정하는 하시모토 씨에 반해 이시하라 씨는 '침략이 아니다'라고 부정했다. 인터넷상이나 보수 언론에서는 "(하시모토 씨는) 잘 말해주었다. 말해야 할 것은 말해야 한다. 당시는 군의 규율을 지키기 위해서 (위안부 제도가) 필요했다. 세계 각국이 갖고 있었다. 전쟁이란 그런 것"이라고 하시모토 씨를 지지하는 발언도 눈에 띄었다.

찬반 의견이 난무하는 가운데 나는 위안부 문제에 관한 몇 권의 책을 사 모았다. 하시모토 발언에 강한 위화감을 느꼈던 나 스스로 이 문제에 대해 공부가 부족하다는 것을 자각했기 때문이다.

곧바로 공부를 시작하면서 만난 책이 오누마 선생님의 《'위안부' 문제란 무엇인가》(중공신서)였다. '아시아여성기금'이 행한 위안부 피해자에 대한 보상사업의 경위와 함께 왜 그것이 한국 등에서 제대로 이루어지지 않았는가 하는 분석이 다양한 각도에서 다루어지고 있었다.

그 내용은 내게 충격적이었다. 아시아여성기금이 설립된 1995년은 전후 50년이 되는 해이면서 동시에, 1월에 한신·아와지 대지진, 3월에 지하철 사린사건이라는 큰 재난이 일어났던 해였다. 지하철 사린사건 직후 경찰이 옴진리교에 대한 강제수사를 시작해 당시 나는 다른 취재를 모두 그만두고 옴진리교 문제에만 매달렸다. 같은 해 6월 여성기금 설립 발표도 7월의 기금 발족도 8월의 무라야마 총리담화도 뉴스로만 보았지 깊이 알려고 하지 않았고, 그저 흘려듣고 있었던 것이 사실이다. 정대협이나 일본 지원단체가 국민 모금으로 보상사업을 실시하려는 것에 크게 반발했던 것은 알고 있었지만, 그 구체적인 사업내용이 어떠했는지는 자세히 몰랐다.

책을 읽고 나서 사업에서 상당히 많은 것들이 이행되었음을 알게 되었다. 그럼에도 한국에서는 순조롭게 이행되지 못한 원인 중 하나가 한일 양국의 저널리즘의 태도 때문이라는 언급이 있었다. 나는 현재 상황을 포함한 이야기를 듣고 싶어 선생님이 특임교수로 교편을 잡고 있는 메이지대학 사무국을 통해 인터뷰를 요청하였다. 선생님은 곧바로 답변을 주셨고 그 날 인터뷰가 이루어졌다.

선생님은 왜 '위안부 문제'가 '문제'인 채로 남아 있는지, 하시모토 시장의 이야기에 공감하는 사람들이 나오는 이유는 무엇인지 하는 어려운 이야기를 조용히 그러나 열의에 찬 어투로 설명하셨다.

이런 문제에 대해서는 무조건 규탄하거나 다른 의견을 무시해버리는 강한 어조의 논의가 많은데, 오누마 선생님은 전혀 달랐다. 자국의 부정적 부분을 강조하는 '자학'도 아닌, 오히려 부정적 부분에서 눈을 돌려 자국의 정당성을 주장하는 '독선'도 아닌, 혹은 현 상황을 만든 '범인'을 찾아 책망하는 것도 아니었다. 냉정하게 사실을 직시하고, 원인을 찾아 현상을 이해하려고 노력한다. 피해자인 위안부 희생자분들에게 마음으로 다가가는 한편, 한국의 대응의 문제점을 지적하고, 지금까지의 평화주의적인 교육에 반발하는 일본의 젊은이들의 심정도 읽어준다. 다른 의견을 포괄하고 거기서부터 배우려는 자세는 선생님이 진지한 학자임을 보여줌과 동시에 일본의 전쟁책임과 전후책임 문제를 실천적으로 다뤄 오면서 키워 오신 포용력, 균형감, 인내력이 만들어낸 산물이라고 생각했다.

인터뷰 내용을 정리하여 인터넷(http://bylines.news.yahoo.co.jp/egawashoko/20130525-00025178/)에서 공개하자 이틀 사이에 10만 명도 넘는 사람들이 접속했다. 글을 읽는 사람은 그 후에도 계속 증가했으며, 공감한다는 댓글도 많이 달렸다. 대다수의 사람들이 심한 단어를 주고받는 극단적인 내용이 아니라, 사실과 이성, 그리고 진지한 인권감각에 근거한 전문가의 이야기를 원하고 있다는 것을 실감했다.

그런 일이 있고 나서 '역사인식'을 바라보는 이 책에서 나는 묻고 책을 구성하는 역할을 하게 되었다. 주제에 따라 질문을 준비하고, 선생님 자택에서 이야기를 듣는 방식을 반복했다. 이 책은 이른바 그 강의록인 것이다.

'자학'이 아닌 '독선'도 아닌, 사실과 이성과 인권감각에 근거하여 미래를 전망하는 오누마 선생님의 이야기는 이렇게 심각한 상황에 놓여 있는 '역사인식' 문제에 큰 희망을 느끼게 하는 것이었다.

지금은 일본만이 공격받고 있는 듯해도, 침략이나 식민지 지배를 해온 것은 일본만이 아니다. 아시아나 아프리카 제국이 경제적으로 발전하게 되면 서구제국도 마찬가지로 과거의 침략이나 지배책임을 추궁당할 수 있다는 이야기는 특히 시사적이다. 그리 생각하면 일본은 고령화만이 아니라 '역사인식'을 둘러싸고도 세계 선두주자라고 말할 수 있을 것이다. 그렇기 때문에 우리가 어떻게 행동해야 할지 생각해야 한다.

이런 말씀을 듣고 눈앞이 확 트이는 것 같았다.

'역사인식'을 재고하는 것은 타국과 교류를 잘하기 위해서만이 아니라, 일본이 어떤 나라이고자 하는가, 즉 일본의 '모습'을 생각하는데 중요한 것이다. 과거를 되돌아보기 위해서라기보다 미래의 일본의 모습을 만들어가는 토대로서 '역사인식'은 중요한 것이다. 그럼에도 우리들은 나라 밖에서 들려오는 목소리에 너무 흔들리고 있는 것은 아닌지 모르겠다.

바람직한 '역사인식'에 대한 사색을 오누마 선생님이 아쉬움 없이 피력하신 것이 이 책이라고 생각한다. 완성된 책을 나도 몇 번이고 읽었으며, 우리의 현재와 미래를 독자들과 함께 생각해보고 싶다.

대담자 후기

오누마 야스아키

'역사인식'과 관련한 여러 질문들. 에가와 씨가 차례차례 질문을 하는데 질문방법이 뛰어나서인지, 당시에는 어쨌거나 답변을 한 것 같다. 그러나 나중에 에가와 씨가 정리해준 원고를 읽어보니 의문점이 차례차례 떠올랐다. 결국 처음 했던 답변은 잘 찾아보니 틀리고, 부정확하고, 표현이 형편없는 등 문제투성이였고 읽어보고 스스로 실망했다. 에가와 씨와 편집자는 이런 화자의 이야기를 시종일관 미소 띤 얼굴로 들어주었구나 싶었다.

   이 책은 '서문'에서 도쿄재판, 전쟁책임, '위안부' 문제처럼 극단적으로 논자의 주장이 엇갈리고 대립하는 주제와 관련한 '조감도'를 독자에게 알기 쉽게 전달하는 것을 목표로 한다고 밝혔다. 실제로 해보니 신서(문고판)라고 하는 한정된 지면 안에 학문적 정확성을 해치지 않고 이런 조감도를 그려내는 것은 지난한 과제였다.

   송구하게도 이 책을 집필한 2015년 전반은 내게 국제법 영문교과서를 탈고하는 국제법학자로서의 필생의 과업과 프랑스어로 쓴 논문집을 간행(이것 또한 오랫동안 지속했던 프로젝트의 최종단계였다)하는 일이 겹쳐 있었다. 또한 2015년 3월은 옴진리교의 지하철 사린 사건 발생 20년이 되는 해로 이 문제 전문가이자 인터뷰어인 에가와 씨는 이 시기 극에 달할 정도로 바빴다.

이렇게 해서 걸핏하면 "시간을 낼 수 없다"고 투덜거리는 제멋대로인 두 사람을(결코 '질책'하는 일 없이) 오로지 '격려'하고 완성을 위해 뒤에서 밀어주신 이가 편집자인 오노 카즈오小野一雄 씨다. 에가와 씨가 정리해준 원고에는 새빨개질 정도로 수정가필이 들어갔다. 그처럼 나 자신도 판독할 수 없는, 더구나 팩스로 보내온 원고를 정확하게 입력하고 저와 에가와 씨의 엄청난 자료조사 요구에 응하는 초인적인 능력을 보여준 오노 씨에게는 오로지 감사할 따름이다.

내용 확인 면에서도 이 책은 실로 많은 분들로부터 후의를 받았다.

'역사인식'에 관련된 문제는 하여튼 어디서부터라도 공격이 들어온다. 이는 나도 '위안부' 문제로 확실히 당해왔던 바이다. (《'위안부' 문제란 무엇인가》 참조). 내 스스로 학문적으로 엄밀하게 그리고 객관적으로, 공평하게 썼다고 자부하더라도 어떤 사람에게 나는 구제할 길 없는 '자학론자'이고, 또 어떤 사람에게는 정부에 혼을 판 '어용학자'일 것이다.

이 책도 일부 사람들은 그렇게 받아들일지 모르겠다. 다만 나는 그런 '격론', '대립'의 구도는 무익하고, 타자에게 상처를 주고, 스스로를 폄훼하는 일이라고 생각해왔다. 그것은 국내든 한일·중일 사이에서든 마찬가지이다.

대개 어떤 언설이 공개된 뒤에는 자신과 견해가 다른 타자의 입장에 서서 그 사람의 주장을 이해하려 노력하고, 공통의 인식과 해석을 확대시켜나가는 것은 언설을 만들어낸 사람의 책무일 것이다. 그것은 언설의 매체가 단행본이나 잡지, TV, 신문이거나 혹은 웹상의 공간이거나 다를 바가 없다.

다만 스스로는 공정하려고 노력했다고 해도 편견 없는 인간이 없는 이상, 다른 생각을 가진 타자 입장에서 보면 나의 논의에도 반드시 편향성은 있을 수 있다. 그것을 바로잡기 위해서는 같은 문제를 진지하게 다루면서 나와 다른 인식을 가진 사람에게 내 견해를 제시하고 그에 대한 비판을 듣는 수밖에 없다.

이리하여 나는 이 책에서 다룬 문제에 대해 연구자 혹은 실무를 담당해온 많은 분들에게 원고를 읽고 잘못된 곳을 지적하고 비판적 견해를 들려달라고 부탁했다. 이에 대해 이시다 유지石田勇治(독일 근현대사), 우쓰미 아이코內海愛子(BC급 전범, 도쿄재판, 전후보상), 우다가와 코타宇田川幸大(도쿄재판), 기무라 칸木村幹(한국의 '역사인식', 한국현대사), 구마가야 나오코熊谷奈緒子('위안부' 문제), 도노무라 마사루外村大(재일한국인역사, 식민지 시기의 한국사회), 하세가와 미치코長谷川三千子(철학, 사상사), 하타 이쿠히코秦郁彦('위안부' 문제, 쇼와사, 군사사), 미타니 히로시三谷博(일본근현대사, 교과서문제), 모리 카즈코毛里和子(현대중국정치, 동아시아국제관계), 요시다 유타카吉田裕(전후일본의 전쟁관, 전쟁책임, 일본근현대사), 요시미 요시아키吉見義明('위안부' 문제, 쇼와사) 같은 뛰어난 일본의 연구자들, 중국·한국의 역사학자와 국제법학자, 외무성에서 '역사인식'에 관련된 구체적 문제를 담당해온 분들, 잡지 편집자 등으로부터 의견을 들었다.

이 분들 중에는 구체적 문제에 대해 나와 크게 견해를 달리하는 분도 적지 않다. 기본 시각에서 세부 해석에 이르기까지 '이렇게까지 신랄한 코멘트를 줄 수 있나'하고 무심코 하늘을 바라볼 정도로 비판적인 의견도 있었다. 그러나 솔직하고 기탄없는 의견을 받은 것은 연구자로서 무엇보다 감사드릴 일이며, 이 책을 완성하는 과정에서 그런 의견을 적극 반영하려고 노력하였다. 의견을 주신 분들 중에는 마지막까지 해석 차이를 좁히지 못한 분도 있다. 내 능력의 한계가 있어 결과는 이 책을 읽어주시는 수밖에 없지만, 귀중한 시간을 내서 의견을 주신 분들께 진심으로 감사드린다.

인터뷰어 역할을 맡아준 에가와 쇼코 씨와의 공동 작업은 내 러브콜을 그이가 받아준 덕분에 실현되었다.

옴진리교 문제를 중심으로 뛰어난 저작을 발표했던 저널리스트라는 인식밖에 없었던 에가와 씨로부터 위안부 문제에 대해 갑작스런 취재 요청이 들어온 것은 2013년 5월의 일이다. 《'위안부' 문제란 무엇인가》에 담겨져 있는 언론, 저널리스트의 책임이란 것을 자신의 문제라고 생각했기 때문이라는 말에 마음이 움직여 인터뷰에 응했다. 녹음을 풀어 기록한 원고의 완성도에 '역시' 하고 감탄하였다(직업상 인터뷰는 많이 했지만, 인터뷰어에 따라 정리한 결과는 천지차이가 난다).

더욱 놀란 것은 인터넷에 올라간 에가와 씨의 인터뷰를 다룬 《아사히신문》의 논단시평(2013년 5월 30일)이었다. 시평을 담당한 작가 다카하시 겐이치로高橋源一郎 씨는 내 말투를 '평온하고 조금 슬픈 듯한'이라고 썼다.

"어. 내가 그렇다고?" 하며 놀랐으며 주위는 더 놀랐다. 지금까지 '공격적이고 건방진'이라는 평은 많이 있었지만, '평온', 특히 '슬픈 듯'이란 평가는 나와는 가장 연이 먼 단어였기 때문이다.

다만 잘 생각해보니 짐작이 가는 부분도 있었다.

시민운동에 오랫동안 종사해온 내게 위안부 문제만큼 견딜 수 없을 정도로 허무함을 느끼게 하는 일도 없었다. 잘 될 것으로 믿고 내가 깊이 관여했던 아시아여성기금의 위안부 피해자들에 대한 보상은 부정적인 태도를 취했던 언론의 압도적 힘 앞에 아주 일부 피해자에게밖에 전달되지 못했으며, 오해를 한 채 보상을 받지 못하고 돌아가신 피해자들에게 아무것도 못해드렸으며, 오랫동안 좋아했던 한국이 싫어졌으며 마음속으로 내키지 않았지만 보상 활동을 끝내야만 했었다.

2007년 기금 해산 시 나의 그런 피로감과 울적함이 시간이 흐르면서 스스로는 생각하지도 못했던 '슬픈 듯한' 감정으로 변해갔을지도 모르겠다. 뛰어난 저널리스트인 에가와 씨는 나 스스로도 인식하지 못했던 그런 감정을 읽어주었을지도 모른다. 다카하시 씨는 에가와 씨의 문장에 숨겨진, 말하는 나도 느끼지 못했던 그런 감정을 작가의 감으로 알아차렸는지도 모르겠다. 다카하시 씨의 논단시평을 읽고 왜 그럴까 생각해본 결과 다다른 결론이다.

중앙공론신서 편집부와 이 책을 기획하고 있을 때 떠오른 것이 에가와 씨의 인터뷰와 그에 대한 다카하시 씨의 평이었다.

나는 지금까지 꽤 많은 책과 논문, 에세이 등을 썼지만 학자의 슬픔, 인간의 마음 깊숙한 곳을 울릴 만한 것을 쓰지 못했다(학자 중에 간혹 그런 글을 쓰는 사람이 있지만)는 생각을 항상 갖고 있었다.

21세기 일본 사회의 구성원에게, 또한 해외 특히 중국이나 한국인들에게도 매우 중요한 '역사인식'에 관련된 이 책을 가능한 많은 사람들이 읽고, 독자들의 마음속에 흔적이라도 남겼으면 좋겠다. 그것이 이 책을 기획한 나의 큰 바람이었다(따라서 나는 이 책이 만들어지면 중국과 한국에 번역되기를 바라며 영어판도 나왔으면 좋겠다).

그러기 위해서는 앞에서 말한 것처럼 내게 없는 힘을 갖고 있는 에가와 씨가 협조해주기를 바란다. 그런 마음으로 에가와 씨에게 인터뷰어 역할을 부탁드렸다.

다행히도 에가와 씨는 흔쾌히 승낙해주었지만, 그이도 일본의 대표적 프리저널리스트로 매우 바쁜 분이다. 나 자신도 앞에서 말한 두 가지 큰 프로젝트를 하고 있었고, 더구나 2014년은 입·퇴원을 반복하느라 이 책에 충분한 시간을 할애할 수 없었다. 다만 2014년 10월부터 2015년 1월 메이지대학 법학부에서 '역사인식' 문제를 생각하는 수업을 하고, 거의 비슷한 시기에 아사히문화센터에서 같은 내용의 강좌기획에 관여하여 〈'역사인식'은 왜 다른가〉라는 강의를 하면서 이 책의 골격을 완성할 수 있었다. 아사히문화센터의 이시이 요코石井洋子 씨에게 진심으로 감사드린다.

2015년 1월부터 시작된 인터뷰는 주도적으로 준비해주신 에가와 씨 덕분에 즐거운 작업이었다. 에가와 씨도 편집부의 오노 씨도 재미있어 하는 것 같았다. 그러나 그 후 에가와 씨가 녹음테이프를 풀어 원고로 만들었을 때 믿을 수 없을 정도의 단기간에 이 책 원고를 정리해준 기간이 그이에게는 지옥 같은 나날이었을 것이다. 5~6월에 에가와 씨가 만든 원고를 최종원고로 만든 나에게도 그러했다(편집부의 오노 씨는 더 그랬을 것이다). 앞에서 말한 대로 중간원고 단계에서 받은 코멘트는 모두 진지하고 유익한 것이었고, 그 가운데에는 정면으로 대립되는 것도 있어서 최종원고에 반영하는 것은 솔직히 고통스러운 작업이었다.

그런 일들을 모두 끝내고 '후기'까지 쓰게 된 것은 말 그대로 앞에서 언급한 분들의 고마운 협력 덕분이다. 물론 이런 도움에도 불구하고 남아 있을 오류, 부적절한 내용은 내 책임이다.

2015년 7월, 마감을 며칠 보낸 후

옮긴이의 말

지난 5월 9일 한중일 정상회담 참석차 문재인 대통령이 일본 도쿄를 방문했다. 한국 대통령이 일본을 방문한 것은 2011년 12월 이명박 대통령의 교토 방문 이후 6년 반 만이었다. 당일치기 방문이라 일본 국민들과 접할 수 있는 기회가 없어 아쉬움은 남았지만, 한일 정상회담에서는 20주년을 맞이하는 김대중-오부치 한일 파트너십 공동선언을 바탕으로 양국관계를 미래지향적으로 발전시켜 나갈 것을 확인했으며, 정상 간의 셔틀외교를 계속하기로 합의했다.

국교정상화 이후 50여 년의 한일관계를 돌이켜보면, 정치외교와 경제, 문화예술 등 다양한 분야에서 괄목할 만한 성장과 비약적인 발전이 있었지만, 일본의 식민 지배에 기인한 역사문제는 한일관계를 늘 불편하게 만들었다. 특히, 1984년 9월 한국 대통령으로서는 처음으로 전두환이 일본을 공식 방문한 이후 한국 대통령의 일본 방문 때마다 과거역사에 대한 천황의 사죄 발언 내용과 이에 대한 한국 대통령의 대응에 관심이 모아지곤 했다. 그런 측면에서 보면 1998년 10월의 김대중 대통령의 방일은 아주 특이할 만했다.

10월 7일 궁중만찬에서 아키히토 천황이 "일의대수─衣帶水처럼 가까운 귀국과 우리나라 사람들 사이에 예부터 교류가 있었으며……

이러한 밀접한 교류의 역사가 있는 반면, 한 시기 우리나라가 한반도의 여러분들에게 커다란 고통을 주었던 시대가 있었습니다. 이에 대한 깊은 슬픔은 항상 저의 기억에 간직되어 있습니다."는 표현으로 유감을 표명했지만, 김대중 대통령은 한일 두 나라가 '서로를 존중하고 서로에게 열린 마음을 가지고', '진정한 동반자 관계를 이끌어 나갈' 것을 제창하면서 과거 역사에 대해서는 언급하지 않았다.

이튿날 10월 8일 한일 정상회담에서 오부치 총리는 과거 역사에 대해 사죄와 반성의 뜻을 표명했으며, 이런 내용을 담은 문서에 두 정상이 서명하고 채택되었다. 일본이 공식문서를 통해 과거역사에 대한 사죄와 반성을 표명한 것은 처음이었는데, 김대중 대통령은 오부치 총리의 역사인식 표명을 평가하면서 양국이 과거의 불행한 역사를 극복하고 화해와 선린우호협력에 입각한 미래지향적인 관계를 발전시키기 위하여 서로 노력하는 것이 시대적 요청이라는 뜻을 표명했다.

정상회담을 마친 김대중 대통령은 일본 국회에서 연설을 했는데, 김대중 대통령은 다음과 같이 말했다.

"전전의 일본과 전후의 일본은 참으로 극명한 대조를 이루고 있습니다. 나는 전후의 일본 국민과 지도자들이 쏟은 피땀 어린 노력에 대해 깊은 경의를 표하는 바입니다.(중략)

이제 한일 두 나라는 과거를 직시하면서 미래지향적인 관계를 만들어 나가야 할 때를 맞이했습니다. 과거를 직시한다는 것은 역사적 사실을 있는 그대로 인식하는 것이고, 미래를 지향한다는 것은 인식된 사실에서 교훈을 찾고 보다 나은 내일을 함께 모색한다는 뜻입니다."

　김대중-오부치 한일 공동선언이 양국관계를 한 차원 더 높이 끌어올렸다는 평가에도 불구하고 그 후의 한일관계를 갈등에 빠뜨렸던 것은 역시 역사문제였다. 김대중 대통령은 일본 국회 연설에서 과거를 올바르게 인식하고 반성하는 도덕적 용기를 지닌 수많은 일본의 민주시민을 상찬했지만, 1993년 호소카와 모리히로 총리의 침략전쟁과 식민지 역사의 인정과 반성, 1995년 무라야마 도미이치 총리의 전후 50년 담화 등에 나타난 역사인식을 '자학사관'이라고 비판하면서 일본 국민이 자긍심을 가질 수 있는 교과서를 만들겠다는 세력이 목소리를 높이기 시작했던 것도 무시할 수는 없었다.
　니시오 간지와 후지오카 노부카쓰 등의 보수적인 역사학자와 만화가 고바야시 요시노리 등이 중심이 되어 결성한 '새로운 역사 교과서를 만드는 모임'(새역모)이 만든 교과서가 문부과학성의 검정을 통과하자 2001년 4월 한국 정부는 주일대사를 소환하는 강경 조치를 취했다. 이 교과서의 채택률은 당초 0.039%에 불과했지만, 해마다 조금씩 늘어나 5% 내외까지 늘어났다는 점은 간과할 수가 없다.
　자민당 총재 선거에서 야스쿠니신사 참배를 공약으로 내걸었던 고이즈미 준이치로가 총리에 취임하면서 상황은 더욱 나빠졌다. 5년 5개월 동안 재임했던 고이즈미 총리가 매년 한 차례 야스쿠니신사를 참배하자 한국과 중국은 강력하게 항의했다. 또한 일본의 사회과 교과서, 초중고의 학습지도요령과 학습지도요령 해설서 등에서 독도를 자국 영토로 주장하고 교육하도록 하는 내용이 수록되면서 역사문제를 둘러싼 양국 간의 갈등은 매년 반복되고 있다.

이 책에서 오누마 교수가 지적하고 있듯이 '역사인식' 문제는 역사 속의 특정 사실에 대한 인식과 해석의 문제로 그것은 일본이 일으킨 전쟁과 식민지 지배와 관련된 것이다. 역사인식 문제는 일본 국내는 물론 일본과 가장 가까운 이웃나라인 한국과 중국 사이에 가장 중요한 외교적 문제로 남아 있다.

오해를 피하기 위해 말해두지만, 역자들은 이 책에서 전개하고 있는 오누마 교수의 견해에 모두 동의하는 것은 아니나 역사적 사실에 대한 인식과 해석에 차이가 생겨난 이유, 그 근거와 원인을 알아야 한다는 점에는 동의한다. 한국과 일본 사이의 역사인식의 차이가 극복할 수 있는 것이라면, 혹은 역사인식을 공유하는 것이 가능하다면, 그러기 위해서는 우선 역사인식의 차이를 이해하는 것이 불가결할 것이다.

이 책은 역사인식과 관련한 모든 것을 다루고 있지는 않지만, 한일강제병합과 만주사변, 도쿄재판과 샌프란시스코 평화조약, 한일 및 중일 국교정상화, 일본군 '위안부' 문제 등 '역사인식' 문제를 이해하는 데 반드시 알아야 할 사실은 물론 그런 사실들이 어떤 역사인식을 만들어왔는지 하는 역사인식의 역사도 조망할 수 있게 해준다.

일본 외무성의 사무차관과 주미대사를 역임했던 고^故 구리야마 다카카즈^{栗山尙一} 대사는 화해는 상호적인 프로세스이며, 가해국의 일방적인 노력만으로는 완결되지 않고 가해국과 피해국의 상호 노력이 필요하다고 지적했다(《和解―日本外交の課題(下)》, 《GAIKO FORUM》, 2006.2). 즉, 피해국이 가해국의 반성을 받아들이고 과거와 현재의 차이를 인정하고 양자가 미래를 공유하는 것에 동의할 때

비로소 화해가 현실의 것이 될 수 있다는 것이다.

과거 역사에 대한 일본의 반성과 사죄가 충분하다고 생각하지는 않지만, 한국에서 비판받고 있는 것처럼 일본이 전혀 반성하지 않고 사죄하지 않았던 것은 아니다. 자료로 첨부되어 있는 고노 담화와 무라야마 담화를 독자들께서 꼭 읽어주시기를 당부드린다. 역자들은 이 책이 한국과 일본의 보통사람들이 "일본에게는 과거를 직시하고 역사를 두렵게 여기는 진정한 용기가 필요하고, 한국은 일본의 변화된 모습을 올바르게 평가하면서 미래의 가능성에 대한 희망을 찾을 수 있는"(1998년 10월 8일 김대중 대통령 일본 국회연설) 계기가 되기를 바란다.

또한 지난 2월 평창 동계올림픽 스피드 스케이팅 여자 500미터 결승을 마치고 은메달에 그친 이상화 선수를 안아주면서 위로해준 고다이라 나오 선수의 감동스러운 모습이 한일 양국 사이에 계속 이어졌으면 좋겠다.

마지막으로 어려운 출판 사정에도 불구하고 흔쾌히 번역출판을 수락해주신 섬앤섬 출판사에 감사드리며, 투병 중에도 한국어판 서문을 써주시고 격려해주신 오누마 교수께 감사드린다. 민감한 주제이기도 해서 번역 과정에서 신중에 신중을 기하고 가급적 쉽게 읽을 수 있도록 노력했지만, 번역상의 오류나 어색한 부분이 있다면 모두 역자들의 책임이다.

조진구, 박홍규

■ 참고문헌

'역사인식歷史認識'에 관한 문헌은 방대하지만, 여기에서는 문고판을 중심으로 저자(오누마와 에가와)가 꼭 읽었으면 좋겠다고 생각한 것 가운데 비교적 읽기 쉽고 입수하기 수월하다고 판단되는 일부 저작만을 수록했다.

阿部浩己 《国際法の暴力を超えて》 岩波書店, 2010年.

石井明ほか編 《記録と考証 日中国交正常化·日中平和友好条約締結交渉》 岩波書店, 2003年.

石田勇治 《過去の克服―ヒトラー後のドイツ》 白水社, 2002年. 新装復刊, 2014年.

伊丹万作 〈戦争責任者の問題〉, 《映画春秋》 創刊号, 1946年8月.

稲田朋美 《私は日本を守りたい―家族, ふるさと, わが祖国》 PHP研究所, 2010年.

アンネッテ·ヴァインケ著, 板橋拓己訳 《ニュルンベルク裁判―ナチ·ドイツはどのように裁かれたのか》 中公新書, 2015年.

上野千鶴子 《ナショナリズムとジェンダー》 青土社, 1998年. 新版, 岩波現代文庫, 2012年.

内海愛子 《戦後補償から考える日本とアジア》 山川出版社·日本史リブレット, 2002年.

内海愛子·大沼保昭·田中宏·加藤陽子 《戦後責任――アジアのまなざしに応えて》 岩波書店, 2014年.

NHK取材班 《周恩来の決断―日中国交正常化はこうして実現した》 日本放送出版協会, 1993年.

遠藤周作 《海と毒薬》 文芸春秋新社, 1958年. 講談社文庫, 2011年.

大熊信行 《国家悪―戦争責任は誰のものか》 中央公論社, 1957年. 改題 《国家悪―人類に未来はあるか》 新版, 潮出版社, 1969年. 増補新装版, 論創社, 2011年.

大沼保昭 《戦争責任論序説―'平和に対する罪'の形成過程におけるイデオロギー性と抱束性》 東京大学出版会, 1975年.

大沼保昭 〈'文明の裁き', '勝者の裁き'を超えて〉, 《中央公論》 1983年 8月. 大沼 《東京裁判, 戦争責任, 戦後責任》 所収.

大沼保昭 〈'ひとさし指の自由'のために―多元的価値から見た外国人指紋押捺制〉,

《中央公論》1984年 8月. 大沼 《単一民族社会の神話を超えて》 所収.

大沼保昭 《ドリアンの国, ロームシャの影――東南アジアを旅して考える》リブロポート, 1985年.

大沼保昭〈単一民族社会の神話を超えて〉,《中央公論》 1985年 9月. 大沼 《単一民族社会の神話を超えて》 所収.

大沼保昭 《単一民族社会の神話を超えて――在日韓国・朝鮮人と出入国管理体制》 東信堂, 1986年. 新版, 1993年.

大沼保昭・徐竜達編 《在日韓国朝鮮人と人権――日本人と定住外国人との共生を目指して》 有斐閣, 1986年. 新版, 2005年.

大沼保昭 《サハリン棄民――戦後責任の点景》 中公新書, 1992年.

大沼保昭・下村満子・和田春樹編 《慰安婦問題とアジア女性基金》東信堂, 1998年.

大沼保昭 《在日韓国・朝鮮人の国籍と人権》 東信堂, 2004年.

大沼保昭 《'慰安婦'問題とは何だったのか――メディア・NGO・政府の功罪》 中公新書, 2007年.

大沼保昭 《東京裁判, 戦争責任, 戦後責任》 東信堂, 2007年.

大沼保昭・岸俊光編 《慰安婦問題という問い――東大ゼミで'人間と歴史と社会'を考える》 勁草書房, 2007年.

大沼保昭 〈朝日・本田雅和記者との対決――慰安婦救済を阻んだ日韓メディアの大罪〉,《文藝春秋》 2014年11月.

大沼保昭 〈メディアの'公共性'と'権力性'を問う――日本のイメージはどう創られるのか〉,《中央公論》 2015年 3月.

小倉紀蔵・小針進編 《日韓関係の争点》 藤原書店, 2014年.

ラス・カサス著, 染田秀藤訳 《インディアスの破壊についての簡潔な報告》 岩波文庫, 1976年. 改版, 岩波文庫, 2013年.

木下順二 《神と人とのあいだ》 講談社, 1972年.

木村幹 《日韓歴史認識問題とは何か――歴史教科書・'慰安婦'・ポピュリズム》ミネルヴァ書房, 2014年.

熊谷奈緒子 《慰安婦問題》ちくま新書, 2014年.

栗山尚一著, 中島琢磨・服部龍二・江藤名保子編 《沖縄返還・日中国交正常化・日米'密約'

――外交証言録》 岩波書店, 2010年.

国際法律家委員会著, 自由人権協会・日本の戦争責任資料センター訳 《国際法からみだ従軍慰安婦問題》 明石書店, 1995年.

櫻井よしこ・田久保忠衛・劉江永・歩平・趙甲濟・洪熒・古田博司・金燦栄 《日中韓 歴史大論争》 文春新書, 2010年.

佐藤和男監修, 終戦五十周年国民委員会 編 《世界がさばく東京裁判――85人の外国識者が語る連合国裁判》 終戦五十周年国民委員会, 1996年. 改訂版, 明成社, 2005年.

産経新聞社 《歴史戦――朝日新聞が世界にまいた'慰安婦'の嘘を討つ》 産経新聞出版, 2014年.

志水速雄 〈東京裁判史観の呪縛を排す〉,《諸君!》1983年 12月.

蒋介石著, 山田礼三訳 《暴を以て暴に報ゆる勿れ》 白揚社, 1947年.

女性のためのアジア平和国民基金 《慰安婦問題とアジア女性基金》 女性のためのアジア平和国民基金, 2007年.

鶴見俊輔 〈知識人の戦争責任〉,《中央公論》 1956年 1月.

東京裁判研究会編 《共同研究 パル判決書》 全2巻, 講談社学術文庫, 1984年.

東京裁判ハンドブック編集委員会編 《東京裁判ハンドブック》 青木書店, 1989年.

中里成章 《パル判事――インド・ナショナリズムと東京裁判》 岩波新書, 2011年.

永原陽子編 《植民地責任論――脱植民地化の比較史》 青木書店, 2009年.

朴裕河著, 佐藤久訳 《和解のために――教科書・慰安婦・靖国・独島》 平凡社, 2006年. 平凡社ライブラリー, 2011年.

朴裕河 《帝国の慰安婦――植民地支配と記憶の闘い》 朝日新聞出版, 2014年.

秦郁彦 《南京事件――'虐殺'の構造》 中公新書, 1986年. 増補版, 中公新書, 2007年.

秦郁彦 《慰安婦と戦場の性》 新潮選書, 1999年.

波多野澄雄 《国家と歴史――戦後日本の歴史問題》 中公新書, 2011年.

服部龍二 《日中国交正常化――田中角栄, 大平正芳, 官僚たちの挑戦》 中公新書, 2011年.

服部龍二 《外交ドキュメント 歴史認識》 岩波新書, 2015年..

日暮吉延 《東京裁判》 講談社現代新書, 2008年.

細谷千博・安藤仁介・大沼保昭編 《東京裁判を問う――国際シンポジウム》 講談社,

1984年. 講談社学術文庫, 1989年.

本多勝一 《中国の旅》 朝日新聞社, 1972年. 朝日文庫, 1981年.

本多勝一 《中国の日本軍》 創樹社, 1972年.

リチャード·H·マイニア著, 安藤仁介訳 《勝者の裁き—戦争裁判戦争責任とは何か》 福村出版, 1972年. 改題 《東京裁判—勝者の裁き》 新装版, 福村出版, 1998年.

松尾尊兊編 《石橋湛山評論集》 岩波文庫, 1984年.

毛里和子 《日中関係—戦後から新時代へ》 岩波新書, 2006年.

尹貞玉他 《朝鮮人女性が見た'慰安婦問題'—明日をともに創るために》 三一書房, 1992年.

吉田満 《戦艦大和の最期》 創元社, 1952年. 改題 《戦艦大和ノ最期》 講談社文芸文庫, 1994年.

吉田満 《戦中派の死生観》 文藝春秋, 1980年. 文春文庫, 1984年.

吉田裕 《日本人の戦争観—戦後史のなかの変容》 岩波書店, 1995年. 岩波現代文庫, 2005年.

吉見義明 《日本軍'慰安婦'制度とは何か》 岩波ブックレット, 2010年.

読売新聞戦争責任検証委員会編著 《検証 戦争責任》 全二巻, 中央公論新社, 2006年. 中公文庫, 2009年.

劉傑·三谷博·楊大慶編 《国境を越える歴史認識—日中対話の試み》 東京大学出版会, 2006年.

B·V·A·レーリンク著, A·カッセーゼ編, 小菅信子訳 《東京裁判とその後—ある平和家の回想》 中公文庫, 2009年.

若宮啓文 《戦後保守のアジア観》 朝日選書, 1995年. 改題 《和解とナショナリズム—新版戦後保守のアジア観》 朝日選書, 2006年. 全面改稿 《戦後70年 保守のアジア観》 2014年.

王敏 《中国人の愛国心—日本人とは違う5つの思考回路》 PHP新書, 2005年.

〈特集 東京裁判とは何か〉, 《現代思想》 2007年 8月.

■ 자료

'역사인식'에 관한 자료 가운데 극히 일부만을 시계열적으로 수록했다. '위안부' 문제에 관한 세 자료는 모아서 마지막 부분에 실었다.

1. 극동국제군사재판소 조례(1946년 1월 19일, 발췌)

第一章 裁判所の構成
 第一条(裁判所の設置) 極東に於ける重大戦争犯罪人の公正且迅速なる審理及び処罰の為め、茲に極東国際軍事裁判所を設置す。(중략)

第二章 管轄及び一般規定
 第五条(人並に犯罪に関する管轄) 本裁判所は、平和に対する罪を包含せる犯罪に付個人として又は団体構成員として訴追せられたる極東戦争犯罪人を審理し、処罰するの権限を有す。左に掲ぐる一又は数個の行為は、個人責任あるものとし、本裁判所の管轄に属する犯罪とす。
 (イ) 平和に対する罪即ち、宣戦を布告せる又は布告せざる侵略戦争、若は国際法、条約、協定又は保証に違反せる戦争の計画、準備、開始、又は実行、若は右諸行為の何れかを達成する為の共通の計画又は共同謀議への参加。
 (ロ) 通例の戦争犯罪即ち、戦争法規又は戦争慣例の違反。
 (ハ) 人道に対する罪即ち、戦前又は戦時中為されたる殺戮、殲滅、奴隷的虐使、追放其の他の非人道的行為、若は政治的又は人種的理由に基く迫害行為であつて犯行地の国内法違反たると否とを問はず本裁判所の管轄に属する犯罪の遂行として又は之に関聯して為されたるもの。
 上記犯罪の何れかを犯さんとする共通の計画又は共同謀議の立案又は実行に参加せる指導者、組織者、教唆者及び共犯者は、斯かる計画の遂行上為されたる一切の行為に付、其の何人に依りて為されたるとを問はず責任を有す。(이하 생략)

제1장 재판소의 구성

제1조(재판소의 설치) 극동에서의 중대 전쟁범죄인의 공정하고 신속한 심리 및 처벌을 위해 이에 극동국제군사재판소를 설치한다. (중략)

제2장 관할 및 일반규정

제5조(사람 및 범죄에 관한 관할) 본 재판소는 평화에 대한 죄를 포함하는 범죄에 대하여 개인으로서 또는 단체구성원으로서 소추되는 극동전쟁범죄인을 심리하고 처벌할 권한을 갖는다. 다음 각 호의 하나 또는 복수의 행위는 개인책임이 있는 것으로서 본 재판소의 관할에 속하는 범죄로 한다.

(가) 평화에 대한 죄, 즉 선전을 포고한 또는 포고하지 않은 침략전쟁, 또는 국제법, 조약, 협정 또는 보증을 위반한 전쟁의 계획, 준비, 개시 또는 실행 또는 위의 어느 행위를 달성하기 위한 공통의 계호기 또는 공동모의에의 참가

(나) 통상의 전쟁범죄, 즉 전쟁법규 또는 전쟁관례 위반

(다) 인도에 대한 죄, 즉 전전 또는 전시에 행해진 살육, 섬멸, 노예적 학대, 추방 기타의 비인도적 행위, 또는 정치적 혹은 인종적 이유에 입각한 박해행위로 범행 발생지의 국내법 위반 여부에 관계없이 본 재판소의 관할에 속하는 범죄 수행 또는 공동모의 혹은 이와 관련하여 행해진 것

상기의 어느 범죄를 저지르려고 하는 공통의 계획 또는 공동모의의 입안 혹은 실행에 참가한 지도자, 조직자, 교사자 및 공범자는 이러한 계획의 수행상 행한 일체의 행위에 대하여 그것이 몇 사람에 의하여 행하여진 것인지 관계없이 책임이 있다.

2. 샌프란시스코 평화조약(1951년 9월 8일, 발췌)

(전략)

第十一条

日本国は、極東国際軍事裁判所並びに日本国内及び国外の他の連合国戦争犯罪法廷の裁判を受諾し、且つ、日本国で拘禁されている日本国民にこれらの法廷が課

した刑を執行するものとする。(중략)

第十四条

(a)日本国は、戦争中に生じさせた損害及び苦痛に対して、連合国に賠償を支払うべきことが承認される。しかし、また、存立可能な経済を維持すべきものとすれば、日本国の資源は、日本国がすべての前記の損害又は苦痛に対して完全な賠償を行い且つ同時に他の債務を履行するためには現在充分でないことが承認される。

よつて、

1 日本国は、現在の領域が日本国軍隊によつて占領され、且つ、日本国によつて損害を与えられた連合国が希望するときは、生産、沈船引揚げその他の作業における日本人の役務を当該連合国の利用に供することによつて、与えた損害を修復する費用をこれらの国に補償することに資するために、当該連合国とすみやかに交渉を開始するものとする。(중략)

2 (중략)

(b)この条約に別段の定がある場合を除き、連合国は、連合国のすべての賠償請求権、戦争の遂行中に日本国及びその国民がとつた行動から生じた連合国及びその国民の他の請求権並びに占領の直接軍事費に関する連合国の請求権を放棄する。(중략)

第十九条

(a)日本国は、戦争から生じ、又は戦争状態が存在したためにとられた行動から生じた連合国及びその国民に対する日本国及びその国民のすべての請求権を放棄し、且つ、この条約の効力発生の前に日本国領域におけるいずれかの連合国の軍隊又は当局の存在、職務遂行又は行動から生じたすべての請求権を放棄する。(이하 생략)

(전략)

제11조

일본국은 극동국제군사재판소 및 일본 국내 및 국외의 다른 연합국 전쟁범죄 법정의 재판을 수락하며, 일본국에서 구금되어 있는 일본 국민에게 이들 법정

이 부과한 형을 집행 한다. (중략)

제14조

(a)일본국은 전쟁 중에 발생하게 한 손해 및 고통에 대해서, 연합국에 배상을 해야 한다는 것이 인정된다. 그러나 또한 존립 가능한 경제를 유지해야 한다고 하면 일본국의 자원은 일본국이 모든 전기의 손해 또는 고통에 대해서 완전한 배상을 행하고 동시에 다른 채무를 이행하기 위해서는 현재 충분하지 않다고 인정된다.

따라서,

1 일본국은 현재의 영역이 일본국 군대에 점령되고, 또한 일본국에게 손해를 입은 연합국이 희망할 때는 생산, 침몰 선박의 인양 기타 작업에서 일본인의 역무를 당해 연합국에 제공함으로써 (피해를 준) 손해를 수복하는 비용을 이들 국가에 보상하도록 당해 연합국과 신속하게 교섭을 개시하는 것으로 한다. (중략)

2 (중략)

(b)이 조약에서 별도로 정한 경우를 제외하고 연합국은, 연합국의 모든 배상청구권, 전쟁 수행 중에 일본국 및 그 국민이 취한 행동으로부터 발생한 연합국 및 그 국민의 다른 청구권 및 점령의 직접 군사비에 관한 연합국의 청구권을 포기한다. (중략)

제19조

(a)일본국은, 전쟁으로 발생했거나 전쟁상태가 존재했기 때문에 취해진 행동으로 인해 발생한 연합국 및 그 국민에 대한 일본국 및 그 국민의 모든 청구권을 포기하고, 또한 이 조약의 효력 발생 전에 일본국 영역에서 어느 연합국의 군대 또는 당국의 존재, 직무수행 또는 행동으로 발생한 모든 청구권을 포기한다. (이하 생략)

3. 한일청구권협정(1965년 6월 22일)

日本国及び大韓民国は、
両国及びその国民の財産並びに両国及びその国民の間の請求権に関する問題を解決することを希望し、両国間の経済協力を増進することを希望して、次のとおり協定した。

第一条
1 日本国は、大韓民国に対し、
　(a) 現在において千八十億円(一〇八、〇〇〇、〇〇〇、〇〇〇円)に換算される三億合衆国ドル(三〇〇、〇〇〇、〇〇〇ドル)に等しい円の価値を有する日本国の生産物及び日本人の役務を、この協定の効力発生の日から十年の期間にわたつて無償で供与するものとする。各年における生産物及び役務の供与は、現在において百八億円(一〇、八〇〇、〇〇〇、〇〇〇円)に換算される三千万合衆国ドル(三〇、〇〇〇、〇〇〇ドル)に等しい円の額を限度とし、各年における供与がこの額に達しなかつたときは、その残額は、次年以降の供与額に加算されるものとする。ただし、各年の供与の限度額は、両締約国政府の合意により増額されることができる。
　(b) 現在において七百二十億円(七二、〇〇〇、〇〇〇、〇〇〇円)に換算される二億合衆国ドル(二〇〇、〇〇〇、〇〇〇ドル)に等しい円の額に達するまでの長期低利の貸付けで、大韓民国政府が要請し、かつ、3の規定に基づいて締結される取極に従つて決定される事業の実施に必要な日本国の生産物及び日本人の役務の大韓民国による調達に充てられるものをこの協定の効力発生の日から十年の期間にわたつて行なうものとする。この貸付けは、日本国の海外経済協力基金により行なわれるものとし、日本国政府は、同基金がこの貸付けを各年において均等に行ないうるために必要とする資金を確保することができるように、必要な措置を執るものとする。
　前記の供与及び貸付けは、大韓民国の経済の発展に役立つものでなければならない。

2 両締約国政府は、この条の規定の実施に関する事項について勧告を行なう権限を有する両政府間の協議機関として、両政府の代表者で構成される合同委員会を

設置する。

3　両締約国政府は、この条の規定の実施のため、必要な取極を締結するものとする。

第二条
1　両締約国は、両締約国及びその国民（法人を含む。）の財産、権利及び利益並びに両締約国及びその国民の間の請求権に関する問題が、千九百五十一年九月八日にサン・フランシスコ市で署名された日本国との平和条約第四条（a）に規定されたものを含めて、完全かつ最終的に解決されたこととなることを確認する。

2　この条の規定は、次のもの（この協定の署名の日までにそれぞれの締約国が執つた特別の措置の対象となつたものを除く。）に影響を及ぼすものではない。
（a）一方の締約国の国民で千九百四十七年八月十五日からこの協定の署名の日までの間に他方の締約国に居住したことがあるものの財産、権利及び利益
（b）一方の締約国及びその国民の財産、権利及び利益であつて千九百四十五年八月十五日以後における通常の接触の過程において取得され又は他方の締約国の管轄の下にはいつたもの

3　2の規定に従うことを条件として、一方の締約国及びその国民の財産、権利及び利益であつてこの協定の署名の日に他方の締約国の管轄の下にあるものに対する措置並びに一方の締約国及びその国民の他方の締約国及びその国民に対するすべての請求権であつて同日以前に生じた事由に基づくものに関しては、いかなる主張もすることができないものとする。

第三条
1　この協定の解釈及び実施に関する両締約国の紛争は、まず、外交上の経路を通じて解決するものとする。

2　1の規定により解決することができなかつた紛争は、いずれか一方の締約国の

政府が他方の締約国の政府から紛争の仲裁を要請する公文を受領した日から三十日の期間内に各締約国政府が任命する各一人の仲裁委員と、こうして選定された二人の仲裁委員が当該期間の後の三十日の期間内に合意する第三の仲裁委員又は当該期間内にその二人の仲裁委員が合意する第三国の政府が指名する第三の仲裁委員との三人の仲裁委員からなる仲裁委員会に決定のため付託するものとする。ただし、第三の仲裁委員は、両締約国のうちいずれかの国民であつてはならない。

3　いずれか一方の締約国の政府が当該期間内に仲裁委員を任命しなかつたとき、又は第三の仲裁委員若しくは第三国について当該期間内に合意されなかつたときは、仲裁委員会は、両締約国政府のそれぞれが三十日の期間内に選定する国の政府が指名する各一人の仲裁委員とそれらの政府が協議により決定する第三国の政府が指名する第三の仲裁委員をもつて構成されるものとする。

4　両締約国政府は、この条の規定に基づく仲裁委員会の決定に服するものとする。

第四条

　この協定は、批准されなければならない。批准書は、できる限りすみやかにソウルで交換されるものとする。この協定は、批准書の交換の日に効力を生ずる。

　以上の証拠として、下名は、各自の政府からこのために正当な委任を受け、この協定に署名した。

　千九百六十五年六月二十二日に東京で、ひとしく正文である日本語及び韓国語により本書二通を作成した。

日本国のために　　　　　　大韓民国のために
椎名悦三郎　　　　　　　　李東元
高杉晋一　　　　　　　　　金東祚

대한민국과 일본국은,
양국 및 양국 국민의 재산과 양국 및 양국 국민간의 청구권에 관한 문제를 해결할 것을 희망하고, 양국 간의 경제협력을 증진할 것을 희망하여, 다음과 같이 합의하였다.

제1조
1. 일본국은 대한민국에 대하여
(a)현재에 1천8십억 일본 엔(108,000,000,000원)으로 환산되는 3억 아메리카합중국 달러($ 300,000,000)와 동등한 일본 엔의 가치를 가지는 일본국의 생산물 및 일본인의 용역을 본 협정의 효력 발생일로부터 10년 기간에 걸쳐 무상으로 제공한다. 매년의 생산물 및 용역의 제공은 현재 1백8억 일본 엔(10,800,000,000원)으로 환산되는 3천만 아메리카합중국 달러($ 30,000,000)와 동등한 일본 엔의 액수를 한도로 하고 매년의 제공이 본 액수에 미달되었을 때에는 그 잔액은 차년 이후의 제공액에 가산된다. 단, 매년의 제공 한도액은 양 체약국 정부의 합의에 의하여 증액될 수 있다.
(b)현재 7백2십억 일본 엔(72,000,000,000원)으로 환산되는 2억 아메리카합중국 달러($ 200,000,000)와 동등한 일본 엔의 액수에 달하기까지의 장기 저리의 차관으로서, 대한민국 정부가 요청하고 또한 3의 규정에 근거하여 체결될 약정으로 결정되는 사업의 실시에 필요한 일본국의 생산물 및 일본인의 용역을 대한민국이 조달하는데 충당될 차관을 본 협정의 효력 발생일로부터 10년 기간에 걸쳐 행한다. 본 차관은 일본국의 해외경제협력기금으로 행해지는 것으로 하고, 일본국 정부는 동 기금이 본 차관을 매년 균등하게 이행할 수 있는데 필요한 자금을 확보할 수 있도록 필요한 조치를 취한다. 전기 제공 및 차관은 대한민국의 경제발전에 유익한 것이 아니면 아니 된다.

2. 양 체약국 정부는 본조의 규정의 실시에 관한 사항에 대하여 권고를 행할 권한을 가지는 양 정부 간의 협의기관으로서 양 정부의 대표자로 구성될 합동위원회를 설치한다.
3. 양 체약국 정부는 본조의 규정의 실시를 위하여 필요한 약정을 체결한다.

제2조

1. 양 체약국은 양 체약국 및 그 국민(법인을 포함함)의 재산, 권리 및 이익과 양 체약국 및 그 국민간의 청구권에 관한 문제가 1951년 9월 8일에 샌프란시스코 시에서 서명된 일본국과의 평화조약 제4조 (a)에 규정된 것을 포함하여 완전히 그리고 최종적으로 해결된 것이라는 것을 확인한다.

2. 본조의 규정은 다음의 것(본 협정의 서명일까지 각기 체약국이 취한 특별조치의 대상이 된 것을 제외한다)에 영향을 미치는 것이 아니다.
(a)일방체약국의 국민으로서 1947년 8월 15일부터 본 협정의 서명일까지 사이에 타방체약국에 거주한 일이 있는 사람의 재산, 권리 및 이익
(b)일방체약국 및 그 국민의 재산, 권리 및 이익으로서 1945년 8월 15일 이후에 통상의 접촉의 과정에서 취득되었고 또는 타방체약국의 관할 하에 들어오게 된 것

3. 2의 규정에 따르는 것을 조건으로 하여 일방체약국 및 그 국민의 재산, 권리 및 이익으로서 본 협정의 서명일에 타방체약국의 관할 하에 있는 것에 대한 조치와 일방체약국 및 그 국민의 타방체약국 및 그 국민에 대한 모든 청구권으로서 동일자 이전에 발생한 사유에 기인하는 것에 관하여는 어떠한 주장도 할 수 없는 것으로 한다.

제3조

1. 본 협정의 해석 및 실시에 관한 양 체약국간의 분쟁은 우선 외교상의 경로를 통하여 해결한다.

2. 1의 규정으로 해결할 수 없는 분쟁은 어느 일방체약국의 정부가 타방체약국의 정부로부터 분쟁의 중재를 요청하는 공한을 접수한 날로부터 30일의 기간 내에 각 체약국 정부가 임명하는 1인의 중재위원과 이와 같이 선정된 2인의 중재위원이 당해 기간 후의 30일의 기간 내에 합의하는 제3의 중재위원 또는 당

해 기간 내에 이들 2인의 중재위원이 합의하는 제3국의 정부가 지명하는 제3의 중재위원과 3인의 중재위원으로 구성되는 중재위원회의 결정에 회부한다. 단, 제3의 중재위원은 양 체약국 중의 어느 한 편의 국민이어서는 아니 된다.

3. 어느 일방체약국의 정부가 당해 기간 내에 중재위원을 임명하지 아니하였을 때, 또는 제3의 중재위원 또는 제3국에 대하여 당해 기간 내에 합의하지 못하였을 때에는 중재위원회는 양 체약국 정부가 각각 30일의 기간 내에 선정하는 국가의 정부가 지명하는 각 1인의 중재위원과 이들 정부가 협의에 의하여 결정하는 제3국의 정부가 지명하는 제3의 중재위원으로 구성한다.

4. 양 체약국 정부는 본조의 규정에 의거한 중재위원회의 결정에 승복한다.

제4조
본 협정은 비준되어야 한다. 비준서는 가능한 한 조속히 서울에서 교환한다. 본 협정은 비준서가 교환된 날로부터 효력을 발생한다.

이상의 증거로서, 하기 대표는 각자의 정부로부터 정당한 위임을 받아 본 협정에 서명하였다.

1965년 6월 22일 도쿄에서 동등히 정본인 한국어 및 일본어로 본서 2통을 작성하였다.

대한민국을 위하여	일본국을 위하여
(서명) 이동원	(서명) 시이나 에쓰사부로오
김동조	다까스기 싱이찌

4. 중일공동성명(1972년 9월 29일, 발췌)

(전략)

日中両国は、一衣帯水の間にある隣国であり、長い伝統的友好の歴史を有する。両国国民は、両国間にこれまで存在していた不正常な状態に終止符を打つことを切望している。戦争状態の終結と日中国交の正常化という両国国民の願望の実現は、両国関係の歴史に新たな一頁を開くこととなろう。

日本側は、過去において日本国が戦争を通じて中国国民に重大な損害を与えたことについての責任を痛感し、深く反省する。また、日本側は、中華人民共和国政府が提起した「復交三原則」を十分理解する立場に立つて国交正常化の実現をはかるという見解を再確認する。中国側は、これを歓迎するものである。

日中両国間には社会制度の相違があるにもかかわらず、両国は、平和友好関係を樹立すべきであり、また、樹立することが可能である。両国間の国交を正常化し、相互に善隣友好関係を発展させることは、両国国民の利益に合致するところであり、また、アジアにおける緊張緩和と世界の平和に貢献するものである。

1 日本国と中華人民共和国との間のこれまでの不正常な状態は、この共同声明が発出される日に終了する。
2. 日本国政府は、中華人民共和国政府が中国の唯一の合法政府であることを承認する。
3 ~ 4 (중략)
5 中華人民共和国政府は、中日両国国民の友好のために、日本国に対する戦争賠償の請求を放棄することを宣言する。 (이하 생략)

일중양국은 일의대수의 관계에 있는 이웃나라이며, 오랜 전통적 우호의 역사를 가지고 있다. 양국 국민은 양국 간에 지금까지 존재했던 비정상적인 상태에 종지부를 찍기를 절망하고 있다. 전쟁상태의 종결과 일중 국교정상화라는 양국 국민의 바람을 실현하는 것은 양국관계의 역사에 새로운 한 페이지를 열게 될 것이다.

일본 측은 과거 일본국이 전쟁을 통해 중국 국민에게 중대한 손해를 입혔던 것에 대한 책임을 통감하고 깊게 반성한다. 또한 일본 측은 중화인민공화국 정부가 제기한 '복교 3원칙'을 충분히 이해하는 입장에 서서 국교정상화를 실현한다는 견해를 재확인한다. 중국 측은 이것을 환영하는 바이다.

일중 양국 사이에는 사회제도의 차이가 있음에도 불구하고 양국은 평화우호관계를 수립해야 하며, 또한 수립하는 것이 가능하다. 양국 간의 국교를 정상화하고 상호 간에 선린우호관계를 발전시키는 것은 양국 국민의 이익에 합치하며, 또한 아시아의 긴장완화와 세계 평화에 공헌하는 것이다.

1 일본국과 중화인민공화국의 지금까지의 비정상적인 상태는 이 공동성명이 발표되는 날에 종료된다.
2 일본국 정부는 중화인민공화국 정부가 중국의 유일한 합법정부라는 것을 승인한다.
3 ~ 4 (중략)
5 중화인민공화국 정부는 중일 양국 국민의 우호를 위하여 일본국에 대한 전쟁배상 청구를 포기할 것을 선언한다. (이하 생략)

5. 무라야마 담화(1995년 8월 15일)

'戦後50周年の終戦記念日にあたって'(いわゆる村山談話)

先の大戦が終わりを告げてから、50年の歳月が流れました。今、あらためて、あの戦争によって犠牲となられた内外の多くの人々に思いを馳せるとき、万感胸に迫るものがあります。

敗戦後、日本は、あの焼け野原から、幾多の困難を乗りこえて、今日の平和と繁栄を築いてまいりました。このことは私たちの誇りであり、そのために注がれた国民の皆様1人1人の英知とたゆみない努力に、私は心から敬意の念を表わすものであります。ここに至るまで、米国をはじめ、世界の国々から寄せられた支援と協力に

対し、あらためて深甚な謝意を表明いたします。また、アジア太平洋近隣諸国、米国、さらには欧州諸国との間に今日のような友好関係を築き上げるに至ったことを、心から喜びたいと思います。

平和で豊かな日本となった今日、私たちはややもすればこの平和の尊さ、有難さを忘れがちになります。私たちは過去のあやまちを2度と繰り返すことのないよう、戦争の悲惨さを若い世代に語り伝えていかなければなりません。とくに近隣諸国の人々と手を携えて、アジア太平洋地域ひいては世界の平和を確かなものとしていくためには、なによりも、これらの諸国との間に深い理解と信頼にもとづいた関係を培っていくことが不可欠と考えます。政府は、この考えにもとづき、特に近現代における日本と近隣アジア諸国との関係にかかわる歴史研究を支援し、各国との交流の飛躍的な拡大をはかるために、この2つを柱とした平和友好交流事業を展開しております。また、現在取り組んでいる戦後処理問題についても、わが国とこれらの国々との信頼関係を一層強化するため、私は、ひき続き誠実に対応してまいります。

いま、戦後50周年の節目に当たり、われわれが銘記すべきことは、来し方を訪ねて歴史の教訓に学び、未来を望んで、人類社会の平和と繁栄への道を誤らないことであります。

わが国は、遠くない過去の一時期、国策を誤り、戦争への道を歩んで国民を存亡の危機に陥れ、植民地支配と侵略によって、多くの国々、とりわけアジア諸国の人々に対して多大の損害と苦痛を与えました。私は、未来に誤ち無からしめんとするが故に、疑うべくもないこの歴史の事実を謙虚に受け止め、ここにあらためて痛切な反省の意を表し、心からのお詫びの気持ちを表明いたします。また、この歴史がもたらした内外すべての犠牲者に深い哀悼の念を捧げます。

敗戦の日から50周年を迎えた今日、わが国は、深い反省に立ち、独善的なナショナリズムを排し、責任ある国際社会の一員として国際協調を促進し、それを通じて、平和の理念と民主主義とを押し広めていかなければなりません。同時に、わが国は、唯一の被爆国としての体験を踏まえて、核兵器の究極の廃絶を目指し、核不拡散体制の強化など、国際的な軍縮を積極的に推進していくことが肝要であります。これこそ、過去に対するつぐないとなり、犠牲となられた方々の御霊を鎮めるゆえんとなると、私は信じております。

〈杖るは信に如くは莫し〉と申します。この記念すべき時に当たり、信義を施政の根幹とすることを内外に表明し、私の誓いの言葉といたします。

지난 대전이 종말을 고한 지 50년의 세월이 흘렀습니다. 다시금 그 전쟁으로 인하여 희생된 내외의 많은 분들을 상기하면 만감에 가슴이 저미는 바입니다.

패전 후 일본은 불타버린 폐허 속에서 수많은 어려움을 극복하면서 오늘날의 평화와 번영을 구축해 왔습니다. 그것은 우리들의 자랑이며 그것을 위하여 기울인 국민 여러분 한 분 한 분의 영지英知와 꾸준한 노력에 대하여 저는 진심으로 경의의 뜻을 표하는 바입니다. 여기에 이르기까지 미국을 비롯한 세계 여러 나라에서 보내준 지원과 협력에 대하여 다시 한 번 심심한 사의를 표합니다. 또 아시아·태평양 근린제국, 미국, 구주제국과 사이에 오늘날과 같은 우호관계를 구축하게 된 것을 진심으로 기쁘게 생각합니다.

오늘날 일본은 평화롭고 풍요로워졌지만 자칫하면 이 평화의 존귀함과 고마움을 잊어버리기 쉽습니다. 우리는 과거의 잘못을 두 번 다시 되풀이하지 않도록 전쟁의 비참함을 젊은 세대에게 전하지 않으면 안 됩니다. 특히 근린제국의 국민들과 협조하여 아시아·태평양 지역 더 나아가 세계평화를 확고히 해 나가기 위해서는 무엇보다도 이들 여러 나라와 깊은 이해와 신뢰를 바탕으로 하는 관계를 키워나가는 것이 불가결하다고 생각합니다. 정부는 이러한 생각을 바탕으로 특히 근현대에 일본과 근린 아시아제국의 관계에 대한 역사연구를 지원하고 각국과 교류를 비약적으로 확대하기 위하여 이 두 가지를 축으로 하는 평화우호교류사업을 전개하고 있습니다. 또 현재 힘을 기울이고 있는 전후 처리문제에 대해서도 일본과 이들 나라의 신뢰관계를 한층 강화하기 위하여 저는 앞으로도 성실히 대응해 나가겠습니다.

지금 전후 50주년이라는 길목에 이르러 우리가 명심해야 할 것은 지나온 세월을 되돌아보면서 역사의 교훈을 배우고 미래를 바라다보며 인류사회의 평화와 번영으로 가는 길을 그르치지 않게 하는 것입니다.

우리나라는 오래지 않은 과거의 한 시기, 국가정책을 그르치고 전쟁의 길로 나아가 국민을 존망의 위기에 빠뜨렸으며 식민지 지배와 침략으로 많은 나라들 특히 아시아 제국의 여러분들에게 다대한 손해와 고통을 주었습니다.

저는 미래에 잘못이 일어나지 않도록 의심의 여지없는 이 같은 역사 사실을 겸허하게 받아들이고 다시 한 번 통절한 반성의 뜻을 표하며 진심으로 사죄의 마음을 표명합니다. 또한 이러한 역사로 인한 내외의 모든 희생자 여러분에게 깊은 애도의 뜻을 바칩니다.

패전의 날로부터 50주년을 맞이한 오늘, 우리나라는 깊은 반성에 입각하여 독선적인 내셔널리즘을 배척하고 책임 있는 국제사회의 일원으로서 국제협조를 촉진하고 그것을 통하여 평화의 이념과 민주주의를 널리 확산해 나가야 합니다. 동시에 우리나라는 유일한 피폭국이라는 체험을 바탕으로 핵무기의 궁극적인 폐기를 지향하여 핵확산금지체제의 강화 등 국제적인 군축을 적극적으로 추진해 나가는 것이 간요肝要합니다. 이것이야말로 과거에 대한 속죄이며 희생되신 분들의 영혼을 달래는 길이라고 저는 확신합니다.

'의지하는 데에는 신의보다 더한 것이 없다'고 합니다. 이렇게 기념할만한 시기에 즈음하여 신의를 시책의 근간으로 삼을 것을 내외에 표명하며 저의 다짐의 말씀에 대신하고자 합니다.

6. 고노 담화(1993년 8월 4일)

慰安婦関係調査結果発表に関する内閣官房長官談話 (河野官房長官談話、河野談話)

いわゆる従軍慰安婦問題については、政府は、一昨年12月より、調査を進めて来たが、今般その結果がまとまったので発表することとした。

今次調査の結果、長期に、かつ広範な地域にわたって慰安所が設置され、数多くの慰安婦が存在したことが認められた。慰安所は、当時の軍当局の要請により設営されたものであり、慰安所の設置、管理及び慰安婦の移送については、旧日本軍が直接あるいは間接にこれに関与した。慰安婦の募集については、軍の要請を受けた業者が主としてこれに当たったが、その場合も、甘言、強圧による等、本人たち

の意思に反して集められた事例が数多くあり、更に、官憲等が直接これに加担したこともあったことが明らかになった。また、慰安所における生活は、強制的な状況の下での痛ましいものであった。

なお、戦地に移送された慰安婦の出身地については、日本を別とすれば、朝鮮半島が大きな比重を占めていたが、当時の朝鮮半島はわが国の統治下にあり、その募集、移送、管理等も、甘言、強圧による等、総じて本人たちの意思に反して行われた。

いずれにしても、本件は、当時の軍の関与の下に、多数の女性の名誉と尊厳を深く傷つけた問題である。政府は、この機会に、改めて、その出身地のいかんを問わず、いわゆる従軍慰安婦として数多くの苦痛を経験され、心身にわたり癒しがたい傷を負われたすべての方々に対し心からお詫びと反省の気持ちを申し上げる。また、そのような気持ちを我が国としてどのように表すかということについては、有識者のご意見なども徴しつつ、今後とも真剣に検討すべきものと考える。

われわれはこのような歴史の真実を回避することなく、むしろこれを歴史の教訓として直視していきたい。われわれは、歴史研究、歴史教育を通じて、このような問題を永く記憶にとどめ、同じ過ちを決して繰り返さないという固い決意を改めて表明する。

なお、本問題については、本邦において訴訟が提起されており、また、国際的にも関心が寄せられており、政府としても、今後とも、民間の研究を含め、十分に関心を払って参りたい。

이른바 종군위안부 문제에 대해서 정부는 재작년 12월부터 조사를 해왔는데, 이번에 그 결과가 정리되었기에 발표하기로 했다.

이번 조사 결과, 장기간 그리고 광범위한 지역에 걸쳐 위안소가 설치되고 많은 위안부가 존재했었다는 것이 확인되었다. 위안소는 당시 군 당국의 요청으로 설치·운영된 것이며, 위안소의 설치, 관리 및 위안부의 이송에 대해서는 옛 일본군이 직접 또는 간접적으로 관여했다. 위안부 모집은 군의 요청을 받은 업자가 주로 이를 담당하였으나 그 경우에도 감언, 강압 등으로 본인들의 의사에 반해 모집된 사례가 많았으며, 나아가 관헌 등이 직접 이에 가담한 적도 있었다는 것이 밝혀졌다. 또한 위안소 생활은 강제적인 상황 속의 참혹한 것이었다.

또한, 전투지로 이송된 위안부의 출신지에 대해서는 일본을 제외하면 한반도가 가장 큰 비중을 차지하고 있었는데, 당시 한반도는 우리나라의 통치 아래 있어서 모집, 이송, 관리 등도 감언과 강압으로 실시하는 등 총체적으로 본인들의 의사에 반하여 이루어졌다.

어찌되었든 본 건은 당시 군의 관여 하에 다수의 여성의 명예와 존엄에 깊은 상처를 입힌 문제이다. 정부는 이번 기회에 다시 한 번 그 출신지 여하를 떠나 이른바 종군위안부로서 헤아릴 수 없는 고통을 겪고, 심신에 치유하기 어려운 상처를 입은 모든 분들께 마음 깊이 사죄와 반성의 뜻을 드린다. 또 그와 같은 마음을 우리나라가 어떻게 표할 것인가에 대해서는 전문가들의 의견을 구하면서 앞으로도 진지하게 검토해야 할 문제라고 생각한다.

우리들은 이와 같은 역사의 진실을 회피하지 않고 오히려 이것을 역사의 교훈으로서 직시해 가고자 한다. 우리들은 역사연구와 역사교육을 통해 이와 같은 문제를 영원토록 기억하고 같은 잘못을 결코 되풀이하지 않겠다는 굳은 결의를 다시 한 번 표명한다.

또한 본 문제에 대해서는 우리나라에서 소송이 제기되어 있고, 또한 국제적으로도 주목받고 있어 정부로서도 앞으로도 민간연구를 포함해 충분한 관심을 가지고자 한다.

7. '아시아여성기금' 발기문(1995년 7월 18일)

戰爭が終わってから、50年の歲月が流れました。

この戰爭は、日本國民にも諸外國、とくにアジア諸國の人々にも、甚大な慘禍をもたらしました。なかでも、十代の少女までも含む多くの女性を强制的に「慰安婦」として軍に從わせたことは、女性の根源的な尊嚴を踏みにじる殘酷な行爲でした。こうした女性の方々が心身に負った深い傷は、いかに私たちがお詫わびしても癒すことができるものではないでしょう。

しかし、私たちは、なんとか彼女たちの痛みを受け止め、その苦しみが少しでも緩和されるよう、最大限の力を尽くしたい、そう思います。これは、これらの方々に耐え難い犠牲を強いた日本が、どうしても今日はたさなければならない義務だと信じます。

　政府は遅ればせながら、1993年8年4日の内閣官房長官談話と1994年8年31日の内閣総理大臣の談話で、これらの犠牲者の方々に深い反省とお詫びの気持ちを表わしました。そしてこの6月14日に、その具体的行動を発表しました。
　(1)'慰安婦'制度の犠牲者への国民的な償いのための基金設置への支援、(2)彼女たちの医療、福祉への政府の拠金、(3)政府による反省とお詫びの表明、(4)本問題を歴史の教訓とするための歴史資料整備、というのがその柱です。基金は、これらの方々への償いを示すため、国民のみなさまから拠金を受けて彼女たちにこれをお届けすると共に、女性への暴力の廃絶など今日的な問題への支援も行うものです。私たちは、政府による謝罪と共に、全国民規模の拠金による「慰安婦」制度の犠牲者への償いが今どうしても必要だ、という信念の下にこの基金の呼びかけ人となりました。
　呼びかけ人の中には、政府による補償がどうしても必要だ、いやそれには法的にも実際的にも多くの障害があり早急な実現は困難だなど、意見のちがいもあります。しかし、私たちは次の一点ですべて一致しております。
　それは、すでに年老いた犠牲者の方々への償いに残された時間はない、一刻も早く行動を起こさなければならない、という気持ちです。
　私たちは、「慰安婦」制度の犠牲者の名誉と尊厳の回復のために、歴史の事実の解明に全力を尽くし、心のこもった謝罪をするよう、政府に強く求めてまいります。同時に、彼女たちの福祉と医療に十分な予算を組み、誠実に実施するよう、監視の目を光らせるつもりです。さらに、日本や世界にまだ残る女性の尊厳の侵害を防止する政策を積極的にとるよう、求めてまいります。
　しかし、なによりも大切なのは、一人でも多くの日本国民が犠牲者の方々の苦悩を受け止め、心からの償いの気持ちを示すことではないでしょうか。戦時中から今日まで50年以上に及ぶ彼女たちの屈辱と苦痛は、とうてい償いきれるものではないで

しょう。それでも、私たち日本国民の一人一人がそれを理解しようと努め、それに基づいた具体的な償いの行動をとり、そうした心が彼女たちに届けば、癒し難い苦痛をやわらげるのに少しは役立ってくれる、私たちはそう信じております。

「従軍慰安婦」をつくりだしたのは過去の日本の国家です。しかし、日本という国は決して政府だけのものでなく、国民の一人一人が過去を引き継ぎ、現在を生き、未来を創っていくものでしょう。戦後50年という時期に全国民的な償いをはたすことは、現在を生きる私たち自身の、犠牲者の方々への、国際社会への、そして将来の世代への責任であると信じます。

この国民基金を通して、一人でも多くの日本の方々が償いの気持ちを示してくださるよう、切に参加と協力をお願い申し上げる次第です。

1995年 7月 18日

'女性のためのアジア平和国民基金'呼びかけ人

赤松良子　芦田甚之助　衞藤瀋吉　大来寿子　大鷹淑子　大沼保昭　岡本行夫　加藤タキ　下村満子　鈴木健二　須之部量三　高橋祥起　鶴見俊輔　野田愛子　野中邦子　荻原延壽　三木睦子　宮崎勇　山本正　和田春樹

전쟁이 끝나고 50년의 세월이 흘렀습니다.

이 전쟁은 일본 국민에게도 여러 국가들, 특히 아시아 국가들의 국민들에게도 심대한 참화를 가져다주었습니다. 그 중에서도 10대 소녀까지 포함하는 많은 여성을 강제적으로 '위안부'로서 군에 종사하게 했던 것은 여성의 근원적인 존엄성을 짓밟는 잔혹한 행위였습니다. 이러한 여성분들이 심신에 걸친 입은 깊은 상처는 우리가 아무리 사죄를 해도 치유할 수 없는 것일 것입니다.

그러나 우리는 어떻게든 그분들의 아픔을 받아들이고 그 고통이 조금이라도 완화되도록 최대한의 노력을 다하고 싶다고 생각합니다. 이것은 그분들에게 견디기 어려운 희생을 강제했던 일본이 어떠한 일이 있어도 지금 하지 않으면 안 되는 의무라고 믿습니다.

정부는 늦게나마 1993년 8월 4일 내각관방장관담화(고노 담화, 저자 주)와 1994년 8월 31일의 내각총리대신 담화('평화우호교류계획'에 관한 무라야마 총리의 담화, 저자 주)에서 이들 희생자분들에게 깊은 반성과 사죄의 마음을 표했습니다. 그리고 지난 6월 14일 그 구체적인 행동을 발표했습니다.

(1)'위안부' 제도의 희생자에 대한 국민적 보상을 위한 기금 설치에 대한 지원, (2)그분들에 대한 의료, 복지 지원을 위한 정부의 자금 거출, (3)정부의 반성과 사죄 표명, (4)본 문제를 역사의 교훈으로 삼기 위한 역사자료관 정비, 라는 것이 핵심입니다. 기금은 이분들에 대한 보상을 표하기 위해 국민들로부터 모금 받아 그분들에게 전달함과 동시에 여성에 대한 폭력의 근절 등 오늘날의 문제에 대한 지원도 하게 될 것입니다. 우리는 정부의 사죄와 함께 전 국민을 대상으로 한 모금에 의한 '위안부' 제도의 희생자에 대한 보상이 어떠한 일이 있어도 지금 필요하다는 신념하에 이 기금의 발기인이 되었습니다.

발기인 가운데에는 어떠한 일이 있어도 정부의 보상이 필요하다거나, 그러려면 법적으로도 실제적으로도 많은 장애가 있어 신속하게 실현하기 곤란하다는 등 의견의 차이도 많았습니다. 그러나 우리는 다음과 같은 한 가지에는 모두 일치했습니다.

그것은 이미 나이 드신 희생자분들에게 보상할 시간이 없다, 조금이라도 빨리 행동을 일으키지 않으면 안 된다는 것이었습니다.

우리는 '위안부' 제도의 희생자 명예와 존엄성 회복을 위해 역사적 사실의 규명을 위해 전력을 다할 것이며, 마음이 담긴 사죄를 하도록 정부에 강하게 요구해 갈 것입니다. 동시에 그분들의 복지와 의료를 위해 충분한 예산을 편성해서 성실하게 실시해가도록 감시할 생각입니다. 나아가 일본은 물론 세계적으로 아직도 남아 있는 여성의 존엄성의 침해를 방지하기 위한 정책을 적극적으로 취하도록 요구해갈 것입니다.

그러나 무엇보다도 중요한 것은 한 사람이라도 많은 일본 국민이 희생자 분들의 고뇌를 받아들이고 마음속 깊이 보상의 마음을 표시하는 것 아니겠습니까. 전시 중부터 지금까지 50년 이상에 걸친 그분들의 고통과 굴욕은 보상할 수 있는 것이 도저히 아닐 것입니다. 그렇지만 우리 일본 국민 한 사람 한 사람이 그것을 이해하려고 노력하고, 그에 입각한 구체적인 보상의 행동을 취하고, 그러한 마음이 그분들에게 전해지면 치유하기 어려운 고통을 완화하는 데 조금이라도 도움이 될 것이라고 우리는 믿고 있습니다.

'종군위안부'를 만들어낸 것은 과거의 일본이란 국가입니다. 그러나 일본이라는 나라는 결코 정부만의 것이 아니며, 국민 한 사람 한 사람이 과거를 계승하여 현재를 살고 미래를 만들어갈 것입니다. 전후 50년이라는 시기에 전 국민적인 보상을 하는 것은 현재를 사는 우리 자신의, 희생자분들에 대한, 국제사회에 대한, 그리고 미래세대에 대한 책임이라고 믿습니다.

이 국민기금을 통해 한 사람이라도 많은 일본 국민들이 보상의 마음을 표해주시도록 간절하게 참가와 협력을 부탁드리는 바입니다.

'여성을 위한 아시아평화국민기금' 발기인
아카마스 료코, 아시다 진노스케, 에토 신키치, 오키타 히사코, 오타카 요시코, 오누마 야스아키, 오카모토 유키오, 가토 다키, 시모무라 미쓰코, 스즈키 겐지, 스노베 료조, 다카하시 요시카쓰, 쓰루미 슌스케, 노다 아이코, 노나카 쿠니코, 하기와라 노부도시, 미키 무쓰코, 미야자키 이사무, 야마모토 다다시, 와다 하루키

8. 위안부 피해자분들께 드리는 내각총리대신의 편지

元慰安婦の方々への内閣総理大臣のおわびの手紙

このたび、政府と国民が協力して進めている「女性のためのアジア平和国民基金」を通じ、元従軍慰安婦の方々へのわが国の国民的な償いが行われるに際し、私の気持ちを表明させていただきます。

いわゆる従軍慰安婦問題は、当時の軍の関与の下に、多数の女性の名誉と尊厳を深く傷つけた問題でございました。私は、日本国の内閣総理大臣として改めて、いわゆる従軍慰安婦として数多の苦痛を経験され、心身にわたり癒しがたい傷を負われたすべての方々に対し、心からおわびと反省の気持ちを申し上げます。

我々は、過去の重みからも未来への責任からも逃げるわけにはまいりません。わが国としては、道義的な責任を痛感しつつ、おわびと反省の気持ちを踏まえ、過去の歴史を直視し、正しくこれを後世に伝えるとともに、いわれなき暴力など女性の名誉と尊厳に関わる諸問題にも積極的に取り組んでいかなければならないと考えております。

末筆ながら、皆様方のこれからの人生が安らかなものとなりますよう、心からお祈りしております。

敬具

1996 (平成8) 年

日本国内閣総理大臣 橋本龍太郎

(歴代署名 : 小渕恵三、森喜朗、小泉 純一郎)

근계

이번에 정부와 국민이 다 함께 협력하여 추진하고 있는 '여성을 위한 아시아 평화국민기금'을 통해 종군위안부로서 희생되신 분들께 우리나라의 국민적인 보상이 행해짐에 즈음하여 저의 심정을 표명하고자 합니다.

이른바 종군위안부 문제는 당시 옛 일본군의 관여 아래 많은 여성들의 명예와 존엄성에 깊은 상처를 입힌 문제입니다. 저는 일본국 내각총리대신으로서 다시 한 번 이른바 종군위안부로서 수많은 고통을 겪고 심신양면에 걸쳐 치유하기 어려운 상처를 입으신 분들께 진심으로 *사과와 반성의 뜻을 말씀드리고자 합니다.

우리는 과거의 무거움으로부터도 미래를 향한 책임으로부터도 도망칠 수 없습니다. 우리나라로서는 도의적인 책임을 통감하면서 사과와 반성의 뜻에 입각해 과거의 역사를 직시하며 이것을 후세에 바로 전달함과 동시에 부조리한 폭력 등 여성의 명예와 존엄성에 관련된 문제들에 대해서도 적극적으로 임해야 한다고 생각합니다.

끝으로 여러분들의 앞으로의 인생이 평온하시기를 충심으로 비는 바입니다.

경구
1996년
일본국 내각총리대신 하시모토 류타로
(역대서명: 오부치 게이조, 모리 요시로, 고이즈미 준이치로)
* 일본어 'おわび'의 한국어 '사과'는 1998년 말부터 '사죄'로 바뀌었다.

지은이

오누마 야스아키 大沼保昭

1946년 야마가타山形 현에서 태어나 도쿄대학 법학부를 졸업하고 도쿄대학 대학원 법학정치학 연구과에서 법학박사(국제법 전공) 학위를 받았다. 도쿄대학 교수와 메이지대학 특임교수, 아시아국제법학회 부회장을 역임했으며, 현재 도쿄대학 명예교수, 소카創價 대학 평화연구소 객원교수, 오에바시大江橋 법률사무소 상급고문으로 있다. Asian Journal of International Law, Cambridge Studies in International and Comparative Law, Journal of the History of International Law 등 국제법 관련 저명 학술지의 편집위원이며, 2017년 일본평화학회가 수여하는 제6회 일본평화학회 평화상을 수상했다. International Law in a Transcivilizational World(Cambridge University Press, 2017), 《戰後責任》(岩波書店, 2014년, 공저), 《21世紀の國際法》(日本評論社, 2011년, 편저), 《東京裁判·戰爭責任·戰後責任》(東信堂, 2007년 ; 中國語版, 2009년) 등 다수의 저서와 학술논문이 있다(오누마 교수의 상세한 경력과 학술 및 사회활동은 http://www.onumayasuaki.com을 참고하시기 바란다).

에가와 쇼코 江川紹子

1958년 도쿄에서 태어나 와세다대학 정치경제학부를 졸업했다. 가나가와신문사 사회부 기자를 거쳐 프리 저널리스트로 일하고 있다. 1995년 3월 지하철에 사린가스를 살포하는 무차별테러를 감행해 충격을 주었던 옴 진리교에 관한 취재와 연재를 높이 평가받아 1995년 일본문학진흥회가 주최하는 기쿠치 칸菊地寬 상을 수상하였다. 저서로 《免罪の構圖》, 《魂の虜因》, 《勇氣ってなんだろう》, 《名張毒ブドウ酒殺人事件》, 《特授檢察は必要か》 등이 있다.

한중일 역사인식 무엇이 문제인가

초판 제1쇄 발행 2018년 8월 8일

지은이 오누마 야스아키, 에가와 쇼코
옮긴이 조진구, 박홍규

펴낸이 김현주

편집장 한예솔
교 정 김형수
디자인 노병권
마케팅 한희덕
펴낸곳 섬앤섬

출판신고 2008년 12월 1일 제396-2008-000090호
주 소 경기도 고양시 일산동구 백석로 119. 210-1003호
주문전화 070-7763-7200 **팩스** 031-907-9420
전자우편 somensum@naver.com
인 쇄 우진테크(주)

ISBN 978-89-97454-27-3 03910

* 이 책의 출판권은 섬앤섬 출판사가 소유합니다. 저작권법에 따라 보호를 받는 저작물이므로 무단 전재와 복제를 금합니다.
* 이 도서의 국립중앙도서관 출판예정도서목록(CIP)은 서지정보유통지원시스템 홈페이지(http://seoji.nl.go.kr)와 국가자료공동목록시스템(http://www.nl.go.kr/kolisnet)에서 이용하실 수 있습니다. (CIP제어번호 : CIP2018022921)